云岭旅游规划丛书

# 保山市珠宝旅游开发研究

Research on
the Development of Jewelry Tourism in Baoshan

王　桀　张鹏杨　等著

中国旅游出版社

# 总序

旅游学科是一门典型的应用型学科，大量的理论归纳与升华来自于旅游业的产业实践，而相当多的理论命题又需要在旅游产业实践中加以检验与印证。正是基于此，云南大学旅游学科团体将近 5 年来承担并完成的 10 项实践项目成果予以集结出版。这涉及三个层次的旅游规划与开发项目：一是区域旅游发展规划，包括曲靖市乡村旅游发展规划、保山市珠宝旅游发展规划、文山州全域旅游发展规划；二是大型旅游区规划，包括普者黑国家度假公园、彝人圣都主题旅游区、大峡谷野奢温泉旅游区；三是旅游景区规划，包括广南地母文化旅游区、香坪山芳香旅游区、曼飞龙白塔旅游区、林果飘香田园综合体。这些旅游规划在研究方法上采用了应用经济学、工商管理、区域地理学、调查社会、图形分析等的研究方法，反映了旅游学科的综合应用型特征；在内容分析上，以内涵挖掘、主题策划、项目构思、营销整合等特色反映了团队的创意激情与精心构思，体现出旅游学科注重创新与创意的浪漫情怀；在表达方式上，应用了文字描述、表格表达、图形分析、视频表现等方式，使成果更具表现力与传播力；在团队组织上，会聚了旅游、管理、经济、文化、地理、生态、建筑、设计等学科成员，这既需要团队每个成员最大限度地贡献自己的智慧与知识，又需要建立团队紧密的合作机制与高超的协作分工；在研究心理上，当你全力以赴地探索与思考研究对象时，你会找到从事应用型项目研究的乐趣与奉献智慧才华的满足。是的，当你竭尽全力去完成一个研究项目的时候，当你的成果受到认可与肯定的时候，你才会体会到生命的价值与学术的尊严。

田里

2017.11

# 序 言

《打造“珠宝之都”——保山市珠宝产业发展规划》项目完成于2014年。为了响应国家发展和改革委员会《促进产业集群发展的若干意见》，贯彻云南省政府将珠宝玉石产业发展纳入“十二五”规划的要求，迎合珠宝产业被列为“全省十大特色文化产业项目”机遇，保山市委市政府提出打造以保山市为核心，辐射滇西地区的“珠宝产业圈”，形成中国新的“珠宝产业中心”为目标的规划任务。为精准掌握规划区情况，规划团队分为三个组对规划区的珠宝资源、旅游资源、生态环境、产业经济、社会文化等进行了详细调查，获取了丰富的第一手材料。规划围绕珠宝旅游、产业融合、金融发展、保税园区、管理服务等方面，在规划理念、规划思路、产业功能、产业设计、项目策划、运营管理等进行了一系列创新性的探索。该规划成果包括主题报告、专题报告、附属文件三项成果。在规划基础上，团队成员发表了相关学术论文、参与了国家5A级旅游景区创建、旅游标准化试点等后续研究与实践活动。该成果的完成，体现了旅游学科学术研究、实践体验、产业发展“三位一体”的研究模式，是对“珠宝旅游”产业规划的新尝试，体现了行动式与体验式的学术创新。书中存在不足与幼稚之处，还望同行专家不吝赐教。

田里

2017.11

# 研究人员

| | | | |
|---|---|---|---|
| **顾　问** | 田　里 | 云南大学工商管理与旅游管理学院 | 博导、教授 |
| **组　长：** | 王　桀 | 云南大学工商管理与旅游管理学院 | 博士、讲师 |
| **副组长：** | 张鹏杨 | 云南大学工商管理与旅游管理学院 | 博士、讲师 |
| **成　员** | 杨　懿 | 云南大学工商管理与旅游管理学院 | 博士、副教授 |
| | 钟　晖 | 昆明理工大学艺术与传媒学院 | 博士、讲师 |
| | 陈永涛 | 云南大学工商管理与旅游管理学院 | 博士 |
| | 康媛洁 | 云南大学工商管理与旅游管理学院 | 硕士 |
| | 唐夕汐 | 云南大学工商管理与旅游管理学院 | 硕士 |
| | 常　飞 | 云南大学工商管理与旅游管理学院 | 硕士 |
| | 刘　莎 | 云南大学工商管理与旅游管理学院 | 硕士 |
| | 张永辉 | 云南大学工商管理与旅游管理学院 | 硕士 |

· CONTENTS · 目录

## 第一部分　主题报告

## 第二部分　专题报告

## 第三部分　经营规范

## 第四部分　附属文件

# 第一部分　主题报告

## 一、规划总则

### （一）规划背景

1. 中国珠宝消费领跑全球市场

珠宝产业是一个全球行业，在世界市场上占有重要地位，甚至已经发展成为一些国家的支柱产业。自 2002 年以来，全球珠宝市场总体保持着 4% 的年增长率。但近几年受全球经济形势影响，珠宝市场降温明显，欧美国家珠宝首饰消费锐减。与此同时，中国的珠宝市场繁荣态势不减，2012 年中国珠宝零售总额超过 4000 亿元人民币（约 650 亿美元），需求总量居世界第一位，美国和印度分居第二、第三位，中国的珠宝市场开始领跑全球。

2. 国内四大珠宝集群正在形成

以云南为主体的中国—东盟自由贸易区内的翡翠及有色宝石原材料和成品营销基地正在形成。2009 年 7 月，时任国家主席胡锦涛考察云南后提出“把云南建成中国面向西南开放的重要桥头堡”。2011 年 5 月，国务院批准了《关于支持云南省加快建设面向西南开放重要桥头堡的意见》，意味着这一战略正式上升到国家战略层面。中国的珠宝产业已经进入一个全面发展的新阶段，产业集群化形成了各具特色的珠宝产业基地，在中国珠宝玉石首饰特色产业已经形成的三大集群基地中（以深圳罗湖为代表的珠江三角地区、浙江诸暨为代表的长江三角地区和以辽宁阜新为代表的环渤海地区），以云南为核心的西南地区正在发展成为第四大珠宝产业集群基地。

3. 云南重点扶持十大特色产业

2011 年发布《云南省人民政府关于加快石产业发展的意见》（云政发〔2011〕23 号），提出要把云南建成中国宝玉石产业大省和世界重要珠宝集散中心和产业加工中心；“十二五”期间云南省提出，把珠宝玉石产业作为全省重点扶持的十大特色文化产业项目进行打造，培育继“云烟”“云花”后的又一大特色产业。在中国—东盟自由贸易区建立过程中，云南省政府决定在烟草产业、农业开发、能源开发、旅游业、机械制造产业、科技文化以及矿业7个领域内开展与东盟国家间产业和产品的深度合作。

4. 保山产业转型升级客观需要

保山市委、市政府提出着力打造“温泉之都”“珠宝之都”“休闲之都”三张旅游名片，依托翡翠、黄龙玉、南红玛瑙等宝玉石资源及区位、产业基础等优势，最终将保山打造成为世界知名的“珠宝之都”。保山市地处中国西南边陲，因地形和区域条件限制，农业和工业的发展缺乏产业发展优势，进程缓慢，寻找具有自身特色的新兴产业成了保山乃至滇西经济社会发展的当务之急。在发展珠宝产业上，保山市拥有地缘优势、历史传统优势、区域集群优势。因此，打造“珠宝之都”，培育珠宝产业发展，是实现保山市产业结构优化和转型升级的客观需要。

## （二）规划目的

1. 制定产业发展目标

保山市珠宝产业发展规划编制的任务不是为了满足上级部门的要求，获得主管部门的认可而进行的规划，事实上，编制保山市珠宝产业发展规划唯一重要的目的就是要清晰回答并解决“如何发展保山珠宝与旅游产业经济”这个核心问题，制定保山市珠宝产业发展的战略目标和措施。因此，完成本次规划任务需要：深刻理解珠宝产业的发展规律和趋势；有先进的理念及对问题有深刻的认识；有独特、系统的方法来确保方案的落地性；建立产业链分析、产业链规划的产业发展思路；保山作为中心城市发展要遵循产业融合的模式。本规划成果可主要应用于政府工作报告、部门工作指导、区域招商指引、营销宣传方案、产业优惠政策等。

2. 促进地区产业融合

由于旅游产业与珠宝产业具有较强的互补性，旅游产业的发展可拉动人气、提供配套设施，而珠宝产业的发展则可促进消费、提升就业，两者产品系统互为补充和支持。旅游产业融合的根本动因在于消费需求升级，而模块化对传统垂直一体化产业链条的分解与横向整合是实现珠宝产业与旅游产业融合的关键。本次规划就是要充分发挥模块化的整合功能，即旅游业要充分吸收产业外的资源和资本形成具有新产业属性或新业态的融合性产业网络。

3. 形成珠宝产业集群

珠宝产业集群的外部形态表现为由一大群珠宝领域的企业与企业间、政府机构与企业间、科研院校与企业间、旅游活动与企业间、社区居民与企业间的各种组织所形成的具有一定规模的产业群落。珠宝产业集群在形式上可通过“园区”“街区”“综合体”等形式表现。

## （三）规划性质

1. 对珠宝产业发展的专项规划

珠宝产业发展规划属于产业专项规划，以政策性为导向，是针对珠宝产业发展的战略设想与计划，是以珠宝与旅游为特定对象编制的规划，是《保山市城市总体规划》和《保山市旅游发展总体规划》在珠宝和旅游两个领域的细化，也是政府指导该领域发展以及审批、核准重大项目，安排政府投资和财政支出预算，制定相关政策的依据。珠宝产业发展规划受《云南省人民政府关于加快石产业发展的意见》以及《保山市旅游发展总体规划》的指导，并为旅游发展规划提供了技术支撑。本次规划是对珠宝产业的发展提出具体发展目标，并指导政府各级部门下一阶段在该领域的具体工作。

2. 对珠宝与旅游产业融合的规划

本次规划是以协调性为导向的产业发展规划，其宗旨在于提出具体的实施策略，并与旅游发展规划、城市发展规划、产业布局规划等相衔接。珠宝产业的发展需要依托于与其他产业的相互渗透、相互交叉，并最终融为一体形成新兴产业。像旅游产业、文化产业、房地产业等都可以融入珠宝产业的发展进程中，形成一个珠宝旅游、珠宝文化、珠宝地产等多种业态相互渗透、相互融合的新型产业形态。珠宝产业发展规划是针对保山市国民经济和社会发展的重点领域与薄弱环节、关系全局的重大问题——珠宝产业的发展编制的规划，其目的在于解决特定领域与相关领域的协调性。

3. 对产业集群空间布局的规划

珠宝产业发展规划以空间资源配置为重点，以产业集群为手段，对保山市土地空间的利用提出指导性建议。产业集群不只是产业的集聚，更不是企业的扎堆，目前保山市尚未形成真正意义的珠宝产业集群。规划通过实施集群工程，在原材料和半成品、配件、设备制造与维修、技术创新、人才培养等方面相互配合，培育若干个各具特色的珠宝产业集群，达到降低交易成本，提高整体效率的目的。集群工程从空间上凸显保山市的竞争优势和地位，不仅能提升保山的综合竞争实力，也可以为保山周边珠宝产业的发展带来更多的机会（见图 1.1.1）。

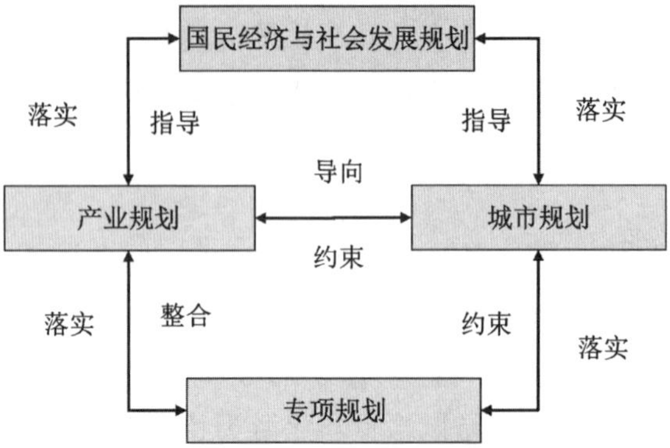


图 1.1.1 中国区域规划体系关系图

## （四）规划依据

1. 规划依据

《保山市国民经济和社会发展第十二个五年规划纲要》（2010）

《旅游规划通则》（国家质量监督检验检疫局，GB/T 18971—2003）

《中国旅游业发展“十五”计划和 2015、2020 年远景目标纲要》（国家旅游局，2001 年 4 月）

《云南省旅游发展总体规划》（世界旅游组织、国家旅游局及云南省旅游局，2001 年）

《中华人民共和国城乡规划法》（2008）

《保山市土地利用总体规划（2006—2020）》（2006）

《保山市隆阳区矿产资源规划（2008—2015 年）》（保山市隆阳区国土资源局，2010）

《村庄和集镇规划建设管理条例》（国务院，1993 年）

《保山市城市总体规划修改（2013—2030 年）》

《保山市旅游发展总体规划（2004—2020 年）》

《保山中心城市商贸物流发展规划》

《腾冲县翡翠产业中长期发展规划（2011—2020 年）》（腾冲县人民政府，2011）

国家、云南省和保山市的相关政策和法律文件、规范。

2. 上位规划

（1）《保山市国民经济和社会发展第十二个五年规划纲要》

①提出了保山实施农业稳市、工业强市、生态立市、科教兴市、文化旅游名市、改革开放活市六大战略，发展成为全省重要的进出口加工和物流基地、国际休闲度假旅游基地、滇西边境经济社会发展中心和中国走向南亚第一市的战略目标。

②提出了大力发展优势特色农业，优化提升矿冶产业，做精优势生物资源加工业，加快发展新兴产业，全面提升旅游产业质量，加快国际休闲度假旅游基地建设进程，推进物流设施建设，打造滇西边境物流中心，实施“文化名市”战略，提升文化产业发展水平，加快发展其他服务，培育服务业新增长点等发展重点工作。

（2）《云南省石产业发展规划（2011—2015）》

①确定了云南省石产业发展的思路：以资源、品牌为依托，以技术为支撑，以文化为内涵，培育一批龙头企业，建设成为石产业大省。

②确定了珠宝玉石产业目标：5~10 年时间成为中国珠宝玉石产业大省、世界重要的珠宝玉石集散、销售和加工中心；2015 年产值达 760 亿元，年均增长 27%，从业人员达到 90 万人左右；2020 年形成“世界玉石云南卖”的市场优势，具备开发不同档次珠宝玉石的能力。

（3）《保山市产业发展规划》

①对珠宝产业布局规划为：建设以腾冲荷花乡为中心的珠宝玉石（翡翠）加工贸易中心区、以腾冲（翡翠）商贸中心为龙头，做精做大腾冲珠宝玉石（翡翠）加工；加快龙陵黄龙玉和隆阳珠宝玉石、黄金饰品加工贸易区建设，尽快形成产业。

②对旅游产业布局规划为：一个中心，以腾冲为旅游发展中心城市；两翼推进，以隆阳县为左翼，龙陵县为右翼，形成保山旅游金三角；三级开发，施甸县和昌宁县作为保山市旅游业发展的第三增长极。

（4）《保山市旅游发展总体规划（2004—2020 年）》

①制定的规划远期（2016—2020 年）目标为：实现接待海外游客 68 万人次，共接待国内外游客 1235 万人次，旅游业占国内生产总值的比重接近 24%。成为连接南亚、东南亚的旅游集散地和枢纽。

②提出的空间布局为：一片热土，腾冲南部火山地热片区（康体休闲、度假疗养、科普地学、文化体验、宗教感悟）；一束彩带，高黎贡山怒江峡谷生态体验带（生态体验、科学考察、登山漂流、挑战极限、休闲竞技）；一条古道，滇西南古丝绸之路（边境贸易、旅游购物、玉器集散）；一条边境，中缅边贸边境游（文化寻踪、历史追念、民俗风情、宗教感悟、综合接待）。

（5）《保山市城市总体规划修改（2013—2030年）》

①提出的规划目标为：把握“桥头堡”战略机遇，将保山建设成农业现代化、新型工业化、旅游国际化基本实现，特色城镇化质量明显提高，基础设施更加完善，区域经济协调发展，改革开放取得新进展，生态建设成效显著，人民生活水平全面提高，人居环境明显改善，文化产品更加丰富的滇西地区核心城市，面向南亚、东南亚的门户枢纽。

②提出的空间布局为“双心、两区、两轴”：“双心”为依托保山中心城区，建设面向南亚、东南亚开放的大城市，形成引领市域的主中心，依托腾冲的历史文化资源、旅游产业条件和边境口岸基础发展成为桥头堡的前沿门户，形成引领隆腾芒地区发展的中心城市；“两区”指以高黎贡山—怒江为界，由隆阳、昌宁、施甸形成东翼城镇发展区，由腾冲和龙陵形成西翼城镇发展区；“两轴”指依托杭瑞高速公路和天猴高速公路形成“十字形”的市域城镇发展轴。

③提出的产业布局为“一心、三片、五区、五园”：依托保山中心城区（隆阳）打造先进制造业集聚区和产业中心；三片包括隆阳产业片区、腾龙产业片区、昌施产业片区；五区为保山工贸园区、水长工业园区、猴桥边境经济合作区、昌宁生物资源加工特色园区和龙陵硅瓷工业园区；五园为腾冲县高黎贡山茶叶现代农业园、隆阳区优质小粒咖啡示范园、施甸县现代农业千亩蔬菜示范园、腾冲县中和乡平山现代畜牧业园和腾冲县现代休闲农业园。

（6）《滇西城市群规划（2011—2030年）》

①该规划确定了滇西城市群以大理和保山（隆阳）—腾冲—芒市为主的两大都市区，保山（隆阳）为滇西城市群的核心城市之一，隆阳是隆腾芒都市区的中心城市，“隆腾芒都市圈”是中国面向西南开放重要桥头堡建设的先行区及国际陆路大通道门户。

②规划“一脊两核一区”的空间布局：依托西出南亚的国际大通道发展“脊”，建设大理城市都市圈、隆腾芒都市圈两个发展核，建设瑞丽国家重点开发开放试验区。

③规划隆阳区的城市定位为：桥头堡建设的门户枢纽，云南省重要的制造业承接转移基地和加工基地，以光电子、珠宝加工、现代物流业为主导的滇西城市群核心城市，隆腾芒都市核心区的中心城市。

④规划腾冲县城市定位为：桥头堡建设的重要对外门户，腾冲—滇西边境地区中心城市，是以滇西文化、火山热海特色旅游、珠宝加工与口岸贸易为主的山水生态城市和历史文化名城。

3. 规划流程

作为产业规划中的专项规划，本规划按以下流程进行：

（1）专题研究

首先对宏观环境、相关产业政策、保山的资源和实力进行分析，以解决“可以做什么”和“能够做什么”的问题；对相关珠宝产业发展先进地区的案例研究，可以将先进的经验和理念融入规划方案中。

（2）产业定位

产业定位是对保山市珠宝产业发展方向、战略重心的定位，需要解决扬长避短和“取舍”的问题，并对产业结构、产业空间布局进行规划。

（3）产业规划

产业规划的核心内容是建立产业体系，并对产业链上的相关环节进行梳理，以确定重点规划项目和实施策略，最后预测产业目标并进行目标规划。

（4）保障措施

规划方案能否实施不仅依赖于规划方案的科学性和合理性，还要依赖于是否建立了切实可行的保障措施，因此，本规划的最后部分提出了组织保障、招商引资、扶持政策和解决相关问题的对策，以对规划实施提供指导（见图 1.1.2）。

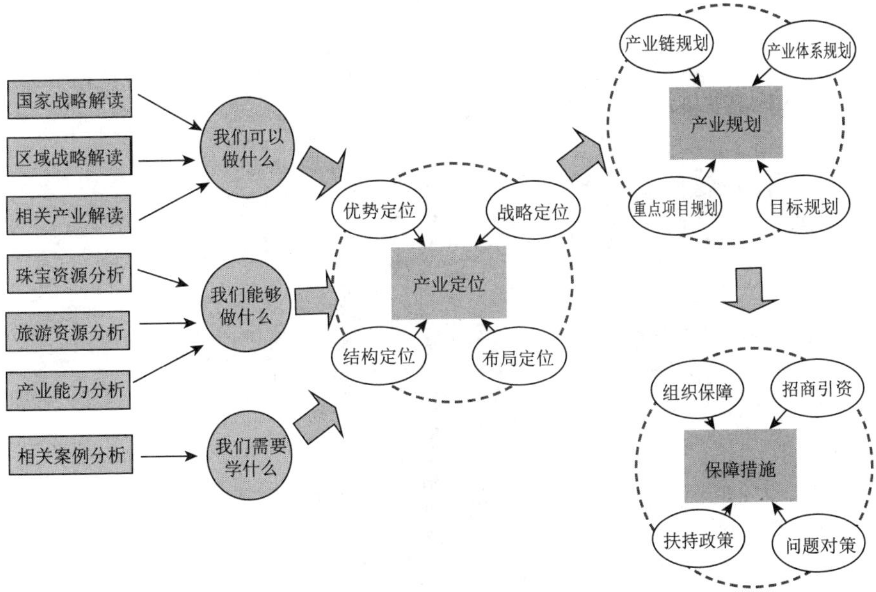


**图 1.1.2　规划流程图**

在本次规划完成后，保山市应以此为依据，一方面对城市总体规划、土地利用总体规划、交通规划的相关内容进行相应的调整；另一方面，针对部分近期亟待建设的项目，可根据本次规划的成果，包括项目立项、项目选址、用地规模等可立即开展修建性详细规划的编制，并进行相应的土地整理与招商引资工作，以尽快将珠宝产业的发展推上正轨。

## （五）规划范围

1. 规划范围

保山市行政辖区范围（含1区、4县），总面积约19637平方千米（见图1.1.3）。

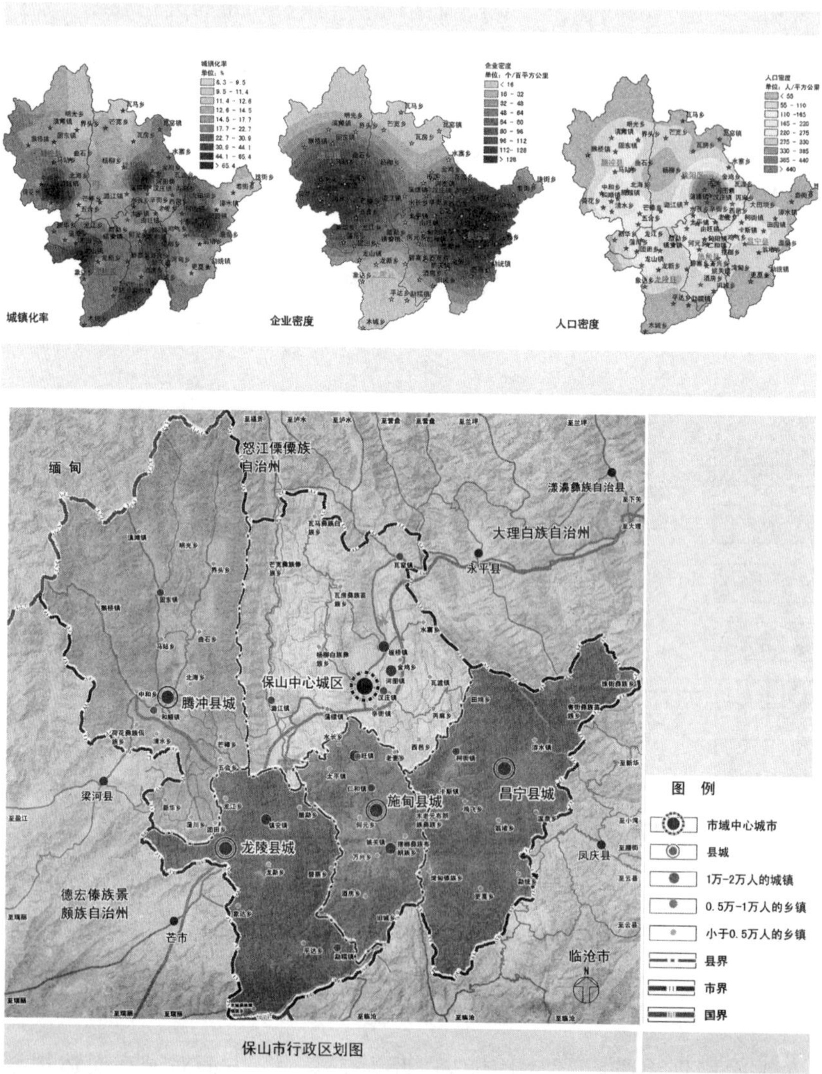


图 1.1.3 行政区划图

2. 规划期限

本规划期限为 2014—2025 年，2014—2019 年为近期规划，2019—2025 年为中期规划，2025 年以后为远期规划。

## 二、产业基础分析

### （一）区位条件

1. 中国面向南亚的关键节点

保山地处云南西部，位居三亚（东亚、南亚、东南亚）的连接点。历史上保山因特殊的地理位置即成为南亚、东南亚及欧亚大陆与中国交往的重要通道之一，是滇缅孟印贸易的集散地，也是异域文化与华夏文化交融的中心区域之一，哀牢文化、永昌文化、腾越文化、侨乡文化、民族民间文化在这里水乳交融。现今，保山仍是中国通向南亚最便捷通道的枢纽，是中国面向南亚——东南亚开放的前沿阵地和关键节点。

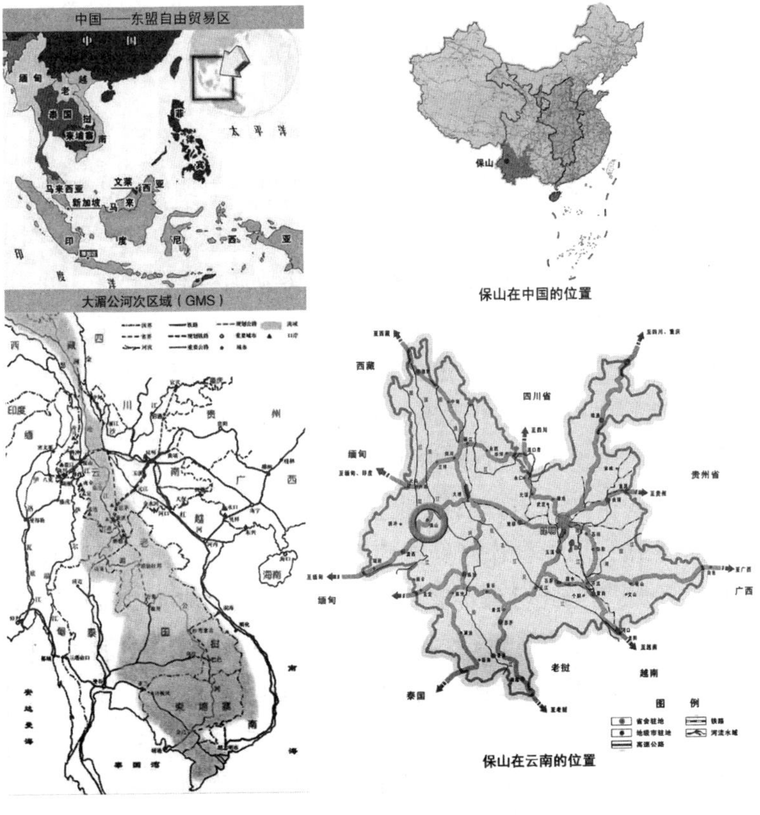


**图 1.2.1　区位条件分析图**

从保山腾冲县出境经缅甸北部重镇密支那到达印度的雷多不到600千米，是中国通往南亚条件最优、路程最短、辐射人口最多的通道。这一线路可全年通行，辐射人口多，运输成本低，国内其他地区难以比拟，不仅是构建南亚陆路大通道的最佳方案，更是中国走向南亚和印度洋最安全、最便捷的通道。随着大保高速、保腾高速、保龙高速、泛亚铁路西线及保山机场、腾冲机场的建成，“十二五”期间保山市将基本形成快速便捷的对外通达网络。

在我国通往西南周边国家的陆上大通道主要有两条：西线和南线。西线是经西藏和新疆向西进入印度和巴基斯坦，但被喜马拉雅山和戈壁阻隔，要从西藏和新疆修建通往印度的陆路通道成本高、难度大，很难实现陆上运输。南线是从保山腾冲—缅甸密支那—印度雷多，仅513千米，且建设成本低。若以昆明为起点，从昆明到雷多公路里程仅为1240千米，若全部建成高速公路或铁路，从昆明到雷多一天之内即可到达，且全线海拔较低，辐射人口多，运输成本低，国内其他地区难以比拟。陆路上从广州—昆明—保山腾冲—缅甸密支那—印度加尔各答公路里程为4168千米，比水路经新加坡缩短里程1200千米。又能有效避开马六甲海峡。因此从保山腾冲—缅甸密支那—印度雷多是一条路程最短、可营运日期较长、交通最优越、沿途辐射效应最广的国际陆上大通道。

2. 孟中印缅贸易区上的国际通道

在古代，“南方丝绸之路”“茶马古道”就把孟中印缅连接起来，成为中国云南及西南地区与南亚沟通的便捷通道。在近代，中缅公路、中印公路（又称史迪威公路）、“驼峰航线”又把孟中印缅地区连接起来，并为中国的抗战胜利做出了重要贡献。可以说，孟中印缅地区由于地缘关系自古以来联系就非常紧密，而这些联系的通道大多经过保山。连接四国最佳路线有三条：一是北线（雷多线），从昆明到大理、瑞丽后进入缅甸，从密支那经雷多进入印度；二是中线，由昆明经过曼德勒和德木到达印度；三是南线，从昆明到曼德勒，再到密铁拉和马圭，最后到达吉大港。孟中印缅地区山水相连、资源和产业互补性强，加强合作已经成为四方的共识，在相关各国政府的支持下，现有的“论坛”形式已经为建立更高层次的合作机制奠定了良好基础。目前，四国政府意见提出了近期、中期和远期目标，签署了包括孟中印缅陆路考察、成立孟中印缅商务理事会、编印孟中印缅合作通信等在内的多个合作协议。

从全省看，保山是较少的同时拥有两个机场的州市（保山机场和腾冲驼峰机场），目前腾冲机场发展迅速，借助其特殊的地理位置和资源，已开通了国内多条航线，改扩建后的腾冲驼峰机场，有望成为国际机场。大理至瑞丽铁路，是我国《中长期铁路网规划》中完善路网布局和西部开发性新线项目之一，也是我国中缅国际铁路通道的重要组成部分。保山腾冲至缅甸密支那二级油路已全线贯通，缅甸密支那—印度雷多二级油路建设计划正在着力推进，昆明—保山腾冲—猴桥—密支那—印度这条国际大通道的建成通车将把世界上两个人口最多的发展中国家连接起来。

3. 中国—东盟自由贸易区的中心城市

东南亚地区包括 11 个国家：越南、老挝、柬埔寨、泰国、缅甸、马来西亚、新加坡、印度尼西亚、文莱、菲律宾、东帝汶。东南亚地区的人口不到中国的一半，经济总量是中国的 1/3 强。东盟成立以来，通过 14 次首脑会议和数次其他会议确立了东盟的宗旨和原则，签署了一系列文件，在防卫、法律、打击跨国犯罪、能源、食品农业和森林、金融、投资、矿产、交通、通信信息、旅游、文化艺术、减灾、教育、环境、卫生、信息共享、劳动力、农村发展和减贫脱贫、科技、社会福利和社会发展、妇女平等方面建立了合作联系，并计划于 2015 年前，实现东盟内部货物、服务、投资、熟练劳动力和资本的自由流动。中国—东盟自由贸易区建成后将是世界上人口最多的、由发展中国家组成的贸易区，经济规模仅次于北美和欧盟，为世界第三大自由贸易区。

而保山市未来城市发展战略是成为该区域的中心城市之一。建立中国—东盟自由贸易区（“10+1”）无疑对于双方实现优势互补、联合自强，开拓新的发展机遇，共同抵御经济全球化带来的风险，增强亚洲国家在国际经贸事务中的地位，具有十分重要的意义。中国与东盟率先启动自由贸易区建设，是对东亚合作的重要贡献，必将对东亚地区的融合产生深远的影响。

4. 滇西城市群核心城市

根据《滇西城市群规划（2011—2030 年）》，滇西由于地区发展水平的相对滞后，并未出现如滇中城市群以昆明单核心集聚的现象，而是呈现出以大理和保山（隆阳）—腾冲—芒市为主的两大都市区。保山（隆阳）为滇西城市群的核心城市之一，隆阳是隆腾芒都市区的中心城市，隆腾芒都市区是滇西乃至整个云南对外开放的门户节点，名副其实的“桥头堡”前哨，沿边开放的中心之一。关于保山（隆阳）的城市职能，《滇西城市群规划（2011—2030 年）》确定为：桥头堡建设的门户枢纽，云南省重要的制造业承接转移基地和加工基地，以光电子、珠宝加工、现代物流业为主导的滇西城市群核心城市，隆腾芒都市核心区的中心城市。因此，保山市需要把握“桥头堡”

战略机遇，落实“科学发展、和谐发展、跨越发展”的要求，发挥保山邻近南亚、东南亚的独特交通区位优势，通过国际大通道建设和沿边发展，积极推动保山建设成为中国面向南亚、东南亚的门户枢纽，滇西城市群核心城市（见图 1.2.2）。

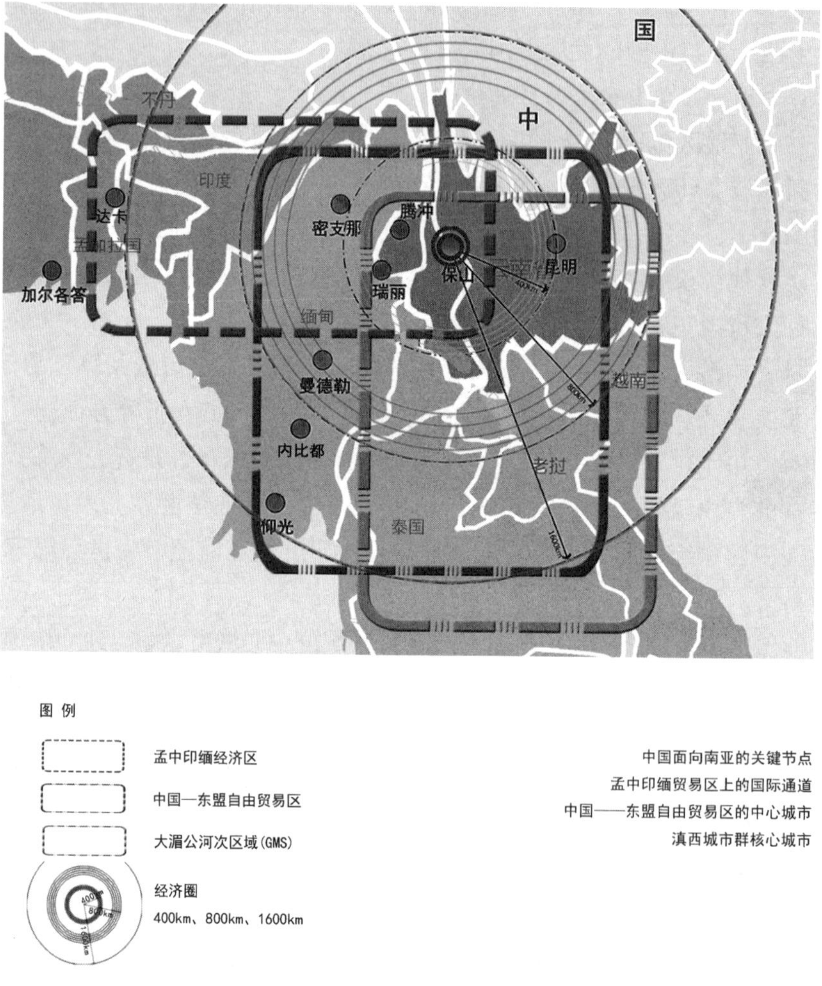


图 1.2.2　保山在南亚、东南亚经济圈的区位图

## （二）产业发展现状

1. 国民生产总值不高

保山市国民生产总值在云南省 16 个州市中排名第 8 位，人均 GDP 排名第 11 位（见表 1.2.1）。这主要是由于保山市工业基础薄弱，产业结构不合理造成的。保山仍以传统的资源型高能耗、低产出的初级产品加工业为主，经

济增长方式粗放，高附加值的产品比例偏低，对生态环境造成的压力增大。许多企业依靠廉价劳动力、资源初加工甚至直接出售资源来获取微薄的利润。受国家宏观经济调控影响和面临国内外更加强有力的竞争，这类企业在今后较长的时期内将会面临融资难、市场份额难以拓展等瓶颈制约，对地方财政经济贡献难以大幅提高。

表 1.2.1　保山市与云南省其他 15 个地州市经济指标比较一览表（2013 年）

| 地区＼指标 | GDP（亿元） | 排名 | 人均GDP（元） | 排名 |
|---|---|---|---|---|
| 昆明市 | 3450 | 1 | 52809 | 1 |
| 曲靖市 | 1583.9 | 2 | 26683 | 4 |
| 玉溪市 | 1102.5 | 3 | 47317 | 2 |
| 保山市 | 449.7 | 8 | 17704 | 11 |
| 昭通市 | 634.7 | 6 | 11984 | 16 |
| 丽江市 | 248.8 | 15 | 19714 | 9 |
| 普洱市 | 425.4 | 10 | 16520 | 13 |
| 临沧市 | 416.1 | 11 | 16894 | 12 |
| 楚雄市 | 632.5 | 7 | 23262 | 6 |
| 红河州 | 1012 | 4 | 22188 | 7 |
| 文山州 | 553.4 | 9 | 15539 | 15 |
| 西双版纳州 | 272.3 | 12 | 24012 | 5 |
| 大理州 | 761 | 5 | 21824 | 8 |
| 德宏州 | 225.9 | 13 | 18375 | 10 |
| 怒江州 | 85.8 | 16 | 15947 | 14 |
| 迪庆州 | 131.3 | 14 | 32420 | 3 |

资料来源：云南省统计年鉴（2013 年）

2. 产业结构面临调整

2012 年，保山市实现生产总值 389.96 亿元，其中第一产业 112.92 亿元，第二产业 133.93 亿元，第三产业 143.11 亿元，三产结构比重为 29.0∶34.3∶36.7。2012 年，云南省三产结构比重为 16.0∶42.9∶41.1。珠宝产业是与采矿、加工、商贸、物流、旅游、金融、文化等息息相关的产业，重点发展珠宝产业，是保山市转变经济增长方式，提升第二、三产业发展水平，促进产业结构升级的一个重要途径（见图 1.2.3）。

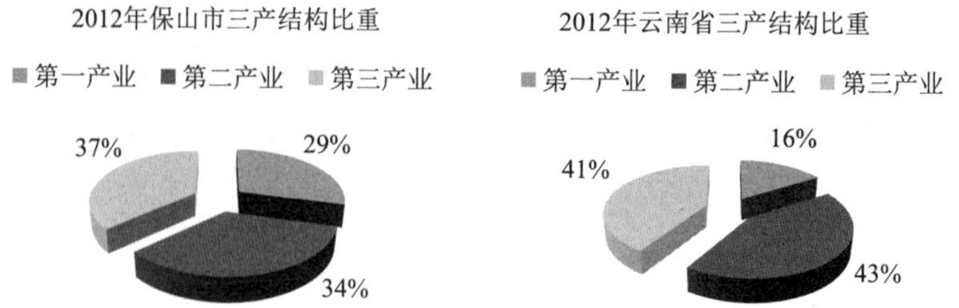


**图 1.2.3 2012 年保山市与云南省三产结构比重对比**

资料来源：2012 年云南省、保山市国民经济与社会发展统计公报

保山第一产业在产业结构中所占比重较大，第二、第三产业虽然也有发展，但所占比重不大且层次低，产业结构调整势在必行。目前应着力解决产业结构不合理、产业层次低、第三产业发展滞后、地区产业结构趋同的问题，加快第一产业向第二产业和第三产业转变，大力发展第三产业，提升保山综合实力。2013 年，保山市第三产业增加值占 GDP 比重为 37.35%，未来保山发展的希望在第三产业上，第三产业将逐渐占据主要发展地位。保山最大的优势是沿边开放的地沿优势，归根结底就是国际商贸枢纽优势，保山邻近广大区域的国内外环境正在发生重大的有利性变化，保山第三产业的发展前景十分广阔。

发展保山经济的思路和建设重点首先是要转变经济增长模式，必须从传统的资源消耗模式转向以创新为基础的经济增长模式。加快第一产业向第二产业和第三产业转变，大力发展第三产业，实现“三二一”的产业结构梯次。实施“农业稳市、生态立市、工业强市、科教兴市、改革开放活市、文化旅游名市”战略，是保山市委、政府近年来确定的产业发展思路。

3. 经济增长具备潜力

从 2005 年到 2013 年的 9 年间，保山市国民生产总值始终保持平稳较快增长，保持了平均 13.5% 的增长率，高于全国平均水平，表现出较强的增长潜力。尤其是最近两年，在全国经济不景气的情况下更是创出了历年 GDP 增速新高，发展潜力强劲（见表 1.2.2、图 1.2.4）。

**表 1.2.2 保山市 2005—2013 年 GDP 及增值长率统计表**

| 年份 | 2005 | 2006 | 2007 | 2008 | 2009 | 2010 | 2011 | 2012 | 2013 |
| --- | --- | --- | --- | --- | --- | --- | --- | --- | --- |
| GDP（亿元） | 117.4 | 136.7 | 164.5 | 197.5 | 221.7 | 260.9 | 319.6 | 390 | 453 |
| 增长率（%） | 13.1 | 13.5 | 14.00 | 13.20 | 13.10 | 12.5 | 13.1 | 15.1 | 16.2 |

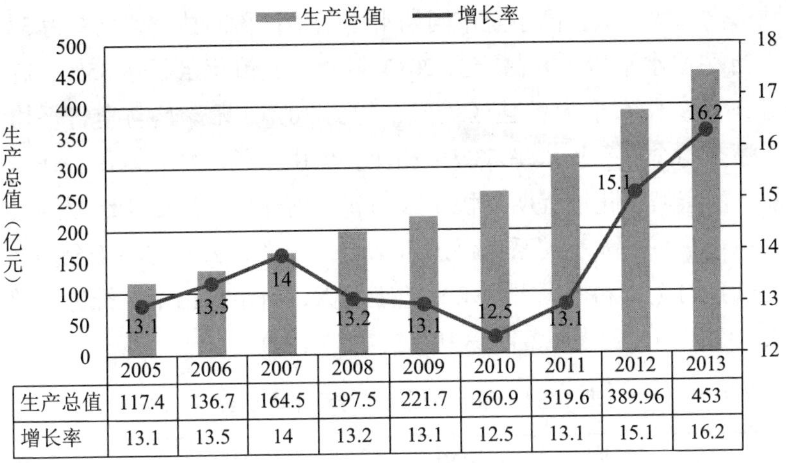


**图 1.2.4　2005—2013 年保山市生产总值与增长率情况**

4. 第三产业贡献率呈增长趋势

通过计算保山市三次产业增加值增量与 GDP 增量可以发现，近 5 年三次产业对 GDP 的贡献率表现为：第一产业缓慢下降、第二、三产业平稳增长。三大产业对 GDP 的平均贡献率分别为 29.8%、32.8%、37.4%，保山市近几年的经济增长主要依靠二、三产业，尤其是发展迅猛的第三产业（见表 1.2.3）。

**表 1.2.3　保山市三次产业对 GDP 的贡献率**

| 年　份 | 第一产业贡献率（%） | 第二产业贡献率（%） | 第三产业贡献率（%） |
|---|---|---|---|
| 2009 | 32.6 | 28.6 | 38.8 |
| 2010 | 30.3 | 30.8 | 38.9 |
| 2011 | 30.4 | 33.1 | 36.5 |
| 2012 | 29.0 | 34.3 | 36.7 |
| 2013 | 28.6 | 34.5 | 36.9 |
| 平均值 | 29.8 | 32.8 | 37.4 |

注：产业贡献率计算方法：贡献率（%）= 某因素贡献量（增量）/ 总贡献量（总增量）×100%

## （三）产业发展趋势

1. 农业人口比重大城镇化率低

2013 年，保山市全市完成农业人口转户进城 9.6 万人。全市新增城镇建成区面积 2.1 平方千米，城镇化率达 38.3%，比上年提高 3.16 个百分点。其中隆阳区城镇化率达 40%，高于全市同期平均水平；腾冲县城镇化率为 38.5%，基本与全市平均水平持平。昌宁县 2013 年全县城镇化水平达 35%，施甸县和龙陵县，城镇化水平为各县区最低，均为 30%。无论是与全省平均水平 40.48%，还是与全国平均水平 53.7% 相比，保山市的城镇化水平，还是较低的。目前，国家城镇化进程明显快于云南省，而保山市还处于缓慢发展的阶段，其城镇化水平的大小关系为保山市小于云南省，云南省小于全国。城镇化水平较低且与全省和全国平均水平差距之大，将给保山市在推进城镇化建设中带来巨大压力（见表 1.2.4、表 1.2.5、图 1.2.5）。

**表 1.2.4　保山市近五年城镇化水平表**

| 年份 | 2009 | 2010 | 2011 | 2012 | 2013 |
|---|---|---|---|---|---|
| 城镇化水平（%） | 28.27 | 30 | 31.7 | 35.14 | 38.3 |

**表 1.2.5　保山市各区县 2013 年城镇化水平表**

| 区县 | 隆阳区 | 腾冲县 | 昌宁县 | 施甸县 | 龙陵县 |
|---|---|---|---|---|---|
| 城镇化水平（%） | 40 | 38.5 | 35 | 30 | 30 |

注：2013 年各区县数据依据往年数据预估

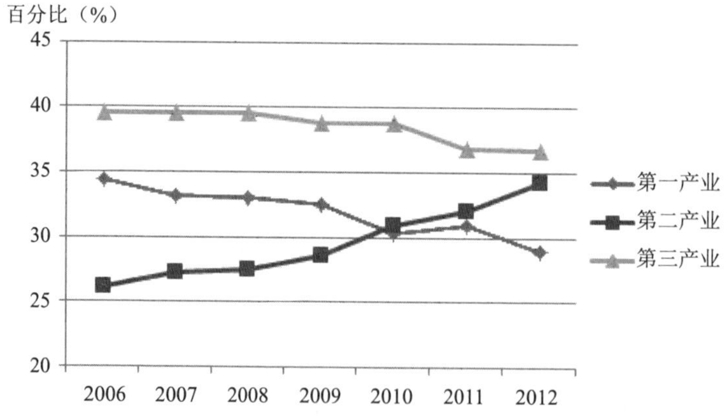


**图 1.2.5　保山市 2009—2013 年产业结构变动情况图**

2. 处于工业化初期向中期过渡阶段

根据国际惯用的工业化发展阶段判定指标，对照保山市工业化发展指标，保山市目前处于工业化初期向中期的过渡阶段。从表 1.2.6 中可以看出，在所有七项指标当中，人均 GDP、工业增加值比重、三产产值比重、工业劳动力比重、三产劳动力比重、城镇人口比重六项已经进入工业化中期阶段。工业化发展趋势为产业结构优化建立了基础，并为包括珠宝产业的发展提供了支撑。

**表 1.2.6 保山市工业化发展阶段判定表**

| 判定依据 | 判定指标 | 工业化初期 | 工业化中期 | 工业化后期 | 保山指标（2013） |
|---|---|---|---|---|---|
| 配第－克拉克定律 | 人均 GDP（1998 年美元） | 1200~2400 | 2400~4800 | 4800~9000 | 2859 |
| 库兹涅茨假说 | 工业增加值占 GDP 比重（%） | 20~40 | 40~70 | 下降 | 26.1 |
| | 三产增加值占 GDP 比重（%） | 10~25 | 30~60 | 上升 | 37.4 |
| 钱纳里指标体系 | 农业劳动力比重（%） | 80~60 | 30~20 | 20~15 | 50.31 |
| | 工业劳动力比重（%） | 8~15 | 20~35 | 下降 | 23.2 |
| | 第三产业劳动力比重（%） | 8~20 | 20~35 | 上升 | 23.94 |
| | 城镇人口比重（%） | 10~35 | 35~50 | 上升 | 40.5 |

（注：年末全市从业人员 164.98 万人，建筑从业人员 4.2 万人，占就业人口的 2.55%。工业占 23.2%（按工业产值比例计算得出），第三产业 23.94%（根据 2011 年三产产值和就业人数，并假定两年提高生产效率 10% 计算得出），另外，城镇人口比重按照 2013 保山市国民经济和社会发展统计公报相关数据计算为 28.8%。）

3. 第三产业是未来的产业核心

像保山这样一个地级市，未来只需真正培育出一两个具有强大市场竞争力的行业，就足以使保山市发生翻天覆地的变化了，在产业结构布局上没有必要追求全面。能够承载保山跨越式发展希望的产业在二、三产业上，其中又以三产为主。未来保山的希望将主要由第三产业承载，未来保山的主要核心产业很可能产生于第三产业。保山市是传统的农业大市，近些年大力发展工业和第三产业，使得三大产业结构转型工作有了一些进展（见图 1.2.6）。打造“珠宝之都”，培育珠宝产业发展，是实现保山市产业结构优化和转型升级的客观需要。2012 年，保山市实现生产总值 389.96 亿元，其中第一产业 112.92 亿元，第二产业 133.93 亿元，第三产业 143.11 亿元，三产结构比重为 29.0∶34.3∶36.7。

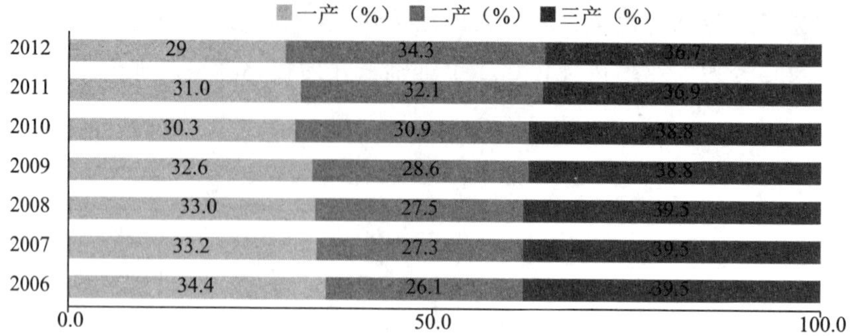


图 1.2.6　保山市 2006—2012 年三次产业比重

未来保山有可能成为一个区域性国际商贸中心，区域性国际商贸中心的功能特征以服务性质为主，也即其产业载体必然以第三产业为主。因此，应该把打造一个区域性国际商贸中心置于重要地位。

4. 旅游业的迅猛发展成为契机

通过对保山市旅游接待人数及旅游业总收入近 9 年的分析可以看出，保山市旅游发展迅猛，成为珠宝产业发展的重要契机。从 2005 年到 2013 年，旅游接待人数从 383 万人次增长到 951.4 万人次，9 年时间增长了 110.2%，平均年增长率为 12.24%；旅游总收入从 12.7 亿元到 65.6 亿元，9 年增长了 416.5%，平均增长率为 46.28%。旅游业如此快速增长为与其息息相关的珠宝产业奠定了良好的发展基础，旅游业的繁荣，必能为珠宝产业环节中的珠宝销售、展览、文化交流等带来更好的发展契机（见图 1.2.7）。

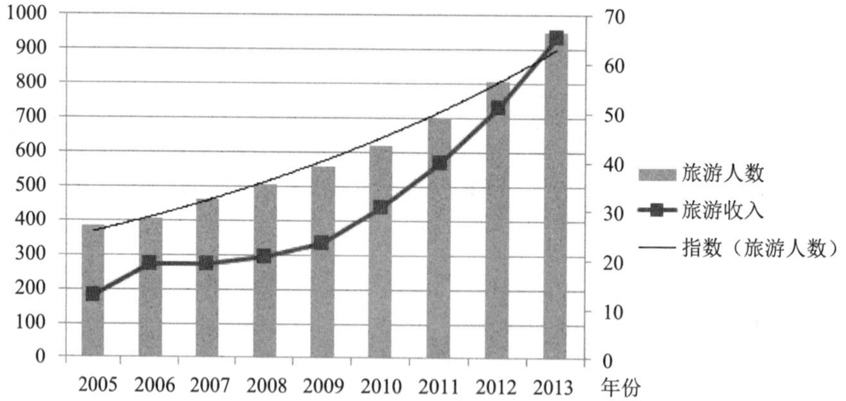


图 1.2.7　2005—2013 年保山市旅游接待人数和收入统计图

资料来源：保山市统计年鉴

# 三、珠宝产业发展

## （一）珠宝产业发展

1. 珠宝市场现状

珠宝行业，从材质上分主要包括：钻石、宝石、黄金、铂金、白银、珍珠、玉石、水晶、翡翠、玛瑙、珊瑚、琥珀、琉璃等；从功能上分主要包括头饰、耳饰、颈饰、胸饰、腰饰、手饰、脚饰、金银珠宝首饰、藏饰 / 民族饰品、手机饰品、首饰配件、珠宝原料、珠宝首饰包装及保养品、其他首饰饰品等。

（1）世界珠宝首饰销售额持续增长

2002—2011 年，世界珠宝首饰行业销售额持续增长，平均年增长率为 4%（见图 1.3.1）。这其中，中国和印度成为助推全球珠宝市场的主要力量。据统计，2011 年全球珠宝销售总额达 2000 多亿美元，中国和印度的市场总值占到一半以上，达到 1100 多亿美元。

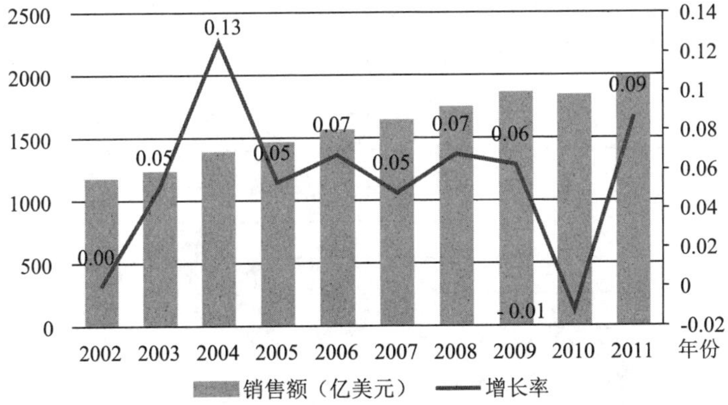


**图 1.3.1　2002—2011 年全球珠宝首饰行业销售额**

资料来源：中国行业咨询网统计数据

（2）中国珠宝首饰销售跃居世界前列

中国珠宝首饰市场经过短短的几年时间，已由前几年仅占全球 1% 跃居世界前列。随着我国近年来珠宝首饰生产规模和技术工艺水平不断增强，珠宝首饰的生产和出口规模持续扩大。2008 年中国珠宝市场出口 84.71 亿美元。其中，香港有 90% 以上的镶嵌首饰是在内地加工的。在珠宝镶嵌加工方面，我国的优势极为明显，有成为世界珠宝加工中心的能力和基础（见表 1.3.1）。

**表 1.3.1 我国主要珠宝消费情况**

| 主要珠宝种类 | 市场消费现状 |
| --- | --- |
| 翡翠玉石 | 年消费超过 200 亿元，为世界第一消费大国 |
| 钻石 | 年消费达 250 亿元，位列世界第二，美国为第一消费大国 |
| 珍珠 | 我国是世界最大的淡水珍珠生产国，占世界总量的 95% 以上 |
| 黄金 | 年消费黄金饰品约 600 吨，印度为第一消费大国，中国位列第二 |
| 铂金 | 年消费铂金及饰品约 800 吨，位列世界第一，日本第二 |

中国珠宝首饰行业年销售总额连续多年高速增长，继 2010 年突破 2500 亿元后，2013 年销售总额又攀新高，达到 4700 多亿元，年均增长率在 15% 左右。根据世界黄金协会资料，人均 GDP 在 3000~8000 美元时，将进入珠宝消费热销区。2012 年，我国居民人均 GDP 达到 6100 美元，但根据中国珠宝玉石首饰管理中心最新统计，2012 年中国珠宝类人均消费只有 200 元人民币，远低于世界平均水平。伴随着我国经济的飞速发展，人民物质生活水平的日益提高以及消费、投资等观念的转变，珠宝首饰消费极有可能成为继住房、汽车之后的第三大消费热点（见图 1.3.2）。

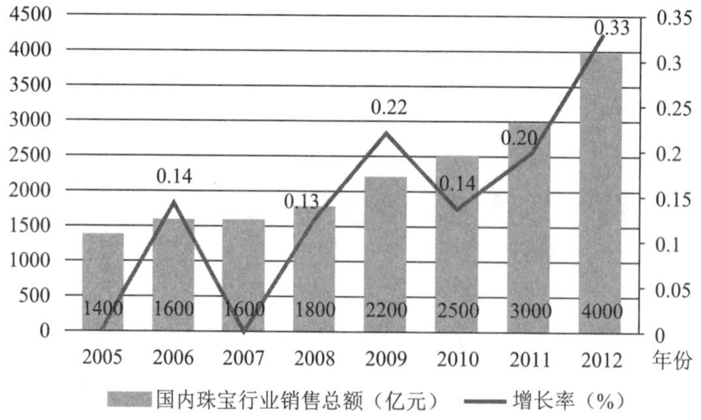


**图 1.3.2 中国珠宝行业销售总额及增长率**

资料来源：中国行业咨询网统计数据

从我国历年珠宝消费及发展趋势看，我国珠宝消费市场每年增长 15%~30%，远高于世界平均增长水平，产业发展处于高速成长阶段。

2. 中国珠宝产业发展趋势

（1）国内珠宝市场发展迅速

改革开放以后，我国珠宝产业获得了非常迅速的发展。2002 年我国珠宝首饰类商品零售总额首次突破 1000 亿元，2009 年达到 2200 亿元，2010 年突破 2500 亿元，2011 年超过美国跃居世界第一，达到 3000 亿元。从 1000 亿元到 2000 亿元销售额，中国用了 7 年；从 2000 亿元到 3000 亿元用了 2 年，而从 3000 亿元到 4000 亿元，只用了 1 年。根据中国珠宝玉石首饰行业协会公布的数据显示，2012 年我国珠宝首饰行业销售总额达到 4000 亿元以上，同比增长 11.4%。目前，中国的珠宝产业正处于快速增长阶段，伴随着中国经济增长和消费升级，国内珠宝产业潜在发展空间很大。

2009 年中国人均珠宝消费额仅有 19 美元，而欧盟和美国人均珠宝消费额达 214 和 260 美元。根据中国珠宝玉石首饰管理中心统计，2012 年中国珠宝类人均消费 200 元人民币，三年增长了 50%左右，但仍远低于世界平均水平。相信随着中国经济的不断发展，加上近年来中国中产阶层和富裕阶层人数的迅速增长，中国珠宝产业有巨大的提升空间（见图 1.3.3、图 1.3.4）。

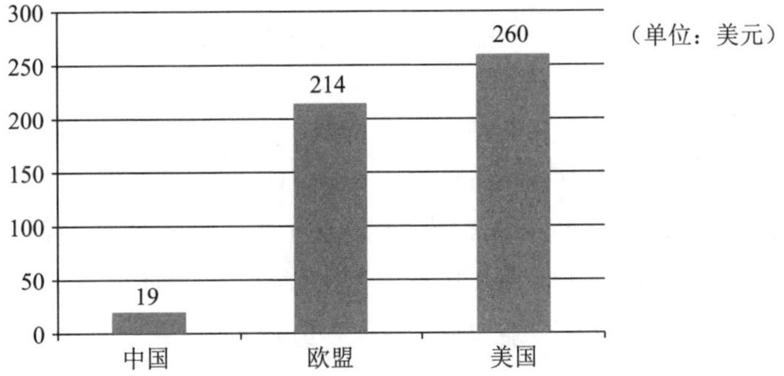


**图 1.3.3　中国、欧盟、美国人均珠宝消费对比**

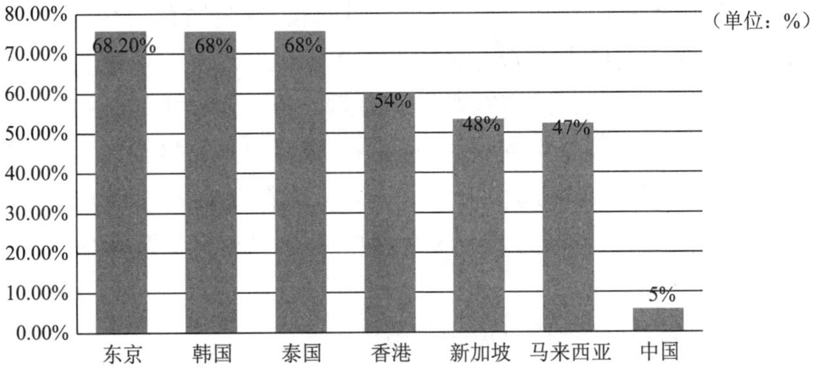


**图 1.3.4　女性珠宝消费占比**

中国珠宝首饰行业年销售总额连续多年高速增长，继2009年突破2200亿元后，2013年销售总额又攀新高，达到4700亿元，年均增长率在15%左右。根据中国经济和珠宝产业发展现状，可以知道中国珠宝消费空间和潜力巨大，相信中国珠宝产业将会迎来大繁荣（见图1.3.5，E表示预测值）。

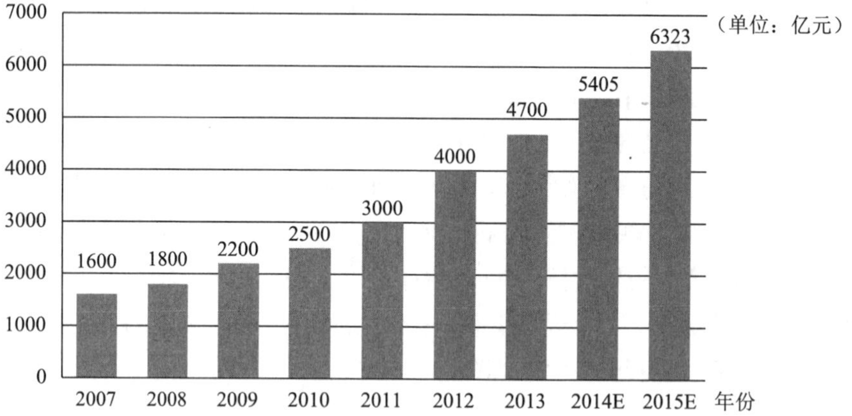


图 1.3.5　中国珠宝行业销售额及预测

（2）市场格局与区域布局已成雏形

在市场格局方面，中国珠宝行业形成了“四大品牌系列”，分为欧美系、港系、沪系、粤系，其中欧美系以卡地亚、通灵等奢侈品牌为代表，占据高端市场；港系、沪系以周大福、周生生、谢瑞麟、老庙黄金、老凤祥等为代表，主要集中于中高端市场；粤系，主要以深圳品牌为代表，主攻中低端市场。

在区域布局方面，中国珠宝产业的基本构架形成了“五个基地，三大中心”。五个基地分别是以上海为中心的钻石、贵金属营销交易基地，以深圳为主体的深—港钻石与贵金属生产加工基地，以辽宁岫岩县为主体的岫玉生产加工出口基地，以广东番禺、揭阳等为主体的黄铂金镶宝石类生产加工外销基地，以云南为主体的中国—东盟自由贸易区内的翡翠及有色宝石原材料和成品营销基地。三大中心分别为深—港台—广珠宝深加工生产中心，北京—上海珠宝贵金属交易中心；云南—东盟有色宝玉贸易中心。

（3）形成了特色鲜明的珠宝产业集聚区

自2006年中国珠宝玉石首饰行业协会评选至今，先后有22个珠宝产业聚集地被授予“中国珠宝玉石首饰特色产业基地”称号（见表1.3.2）。通过各基地政府积极引导、扶持当地珠宝产业发展，借助良好的产业政策、培育措施、节庆会展等，各产业基地都取得了一定成绩，我国珠宝业不断朝着产业化、集聚化方向发展，形成了特色鲜明的珠宝产业集聚区。

从格局看，中国珠宝玉石首饰特色产业基地已形成“三大集群”。主要分布在以深圳罗湖为代表的珠江三角地区，以浙江诸暨为代表的长江三角地区和以辽宁阜新为代表的环渤海地区。珠三角地区珠宝产业形成规模庞大、结构较健全并以珠宝加工、制造和出口为特点的产业集群；长三角地区珠宝产业形成以珠宝要素交易、高端珠宝品牌集聚为特点的产业集群；环渤海地区珠宝产业在资本资源和自然资源方面具有一定的优势。

**表 1.3.2　22 个中国珠宝玉石首饰特色产业基地**

| 类别 | 名单 | 特点 |
|---|---|---|
| 镶嵌加工类珠宝特色产业基地 | 深圳罗湖、广州番禺、广东伦教 | 聚集大量贵金属首饰镶嵌加工、钻石切磨以及配套产品生产企业，催生一批龙头骨干企业，在当地政府大力支持下，物流服务、信息服务、技术服务等配套支撑体系不断得以完善 |
| 资源依托型特色产业基地 | 内蒙古赤峰、辽宁阜新、辽宁岫岩、浙江青田、浙江临安、福州晋安、山东昌乐、江苏东海 | 充分依托当地的特色资源优势，发展玉石雕刻加工产业，成为当地居民就业、致富的重要渠道 |
| 资源整合型特色产业基地 | 河南镇平、广东四会、广东平洲 | 基地虽然没有玉石资源，但在当地政府支持下，依靠人才、技术、基础设施、经营渠道的整合和资产重组，形成了规模较大、享誉国内外的玉石雕刻加工和贸易基地 |
| 珠宝旅游型特色产业基地 | 云南瑞丽、云南腾冲、福建莆田 | 依托良好的珠宝文化氛围，充分结合当地的旅游资源优势，形成了特色鲜明的珠宝旅游特色产业基地 |
| 淡水珍珠特色产业基地 | 浙江诸暨、苏州相城 | 是我国淡水珍珠产业崛起和发展的直接推动者，珍珠文化底蕴深厚，珍珠养殖技术成熟，珍珠贸易活跃 |
| 人工宝石特色产业基地 | 广西梧州 | 在政府大力扶持下，广西梧州拥有了一支庞大的人工宝石切磨加工队伍，就业者达 10 万人 |
| 流行饰品加工贸易特色产业基地 | 青岛城阳 | 利用毗邻韩国地理优势，发展以韩资为主的流行饰品加工贸易，取得了良好的集群效应 |

资料来源：中国珠宝玉石行业协会

（4）多数地区产业特征为“小、散、乱”

我国珠宝产业虽然已粗具规模，但“小、散、乱”依然是目前珠宝产业不可回避的现实，具体表现在：（1）“小”——指产业规模较小，珠宝企业规模、实力小，家族式经营企业多。以中国最大的黄金珠宝企业周大福（香港）为例，2010 年其销售收入只占到 9.8%。内地企业的市场份额更低，缺少中国珠宝产业中的“龙头企业”；（2）“散”——指产业集聚偏低，虽然有 22 个珠宝首饰产业特色基地，但整个产业缺乏资源的有效配置，分布地域散，例如，部分翡翠高端产品，加工原料来至云南，加工地在福建等地，又在北上广等地销售，未能形成产、供、销链条的最优“联动”，阻碍了产业资源的“聚合反应”；（3）“乱”——指市场经营混乱，国内许多地区存在着各种以假乱真、以次充好现象，严重影响珠宝行业的形象；珠宝行业仍存在缺少行业标准与监督，质量问题频频曝光，价格战与虚高标价打折横行，新生代宝石价格胡乱炒作等问题。

3. 中国珠宝产业发展趋势

（1）珠宝消费进入高速增长期

从图 1.3.7 可以看出，中国珠宝首饰行业年销售总额连续多年高速增长，继 2009 年突破 2200 亿元后，2013 年销售总额又攀新高，达到 4700 多亿元，年均增长率在 15% 左右。根据世界黄金协会资料，人均 GDP 在 3000~8000 美元时，将进入珠宝消费热销区。2012 年，我国居民人均 GDP 达到 6100 美

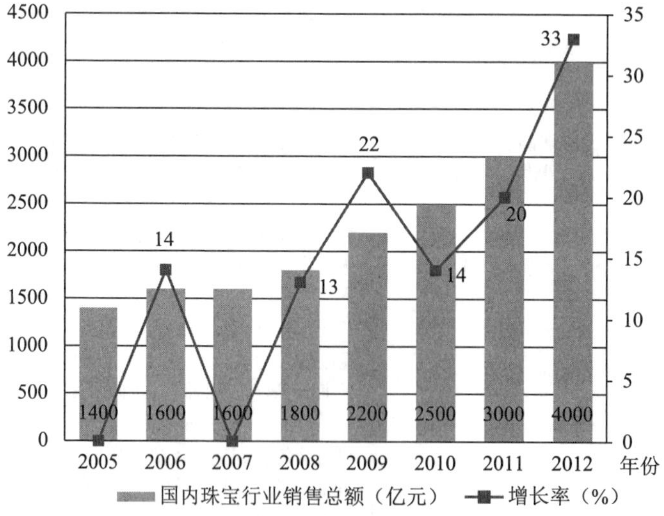


**图 1.3.6　中国珠宝行业销售总额及增长率**

资料来源：中国行业咨询网统计数据

元，但根据中国珠宝玉石首饰管理中心最新统计，2012 年中国珠宝类人均消费只有 200 元人民币，远低于世界平均水平。伴随着我国经济的飞速发展，人民物质生活水平的日益提高以及消费、投资等观念的转变，珠宝首饰消费极有可能成为继住房、汽车之后的第三大消费热点。最值得关注的是，以翡翠为代表的玉石产品在珠宝首饰市场中份额不断扩大（见图 1.3.6）。

（2）产业集群趋势日趋明显

一些地区借助得天独厚的资源条件，或是无可替代的地域优势，或依托深厚的文化积淀，加上产业发展环境的不断改善，促使以企业为主体的产业资源集中发展，逐渐形成了特色鲜明的珠宝产业集聚区，集群优势开始显现。这种优势的产生是因为许多相关企业在地域上处于同一地区，在原材料和半成品、配件、设备制造与维修、技术创新、人才培养等方面的相互配合，从而降低了交易成本，提高了整体效率。未来，中国珠宝产业的集群化趋势将会更加明显，集群化的优势也将更加凸显。

（3）品牌化发展成为主流

当前，国内外珠宝首饰产业的市场竞争，已从价格竞争、产品竞争逐渐走向品牌竞争。中国当前有几千个珠宝品牌，仍缺乏有全国影响力和领导性的品牌，造成珠宝业品牌核心影响力低于欧美和中国香港地区企业。而名牌商品瓜分市场，已成为市场竞争的明显趋向，一个有影响的品牌可以征服消费者，取得越来越大的市场份额；而非名牌商品在其压力下，往往被挤出市场。对于珠宝首饰企业来说，在"品牌兴业"经营理念指导下，注重品牌建设和品牌发展的珠宝企业，才能引领中国的珠宝首饰市场。

（4）人才与技术成为发展瓶颈

随着珠宝设计水平持续提升以及人们珠宝消费观念的改变，珠宝人才与技术成为我国珠宝行业发展的瓶颈。根据中宝协统计，2012 年我国黄金珠宝企业已经超过 30000 家，产业工人数超过 300 万人，但其中受过正规培训的仅为 1%。我国珠宝业从管理人员到技术工人，从珠宝设计师到市场营销员，各个环节的人才都十分匮乏。目前，我国一些大专院校陆续开设了珠宝专业，国家珠宝玉石首饰培训中心和中国珠宝玉石首饰行业协会每年也组织一些培训和学习班，广州番禺、深圳罗湖珠宝特色产业基地正在筹建珠宝专科院校。通过人才培养，不断提升国内珠宝加工技术、设计水平，为中国珠宝产业的发展提供人才保障。

## （二）保山珠宝产业

1. 珠宝资源现状

（1）腾冲曾经是全球翡翠最大集散地

腾冲自古就是西南边陲的重要通商口岸，古代“南方丝绸之路”和著名的“史迪威公路”就是经过腾冲进入缅甸的。腾冲自明清以来一直是全球最大的翡翠玉石集散地，素有“翡翠城”之称。然而，由于缅甸对翡翠资源的管控日益增强，广东、福建等省份抓住机遇在玉石毛料进口关税、玉石加工等方面给予大量政策支持，使得众多的珠宝原料商改变了传统的贸易路线，开始用水运、空运的方式先到达广东再进入内地市场，腾（冲）密（支那）路的玉石运输量锐减，大大削弱了腾冲作为玉石集散地功能，广东也取代云南腾冲成了玉石的主要集散地。

（2）龙陵是黄龙玉原产地

黄龙玉在被当作玉石发现之前被称为“黄蜡石”，它有着田黄般的颜色、翡翠的硬度，与其他玉种相比具有硬度好、透度高、色彩鲜艳丰富的特点。由于其产在龙陵，又以黄色为主色，故最终得名为黄龙玉。自 2004 年问世后，其价格一路飙升，原石比黄金还贵 40 倍，人称“疯狂的石头”。2010 年 11 月 15 日，黄龙玉被列入珠宝玉石名录。2011 年 2 月初，黄龙玉的国家标准正式发布。这意味着对黄龙玉明确了玉的身份，不再尴尬于石玉之争。黄龙玉是真正意义上的“玉出云南”，这种地域产地的唯一性将是打造黄龙玉品牌的核心优势。拥有探明黄龙玉地质储量 38.86 万吨的龙陵县，正以其黄龙玉资源优势，将龙陵县打造成中国最大的黄龙玉加工集散地。据相关统计，目前我国共有黄龙玉经营企业 1800 余家，仅龙陵县境内就有从事黄龙玉加工销售个私企业 800 余户，从业人员 6000 余人。龙陵县委、政府已在县城南部建立起黄龙玉加工贸易产业园——龙陵珠宝城，依托国家政策的支持，背靠黄龙玉原产地的优势，龙陵县正将其打造成以黄龙玉毛料拍卖，产品交易、加工生产、玉文化研究和精品展示为一体，具有鲜明地方特色的珠宝城。

（3）永昌永子是棋中圣品

“永子”创始于唐代，盛行于明清时期，迄今已经有 1000 多年的历史。据清光绪《永昌府志》第六十二卷、《滇南杂志》等史籍的记载，“永子”的生产用料和工艺大致如下：“永棋，永昌之棋甲于天下。其制法以玛瑙石、紫英石合研为粉，加以铅硝，投以药料合而煅之。用长铁蘸其汁，滴以成棋。”永昌是古代“永子”围棋的主要产地，畅销海内。由于明末社会动荡和战乱，“永子”围棋的生产渐趋衰落。到了清末，“永子”围棋生产技术失传，而“永子”文化也随之转衰。“永子”在制作工艺中，充分利用了保山得天独厚的物产资源，在制造“永子”围棋的过程中，一是以永昌盛产的黑铅、紫英石、硝石等为原材料。据《永昌府文征》第四卷中所载：“永昌之产，通省独多而奇，然有取之三宜六慰缅甸者，远之数千里。”同时是提升它艺术品位和文化内涵的根本所在，也是古往今来举世公认为棋中圣品之根源。“永子”文化将以此为平台，带动民族文化、民间手工艺的传承与发展，形成一条集非物质文化遗产保护、文化产品制作销售、影视制作以及特色餐饮、文化旅游为一体的完整产业链。“永子文化园项目”的建设符合云南省文化产业发展规划、保山市旅游业发展总体规划、保山市委市政府关于深化文化体制改革加快文化产业发展的意见、隆阳区旅游发展总体规划。

（4）南红玛瑙是玛瑙中的精品

玛瑙是玉髓类矿物的一个类别，其整体混有蛋白石和隐晶石英的纹带块体，有红、黑、黄、绿、蓝、紫、灰等各种颜色多种色彩，红色是玛瑙中的主要颜色，玛瑙中的精品当数南红玛瑙，其色犹如彩色落霞，优雅安详，象征吉祥和幸福。南红玛瑙颜色红艳，质地温润，生于深山大泽之中，实乃天地之灵物。最初是没有南红玛瑙一说的，是近来在云南保山地区开采的红玛瑙被称为云南红玛瑙，简称“南红”，所以现在也约定俗成地有了南红玛瑙这一称谓。随着地质勘探的发展和新的矿脉被发现，市面的南红玛瑙主要为云南保山、甘肃迭部和四川凉山的新矿。但典型的南红产地主要是云南，最具代表性区域为保山市的玛瑙山。

（5）保山未探明宝石矿藏丰富

保山目前已发现的矿产有 56 种，矿床（点）534 处，矿产资源潜在价值 5000 亿元以上。云南属世界特提斯宝玉石矿带的重要组成部分，以大地构造单元为背景划分的 12 个宝玉石成矿带中有三个宝玉石成矿带与越南、缅甸著名宝石成矿带毗邻或相连。一个是高黎贡山及腾冲地区宝玉石成矿带，与世界著名的抹谷优质红宝石、蓝宝石、尖晶石等宝石成矿带相连，两者同属一个大地构造单元，宝玉石矿床特征相同；二是福贡—保山—孟连宝玉石成矿带，与世界红宝石产量最多的缅甸孟宿红宝石矿山毗邻，两者同属一个大地构造单元成矿带；三是苍山—哀牢山宝玉石成矿带，与著名的越南安沛红宝石成矿带毗连，两者成矿特征非常相似。除上述三个成矿带具有广阔的找矿前景外，澜沧江宝玉石成矿带及滇东南宝玉石成矿带，也是我省颇有远景的宝玉石成矿带。前者是寻找红宝石、蓝宝石、海蓝宝石、碧玺、绿柱石、黄玉等宝石最有远景的宝石成矿带，后者是寻找祖母绿、海蓝宝石、镁铝榴石宝石及金刚石最有远景的宝玉石成矿带（见表 1.3.3 和图 1.3.7）。

**表 1.3.3　保山市主要珠宝矿产资源表**

| 矿种 | | 简介 |
| --- | --- | --- |
| 金属矿 | 银矿 | 除伴生银外，还有以银为主的银矿，品位含银 100~1000 克 / 吨，储量达中型以上，主要分布于龙陵县境内 |
| | 金矿 | 主要为多金属伴生型金矿，储量约 2 吨，主要分布在保山市隆阳区黄家地、打场凹、下麦庄、大岭子等地 |
| 非金属矿 | 黄龙玉矿 | 黄龙玉矿石的产区在云南保山龙陵县龙新乡小黑山、龙新乡茄子山，储量相对集中、品质较好的黄龙玉矿石主要分布在龙陵的小黑山、苏帕河周边 |
| | 南红玛瑙矿 | 南红玛瑙是玛瑙的一个分类，主要产地在保山市隆阳区杨柳乡冷水村、隆阳区瓦渡乡荒田村、隆阳区金鸡乡罗寨村，该区其他地方也有少量分布，目前储量不明 |
| | 水晶 | 产区位于保山市隆阳区潞江镇坝湾村马山，已经设置采矿权，正在开采硅石矿。现有已发现水晶不透明或透明度较差，颗粒小。另外，腾冲县界头镇东华村也有绿柱石，已达宝石级粒度大小。腾冲县腾越镇村家寨村水晶发育不完全、颗粒小 |
| | 石榴子石 | 产区位于保山市隆阳区芒宽乡西亚村。为伴生型矿藏，磁铁矿占 19%，辉石占 29%，石榴子石占 16%，锆石 1%，另有极少量电气石、尖晶石等。另外，腾冲县界头镇东华村也有石榴子石，呈玫瑰红色，稀疏星点状—团包状分布于伟晶岩裂隙面上，已达宝石级粒度大小 |
| | 绿柱石 | 产区位于保山市隆阳区潞江镇坝湾村马山，已经设置采矿权，正在开采硅石矿。现有绿柱石透明度较差，颗粒小。另外，龙陵县龙新乡龙新村黄莲沟也产有绿柱石，呈浅蓝色，颜色不均匀，裂纹角度 |

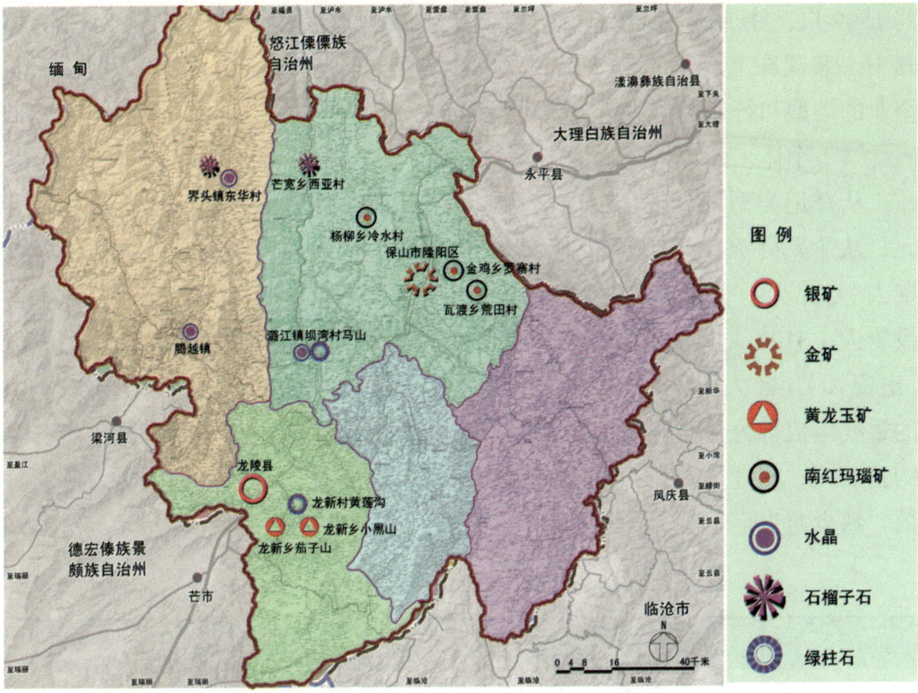

保山目前已发现的矿产有56种，矿床（点）534处，矿产资源潜潜在价值5000亿元以上。云南属世界特提斯宝玉石矿带的重要组成部分，以大地构造单元为背景划分的12个宝玉石成矿带中有三个宝玉石成矿带与越南、缅甸著名宝石成矿带毗邻或相连。一是高黎贡山及腾冲地区宝玉石成矿带，与世界著名的抹谷优质红宝石、蓝宝石、尖晶石等宝石成矿带相连，两者同属一个大地构造单元，宝玉石矿床特征相同。

图 1.3.7 矿产资源分布图

2. 珠宝企业现状

截至2011年，在保山市工商行政管理机关注册登记的珠宝行业市场主体共1509户，注册资本（金）23238.75万元，从业人员（含投资人）4126人。其中，兼营珠宝经营的个体户286户，从业人员400余人。下面分别从珠宝企业的类型和行业类型进行分析：

（1）个体工商户是经营主流

从登记类型划分，全市珠宝行业共登记集体企业6户，注册资金306万元，从业人员75人；私营企业31户，注册资本9931万元，从业人员（含投资人）511人；个体工商户1371户，注册资金11863.75万元，从业人员（含投资人）3197人。农民专业合作社2户，成员出资总额596万元，农民成员（出资人）144人（见表1.3.4）。统计数据表示，个体工商户是保山市珠宝业的重要组成部分，企业数占据了保山市全部珠宝企业的97%以上，注册资本约占53%，从业人员约占81%。保山市珠宝企业总体上规模小、实力差、分散，缺少龙头企业。

**表1.3.4 保山市珠宝企业类型统计表（2011）**

| 类别 | 集体企业 | 私营企业 | 个体工商户 | 农民专业合作社 |
|---|---|---|---|---|
| 户数（户） | 6 | 31 | 1371 | 2 |
| 注册资金（万元） | 306 | 9331 | 11863.75 | 596 |
| 从业人员（人） | 75 | 511 | 3197 | 144 |

资料来源：保山新闻网，保山市工商局统计资料

（2）缺乏大企业和大品牌

从登记行业划分，宝石玉石开采业：登记注册1户，注册资本2500万元，投资人5人，从业人员87人；珠宝首饰加工（雕塑工艺品）业：登记注册381户，注册资本（金）6683.6万元，投资者527人，从业人员696人。首饰工艺品收藏品批发业：登记注册21户，注册资本（金）1043.5万元，投资者27人，从业人员100人。珠宝首饰零售业：登记1104户，注册资本（金）13021.65万元，投资者人数1115人，从业人员1569人（见表1.3.5）。统计数据表示，珠宝首饰零售业在企业数量上占到73%，就业人数上占到64%，表明保山市珠宝行业类别以零售业为主。虽然形成了产加销的产业链，但不够完善，需要继续向上游和下游拓展（见图1.3.8）。

**表 1.3.5 保山市珠宝行业类型统计表（2011）**

| 类别 | 宝石玉石开采 | 珠宝首饰加工 | 首饰工艺品收藏品批发 | 珠宝首饰零售业 |
|---|---|---|---|---|
| 户数（户） | 1 | 381 | 21 | 1104 |
| 注册资金（万元） | 2500 | 6683.6 | 1043.5 | 13021.65 |
| 投资者（人） | 5 | 527 | 27 | 1115 |
| 从业人员（人） | 87 | 696 | 100 | 1569 |

资料来源：保山新闻网，保山市工商局统计资料

**保山市腾冲、龙陵、隆阳三区县珠宝产业现状**

| 地区 | 产值(亿) | 商家(个) | 珠宝从业人员 | 重点龙头企业(个) |
|---|---|---|---|---|
| 隆阳 | 1 | 600 | 5000 | 2 |
| 腾冲 | 60 | 6000 | 40000 | 23 |
| 龙陵 | 4 | 3000 | 16000 | 2 |

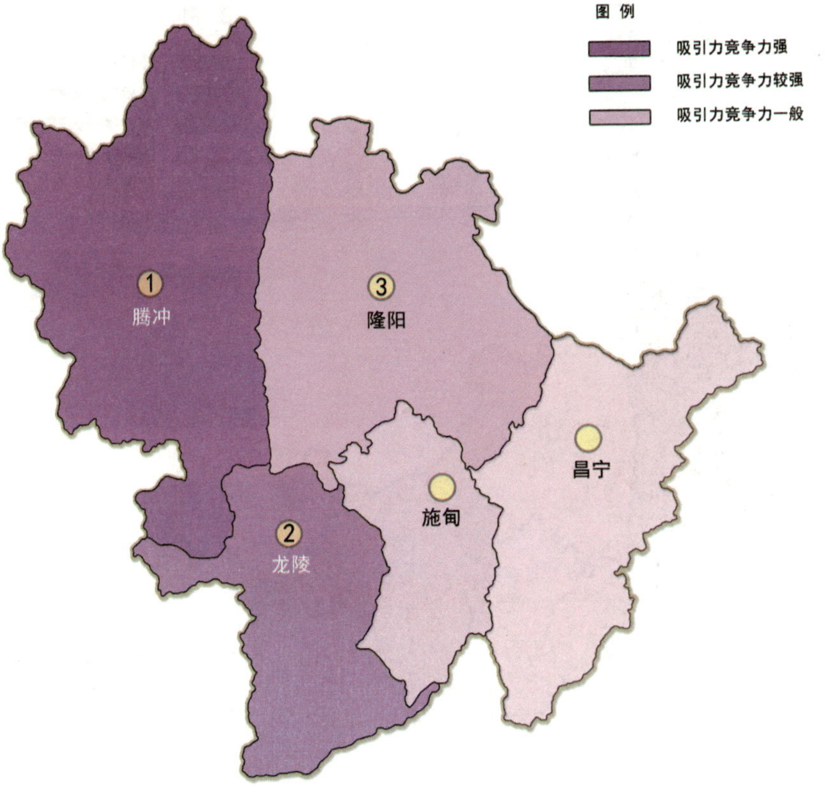


图 1.3.8 珠宝产业吸引力与竞争力评价图

3. 旅游资源现状

（1）腾冲旅游一枝独秀

查阅资料可以发现，在2013年腾冲、隆阳、龙陵、施甸、昌宁旅游接待人数和收入统计中，腾冲的旅游发展遥遥领先，2013年的旅游接待人数占全市的58%，旅游业总收入占64%，其次是隆阳区。而施甸和昌宁县的旅游落后很多，在本次规划中，还应该更深层次地挖掘这两个地方的其他资源与珠宝资源融合发展，而不仅仅是发展旅游业（见图1.3.9和表1.3.6）。

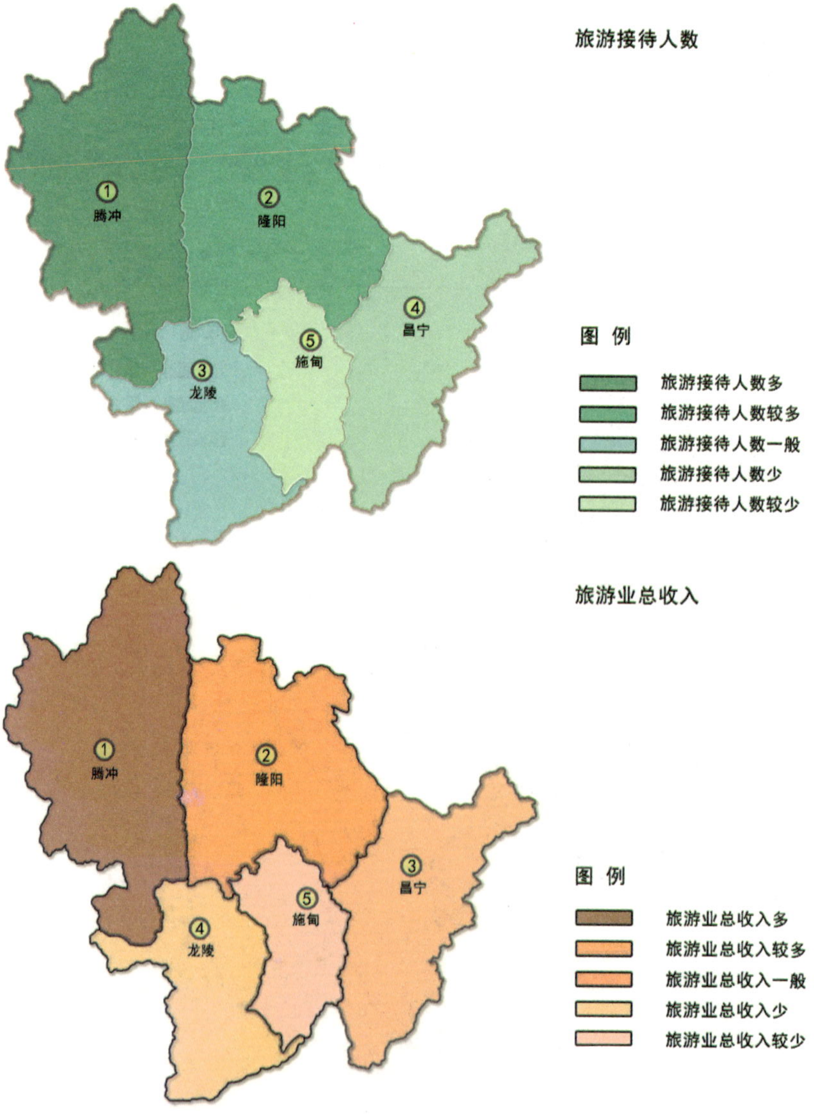


图1.3.9 保山市旅游发展地区分布图

表 1.3.6 2013 年保山市五个区、县的旅游接待人数及旅游总收入情况

| 指标<br>地区 | 旅游接待人数（万人次） | 在保山市所占的比例（%） | 旅游业总收入（亿元） | 在保山的比例（%） |
|---|---|---|---|---|
| 腾冲县 | 551.8 | 58.0 | 42.0 | 64.0 |
| 隆阳区 | 235.0 | 24.7 | 9.7 | 14.8 |
| 龙陵县 | 98.1 | 10.3 | 5.9 | 9.0 |
| 施甸县 | 29.6 | 3.1 | 1.6 | 2.4 |
| 昌宁县 | 36.9 | 3.9 | 6.4 | 9.8 |
| 总计 | 951.4 | 100 | 65.6 | 100 |

（2）保山待开发旅游资源丰富

龙陵：龙陵旅游资源，有“东方直布罗陀”之称的滇西抗日主战场——松山战役抗日战场遗址，被国内外誉为“神汤奇水”的邦腊掌热矿泉旅游度假区，有八〇八水库公园，溶洞奇观勐糯仙人洞，小黑山原始森林自然保护区；茄子山水库生态旅游区，独具特色的怒江大峡谷的三江口风光，以及世界珍稀植物桫椤群风景区等。龙陵气候宜人物种丰富，又是“西南古丝绸之路”的要道，中原文化与绚丽多彩的边疆民族文化融为一体。

施甸：施甸县如今仍传承着以金布朗民族为主要特色的传统民俗文化。明清以来，施甸多为兵家争夺之地，是古丝绸之路过境。明将邓子龙抗缅平叛和滇西抗战都留下了许多遗址、遗物和神秘的故事传说，特别是邓子龙将军戍边时著名的“偃草坡之战”和抗日战争时期的滇西主战场之一的“惠通桥阻击战”“营盘山反击战”等所修筑的关隘、堑壕、明碉暗堡纵横于整个怒江东岸和姚关以南一带。

昌宁：昌宁澜沧江流域拥有“一山分二水、一水进两洋”地理奇观，有千亩高山湿地、万亩杜鹃园的几十万亩原始森林。昌宁县旅游资源非常丰富，有被誉为“天下第一自然偶塔”的鸡飞双塔，有世界上最大的万亩人工秃杉林，有全国少有的千亩高山湿地，有上万亩红色杜鹃林三月染红 8 万亩原始森林的奇观，有十里黄色杜鹃林带成走廊。见图 1.3.10 和表 1.3.7。

图 1.3.10 旅游资源分布图

**表 1.3.7 保山市主要旅游资源表**

| 区县 | 资源类型 | 主要资源点 |
|---|---|---|
| 隆阳区 | 自然资源 | 龙王塘公园、太保公园、太保山、石花溶洞、补麻千佛洞 |
| | 人文资源 | 永昌古道、汉庄遗址、梁金山故居、光尊寺、梨花坞、卧佛寺、卧牛寺、栖贤寺 |
| 腾冲县 | 自然资源 | 高黎贡山、来凤山、云峰山、腾冲火山、叠水河瀑布、腾冲热海、北海湿地 |
| | 人文资源 | 来凤公园、国殇墓园、和顺、下绮罗、云龙寺、艾思奇故居、李根源故居 |
| 龙陵县 | 自然资源 | 勐糯仙人洞、尾大河叠水瀑布、邦纳掌温泉 |
| | 人文资源 | 松山抗战遗址、李鑫故居 |

续表

| 区县 | 资源类型 | 主要资源点 |
|---|---|---|
| 昌宁县 | 自然资源 | 秧田洼风景区、兰山银瀑、鸡飞温泉、橄榄河热泉、小桥温泉、澜沧江生态旅游区 |
| | 人文资源 | 龙潭寺、柯街旅游小镇 |
| 施甸县 | 自然资源 | 石瓢温泉、清平洞、野鸭湖、娲女温泉、摩苍寺森林公园、姐妹湖区 |
| | 人文资源 | 姚关镇 |

4. 存在的问题

（1）珠宝产业链较短

第一，本地珠宝资源局限于翡翠、黄龙玉、玛瑙，其他珠宝产品如黄金、钻石、宝石等延伸不足；第二，生产加工环节效率低、技术水平落后，仍依赖于传统的小作坊手工加工，镶嵌类珠宝加工少，高端的珠宝加工少；第三，向关联产业链，如旅游业、文化产业、会展业、金融业延伸不足，单一的产业性质易受环境波动影响，对风险抵御能力差。在原料交易上，保山市是黄龙玉和南红玛瑙原产地，矿产资源丰富，是国内黄龙玉和南红玛瑙的重要毛料集散地。离缅甸北部翡翠产地距离最近，翡翠毛料口岸贸易有一定优势；在设计与加工上，生产历史悠久，近年来在玉石加工上地位上升，但加工工艺落后、机械设备配套不足；在营销交易上，作为重要的旅游城市，销售额逐年攀升，在全国具有一定地位；在展示服务上，受限于技术水平和经济发展，研发服务环节比较落后（见表 1.3.8）。

**表 1.3.8 保山市珠宝产业链现状分析表**

| 形式 | | 翡翠产业链 | 黄龙玉产业链 | 玛瑙产业链 |
|---|---|---|---|---|
| 原材料 | 产地 | 产于缅甸 | 龙陵是国内唯一产地 | 主要产于保山隆阳、四川凉山、甘肃迭部 |
| | 交易 | 缅甸公盘，云南盈江、瑞丽、腾冲公盘，广东平洲公盘；85% 高档翡翠原料流向广东阳美 | 黄龙玉公盘中心是最大的原料交易基地 | 交易零散、不规范，隆阳农民街有原料交易市场 |
| 设计与加工 | | 腾冲形成翡翠加工集聚；大陆约 90% 的中、高档翡翠饰品出自揭阳市，部分再流入保山 | 规模小，分布分散 | 小作坊加工，分布分散 |

续表

| 形式 | 翡翠产业链 | 黄龙玉产业链 | 玛瑙产业链 |
| --- | --- | --- | --- |
| 营销与交易 | 腾冲聚集20多个销售市场，分布分散；腾冲翡翠无假货具有一定知名度 | 初步形成以龙陵珠宝城·黄龙玉交易专业市场、白塔水乡黄龙玉交易市场、凯达珠宝交易市场三大市场；与周边的芒市存在竞争关系 | 市场混乱，冒充南红玛瑙现象多；规模小 |
| 展示与服务 | 成立有珠宝检测中心；金融、保险、信息等服务环节不足；腾冲举办有翡翠博览会 | 成立有珠宝检测中心；金融、保险、信息等服务环节不足； | 成立有珠宝检测中心；金融、保险、信息等服务环节不足 |

（2）珠宝产业链不完整

产业链存在断环，主要表现在：第一，本地珠宝加工辅料、配件、机械设备等配套企业少，基本依靠外部购买；第二，保山市缺乏国内知名的珠宝品牌，品牌化程度低；第三，金融、保险、物流、培训等配套产业发展不足，在横向产业链环节上缺失。从附加值分析，产业链下游的附加值明显高于上游，研发与服务的附加值最高；从表现力分析，保山市珠宝资源丰富，旅游消费市场基础好，在“产”与“销”两个环节表现好，但加工与终端环节是薄弱点；综合考虑产业链环节的附加值及表现力，认为原材料、设计与加工、营销与交易、展示与服务等环节对珠宝产业体系的构建吸引力都比较大，可通过构建完善的产业链提高竞争力（见表1.3.9）。

**表1.3.9 保山市珠宝产业链相关环节分析**

| 环节 | 附加值 | 表现力 | 吸引力 |
| --- | --- | --- | --- |
| 原料交易 | ☆☆ | ☆☆☆☆ | ☆☆☆ |
| 生产加工 | ☆☆☆ | ☆☆☆ | ☆☆☆☆ |
| 批发零售 | ☆☆☆☆ | ☆☆☆☆ | ☆☆☆☆ |
| 研发服务 | ☆☆☆☆☆ | ☆☆ | ☆☆☆☆☆ |

注：☆越多，表示值越大

（3）珠宝产业价值链附加值低

从珠宝产业链的价值链分析，研发设计与品牌服务等环节的附加价值较高，加工、批发等环节附加价值较低。通过对保山市珠宝产业分析，保山市珠宝产业链目前仍处于“微笑曲线”的低端环节，市场竞争力差，利润率偏低（见图1.3.11）。

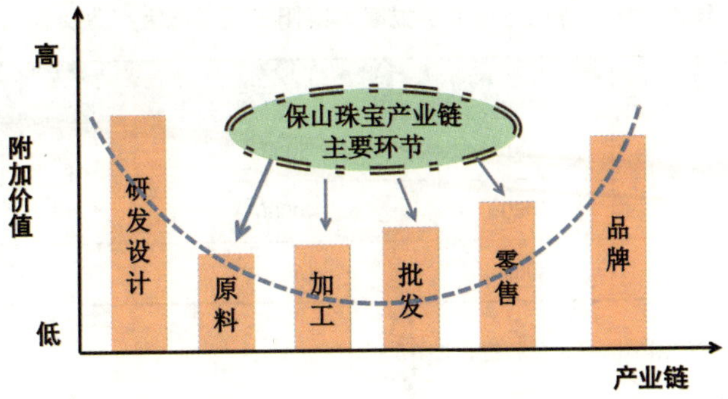


图 1.3.11 珠宝产业链“微笑曲线”分析

（4）地区发展极不平衡

从 2013 年腾冲、龙陵、隆阳三地珠宝产业现状数据中可以看出，保山市各县区珠宝产业发展极不平衡。目前保山市的珠宝产业主要集中在腾冲、龙陵、隆阳三个地区。尤其是腾冲，无论是珠宝产值还是珠宝商户和珠宝就业人员都占据主要地位，应将其打造成为保山市珠宝产业发展中的重要一极（见图 1.3.12、表 1.3.10 和表 1.3.11）。

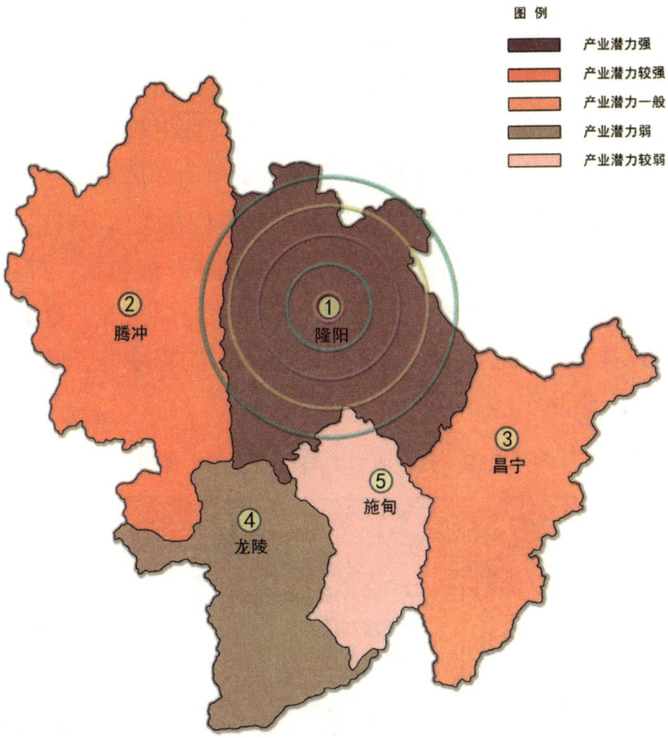


图 1.3.12 产业潜力分析图

**表 1.3.10　保山市腾冲、龙陵、隆阳三区县珠宝产业现状**

| 地区 | 产值（亿元） | 商家（户） | 珠宝从业人员 | 重点龙头企业（户） |
|---|---|---|---|---|
| 隆阳 | 1 | 600 | 5000 | 2 |
| 腾冲 | 60 | 6000 | 40000 | 23 |
| 龙陵 | 4 | 3000 | 16000 | 2 |

资料来源：上述数据根据有关资料进行推算得出

**表 1.3.11　保山市各区县 GDP、旅游收入占比一览表**

| 地区 | 隆阳 | 腾冲 | 龙陵 | 施甸 | 昌宁 |
|---|---|---|---|---|---|
| 旅游收入占比（%） | 14.8 | 64 | 9 | 2.4 | 9.8 |
| GDP 占比（%） | 38.46 | 26.92 | 10.97 | 8.72 | 14.85 |

资料来源：保山统计年鉴 2013

## （三）产业发展机遇

1. 珠宝与旅游融合发展成为竞争优势

采用“行业吸引力—竞争力矩阵法”可以对保山市第一、第二、第三产业的行业吸引力和行业竞争力进行评价，从而筛选出具有较强吸引力和竞争力的产业，以确立竞争优势。“行业吸引力—竞争力矩阵法”是根据行业吸引力和各产业单位的竞争能力用矩阵定出各产业单位在总体经营组合中的位置，据此来制定出不同的战略。行业吸引力评价的因素一般包括：行业发展潜力、拉动相关产业能力、周边竞争激烈程度、拉动就业能力等。竞争能力的评价因素包括资源基础、配套能力、对生态环境的影响程度等。通过确定权重和指标即可获得产业得分。

**表 1.3.12　行业吸引力与行业竞争力评价表**

| | 评价标准 | 权重 | 衡量指标 | 产业评分 | | |
|---|---|---|---|---|---|---|
| | | | | 第一产业 | 第二产业 | 第三产业 |
| 行业吸引力 | 行业发展潜力 | 60% | 行业增加值占 GDP 比率 | 10% | 43.90% | 46.10% |
| | | | 行业增长率 | 4% | 7.80% | 8.30% |
| | | | 行业平均利润率 | 4% | 7% | 9% |

续表

| | 评价标准 | 权重 | 衡量指标 | 产业评分 | | |
|---|---|---|---|---|---|---|
| | | | | 第一产业 | 第二产业 | 第三产业 |
| 行业吸引力 | 拉动相关产业能力 | 15% | 产业关联 | 20% | 30% | 50% |
| | 周边竞争激烈程度 | 15% | 产业区位优势 | 30% | 40% | 30% |
| | 拉动就业能力 | 10% | 行业就业程度 | 10% | 40% | 50% |
| 行业竞争力 | 规划地区资源基础 | 35% | 资源与产业需求 | 20% | 30% | 50% |
| | 配套区域发展的可能 | 20% | 借势区域发展的可行性 | 20% | 30% | 50% |
| | 产业配套能力 | 35% | 产业及上下游配套能力 | 30% | 30% | 40% |
| | 对生态环境的影响 | 10% | 环境影响力 | 20% | 45% | 25% |

注：数据统计来自保山统计年鉴，权重根据专家评分获得

从分析结果可以看出，保山市第一产业各产业单位的行业吸引力和竞争力相对较低，第二产业各产业单位具备一定的行业吸引力，但竞争力相对较弱，随着以旅游为龙头的第三产业各产业单位的迅速发展，第三产业成为矩阵中吸引力和竞争力都较强的行业，值得关注的是，珠宝产业成为连接第二产业和第三产业的纽带，也就是说，珠宝产业与旅游产业的融合发展可以成为保山市的竞争优势（见图 1.3.13）。

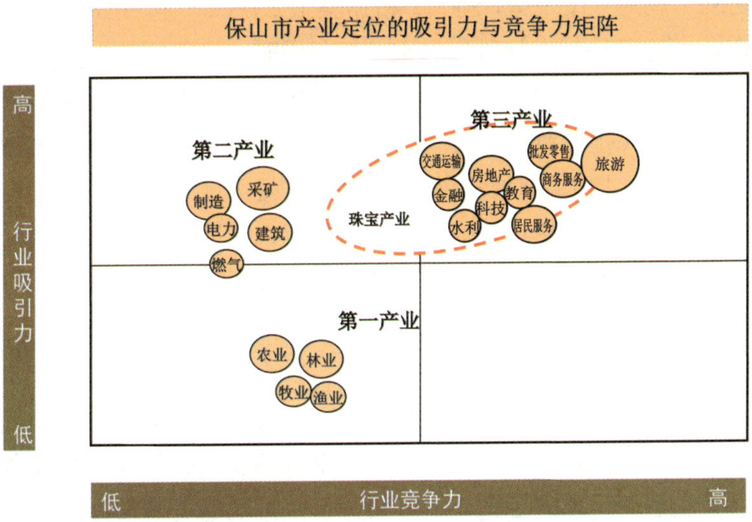


图 1.3.13 行业吸引力与竞争力矩阵

2. 市场环境为产业聚集奠定基础

（1）云南省珠宝销售增长迅速

云南以翡翠为特色的珠宝玉石产业已经发展成为一个年销售额在240亿元以上的重要经济产业，占云南省批发零售贸易业年销售额的10%。据云南省珠宝协会统计，截至2010年年底，云南珠宝玉石首饰行业相关企业和商家已经超过14500余家，较2008年增加了14.5%；而珠宝玉石销售也取得了不俗成绩，销售总额2010年为245亿元，较2009年184亿元增加了33.1%。其中，翡翠的交易比重达到80%，超过160亿元。如果按目前的发展速度来算，预计每年会有30%左右的增长趋势，2011年有望突破300亿元，未来在2016年将超过1000亿元。

（2）"云南珠宝""云南翡翠"成为品牌

云南与珠宝翡翠的渊源十分深厚，得到了众多消费者的认同，在一定范围内云南成了翡翠的代名词。"云南翡翠""云南珠宝"也成为扬名海内外的知名品牌，云南省珠宝协会专家认为，"云南珠宝"这一品牌目前在国内的商业价值至少是200亿元，为全国珠宝品牌第一。同时，云南处于世界南北向和东西向两大宝玉石成矿构造带的北延交汇部位，是我国五大宝玉石产地之一，宝玉石资源储量大、品种丰富，是业内人士公认的"翡翠之乡"。

（3）云南省政府将"石产业"发展纳入支柱产业规划

2010年年初，云南省政府研究决定，加快云南省石产业发展，首次将"石产业"（珠宝玉石产业、建筑石材产业、观赏石产业）纳入云南省支柱产业规划之列，成为"十一大产业"，占据整个云南石产业60%以上比例的珠宝玉石产业，无疑是其中的重中之重。与此同时，以德宏、保山、昆明为主的地方政府，云南省珠宝协会、云南省质量协会珠宝专业委员会等权威行业机构，以及中国民生银行昆明分行、云南美术出版社等相关企事业单位等为代表的多方力量，加大了对珠宝行业发展的扶持力度，让这一产业具备了焕发生机与活力条件。云南珠宝业目前已经形成以昆明为中心，连接大理、丽江、西双版纳等旅游区，连接瑞丽、盈江、腾冲、河口等边境口岸的三个结构层次的市场。

（4）云南具备珠宝玉石人才基础

由于特殊的历史积淀，使云南孕育出了一大批雕琢玉石的历史名人。目前云南不仅拥有一批在国内外享有盛誉的宝玉石研究、开发、鉴赏高级人才和一批技艺精湛的传统雕琢艺人，还引进了一批既懂美术设计又懂雕刻和珠宝贸易的年轻专业人才，从业人员较为充足。云南的许多地质、找矿、岩矿鉴定和科研人员转入宝玉石矿产的勘查、开发、鉴定和科研工作，较快地适应了珠宝领域的要求，涌现了许多珠宝科研人才，成为云南珠宝业重要的科研力量。除云南出产的各种宝玉石外，其他东南亚各国出产的品种繁多的珠宝也进入云南，给研究工作提出了许多新课题，使云南成为珠宝研究的前沿和基地，云南的珠宝研究和鉴定人员做了大量的工作，客观上云南已成为珠宝的重要研究中心。

3. 区位优势进一步凸显

（1）保山正在成为滇西地区商贸中心

所谓商贸中心，就是商品的聚散地。首先要具备特色，其次要有大市场、大商贸、高档次，第三要有大流通。从全省看，保山是较少的同时拥有两个机场的州市（保山机场和腾冲驼峰机场），目前腾冲机场发展迅速，借助其特殊的地理位置和资源，已开通了国内多条航线，改扩建后的腾冲驼峰机场，有望成为国际机场。大理至瑞丽铁路，是我国《中长期铁路网规划》中完善路网布局和西部开发性新线项目之一，也是我国中缅国际铁路通道的重要组成部分。保山腾冲至缅甸密支那二级油路已全线贯通，缅甸密支那—印度雷多二级油路建设计划正在着力推进，昆明—保山腾冲—猴桥—密支那—印度这条国际大通道的建成通车将把世界上两个人口最多的发展中国家连接起来。铁路方面，大瑞铁路保山段正抓紧基础设施建设，中印铁路（接大瑞铁路经保山市腾冲县、缅甸密支那到印度的雷多）已纳入国家中长期铁路网规划。

（2）中国—东盟自由贸易区优势显现

中国—东盟自由贸易区建成后将是世界上人口最多的、由发展中国家组成的贸易区，经济规模仅次于北美和欧盟，为世界第三大自由贸易区。建立中国—东盟自由贸易区（“10+1”）无疑对于双方实现优势互补、联合自强，开拓新的发展机遇，共同抵御经济全球化带来的风险，增强亚洲国家在国际经贸事务中的地位，具有十分重要的意义。中国与东盟率先启动自由贸易区建设，是对东亚合作的重要贡献，必将对东亚地区的融合产生深远的影响。

多年来，中国对东南亚国家主要集中于跨境交通通道、电力通道等大型基础设施建设，耗资巨大，但当地居民难以获得直接认知。而加强对旅游度假区、医院、学校等与当地居民生活息息相关的项目上，不但容易被当地居民所了解，还可以通过交通干线、旅游度假区等项目的建设输入本国产品。近年来，以东盟地区为旅游目的地的旅游者人数的增长速度在5%以上。东盟国家内部旅游者人数的增加速度较快，一直保持增长的态势。东盟国家之间国民互免签证的政策，促进了东盟地区内部旅游业的发展。需要特别指出的是，近年来，老挝、柬埔寨和缅甸等东盟相对落后的国家入境旅游者人数的增长速度远高于东盟平均水平，而旅游业是这些国家重要的支柱产业和对外开放的平台，说明区域合作对于促进落后地区发展、增强落后地区的自身发展能力、减少贫富差距有着积极的意义。

（3）旅游增长为产业发展打下基础

2013 年保山市旅游人数为 951 万人次，旅游总收入达到 65.6 亿元，近 5 年的平均增长率分别为 14% 及 29%，预计 2015 年旅游人数将达到 1380 万人次，旅游总收入达到 107 亿元。从旅游统计现状及预测可以看出，保山市旅游业发展速度较快，并将保持快速的增长态势，旅游业将是国民经济的亮点和重要支柱产业。旅游产业与珠宝产业关系密切，大量的旅游人流为珠宝产业提供了广阔的销售市场，旅游产业的资金回笼也为珠宝产业提供支撑（见图 1.3.14、图 1.3.15）。

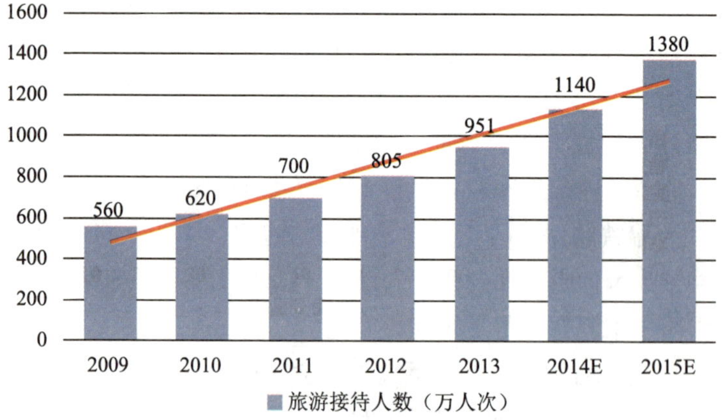


图 1.3.14　保山市旅游接待人数增长趋势

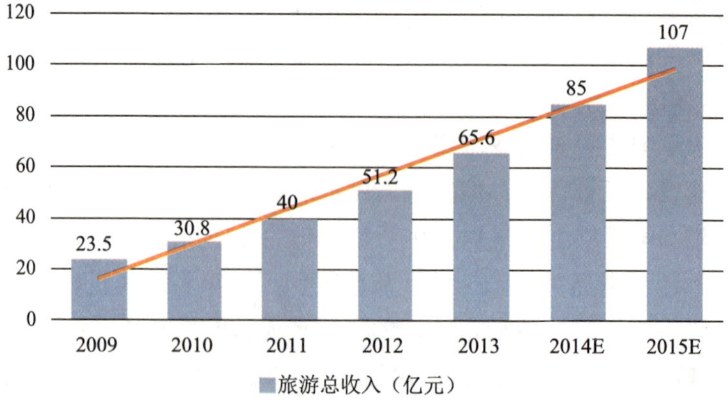


图 1.3.15　保山市旅游收入及预测

从2013年保山市各县区旅游接待人数分布和旅游收入来看，占主体部分的腾冲同时是珠宝销售、珠宝产业发展最快、地位最重要的城市，施甸、昌宁等县城由于旅游产业的薄弱地位，不能有效支撑起珠宝产业的大规模发展。可见，旅游业的持续发展将会是保山市珠宝产业的重要基础（见图1.3.16）。

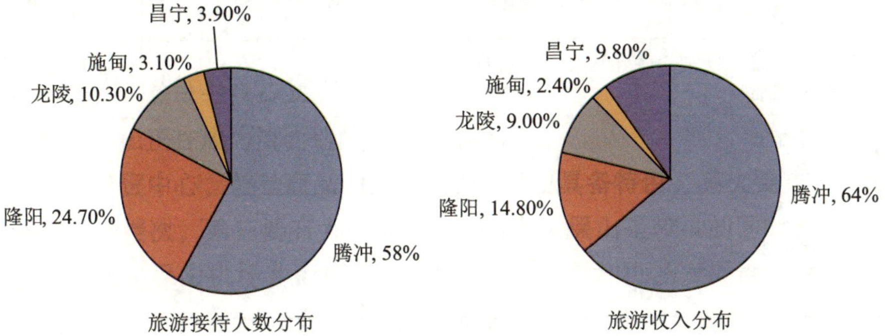


图1.3.16　保山市各区县旅游接待人数分布、旅游收入分布

4. 地区竞争优势亟待强化

从地区竞争上来看，保山市珠宝产业在行业竞争力上优于德宏州，但在行业吸引力上弱于德宏州，虽然珠宝产业整体状况不及德宏，但从长期来看，未来发展潜力优于德宏州。因此，保山市地区竞争优势的建立亟待强化（见表1.3.13、图1.3.17）。

表1.3.13　保山与德宏产业竞争优势分析

| | 评价标准 | 权重 | 衡量指标 | 产业评分 | | | | | |
|---|---|---|---|---|---|---|---|---|---|
| | | | | 矿冶 | 旅游 | 珠宝（保山） | 农产 | 烟草 | 珠宝（德宏） |
| 行业吸引力 | 行业发展潜力 | 60% | 行业增加值占GDP比率 | 75 | 70 | 70 | 60 | 45 | 65 |
| | | | 行业增长率 | | | | | | |
| | | | 行业平均利润率 | | | | | | |
| | 拉动相关产业能力 | 15% | 产业关联 | 60 | 80 | 80 | 40 | 35 | 80 |
| | 周边竞争激烈程度 | 15% | 产业区位优势 | 70 | 85 | 85 | 50 | 65 | 80 |
| | 拉动就业能力 | 10% | 行业就业程度 | 50 | 75 | 70 | 55 | 30 | 80 |
| | 总得分 | | | 69 | 74 | 73 | 61 | 45 | 71 |

续表

| | 评价标准 | 权重 | 衡量指标 | 产业评分 | | | | | |
|---|---|---|---|---|---|---|---|---|---|
| | | | | 矿冶 | 旅游 | 珠宝（保山） | 农产 | 烟草 | 珠宝（德宏） |
| 行业竞争力 | 规划地区资源基础 | 35% | 资源与产业需求 | 70 | 80 | 85 | 50 | 75 | 85 |
| | 配套区域发展可能 | 20% | 借势区域发展的可行性 | 60 | 80 | 80 | 50 | 45 | 80 |
| | 产业配套能力 | 35% | 产业及上下游配套能力 | 55 | 75 | 65 | 70 | 70 | 80 |
| | 对生态环境的影响 | 10% | 环境影响力 | 20 | 90 | 85 | 70 | 30 | 85 |
| | 总得分 | | | 55 | 79 | 74 | 57 | 60 | 82 |

注：表中相关数据依据专家打分取平均值得出。

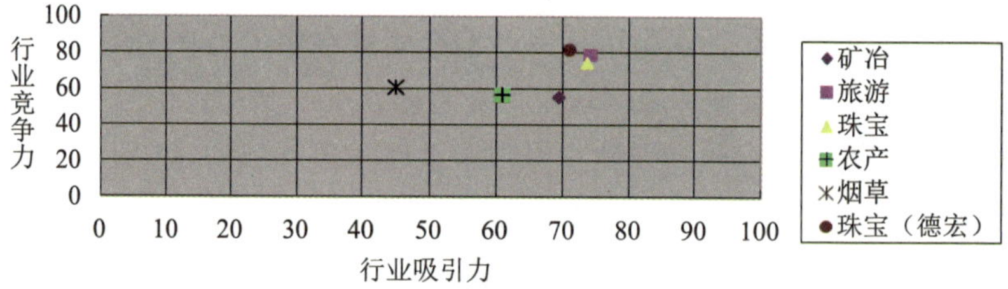


图 1.3.17　保山市珠宝产业矩阵分析图

保山市矿冶、旅游、珠宝、农产、烟草以及德宏州珠宝产业的产业竞争力相关坐标为（69.5，55.75）、（74，25，79.25）、（73.75，74.75）、（61，57）、（45.05，60.75）、（71，82.25），说明保山市的珠宝产业和旅游行业的总体竞争力较高，与农产品加工产业、烟草、矿冶等第一、第二产业相比具有明显的发展优势；农产、矿冶、烟草三个行业产业的行业竞争力相对较低。

## 四、珠宝产业发展战略

### （一）产业战略定位

1. 基本原则

（1）市场导向，效益优先。保山市珠宝产业规划要建立在了解市场现状、分析市场动态、预测市场未来的基础之上，以市场为导向指导产业发展；要以提高地区的经济效益、社会效益和环境效益为目标，合理布局珠宝产业项目，统筹兼顾、权衡利弊，以促进效益最大化，实现保山市经济水平的跨越式发展。

（2）因地制宜，突出重点。保山市珠宝产业规划要充分考虑几个县区的产业基础和资源条件，突出发展腾冲、龙陵、隆阳的珠宝产业，科学规划、合理布局，将产业重点聚焦在形成产业聚集区、完善产业链上，并依托文化、旅游、创意、技术等手段指导保山市珠宝产业规划。

（3）发挥优势，各有侧重。保山市珠宝产业规划要紧紧围绕特色优势，突出黄龙玉、玛瑙等资源优势，突出临边、桥头堡等区位优势，突出旅游强市、人流量大等市场优势，突出珠宝文化起源地等文化优势；在发挥优势的基础上，腾冲、龙陵、隆阳各地区也要依托现有产业基础，进行差异化定位，形成整体产业优势。

（4）集群发展，产业聚集。保山市珠宝产业发展需要立足于自身资源优势和产业发展方向，积极培育珠宝产业与旅游产业融合发展，实现重点突破；注重营造有利于集群经济发展的生态环境，提高产业关联度和群聚度，推动交易市场的分类集聚，形成各类主导功能相对突出的市场集聚区。引导各类创新要素向产业集聚，构建产业链的创新模式。

2. 总体思路

总体思路可归纳为：突出一个战略目标，依托两条发展路径，建设三大产业基地，实现四个战略转变，实施五大基础工程，形成“12345”的总体建设思路。

（1）突出一个战略目标：打造“珠宝之都”战略目标

保山市发展珠宝产业的总体目标是依托珠宝玉石资源和文化积淀，加大珠宝产业的投入，建设综合珠宝加工、交易中心和购物商场，大力引进和培养珠宝加工和营销人才，扩大腾冲翡翠、龙陵黄龙玉、隆阳南红玛瑙的影响力，吸引世界各地珠宝商家到保山安家落户，以打造“珠宝之都”。为了实现这一战略目标，进一步明确保山珠宝产业“大矿山、大基地、大园区、大企业、大技术、大市场、大活动、大珠宝、大产业”的“大珠宝之都”发展思路。

（2）依托两条产业路径：珠宝产业和旅游产业融合发展

保山市珠宝产业的发展要依托两条发展路径：一条是珠宝产业发展；另外一条是文化旅游产业发展。发挥珠宝产业的带动效应，促进珠宝产业与文化产业、旅游产业等其他产业不断融合，通过举办珠宝文化论坛，推出珠宝题材影视作品，发行珠宝专业书刊，研讨珠宝文化等弘扬珠宝文化，在保山营造浓厚的珠宝文化发展氛围；通过打造“寻宝保山”等珠宝主题旅游活动，开发珠宝主题旅游公园、珠宝博物馆、珠宝主题酒店、珠宝旅游购物公园等产品，推动珠宝、文化、旅游产业互动发展。

（3）建设三大产业基地：隆阳国际珠宝产业园、腾冲翡翠集散基地和龙陵黄龙玉产业基地

隆阳区作为保山市政府中心所在地，在“珠宝之都”中承担着信息中心、物流中心、技术中心、人才中心的功能。腾冲需要借助翡翠文化和旅游产业的壮大，凭借各种优势和机遇，将自身定位为国际知名的珠宝旅游文化区。龙陵县作为黄龙玉的原产地，需要由资源型珠宝产业基地转型升级，发展成为中国最大的黄龙玉加工、批发、交易中心。

（4）实现四个战略转变

①在发展模式上，实现“劳动密集型”向“技术密集型”转变；

②在发展动力上，实现“小企业带动”向“大项目驱动”转变；

③在产业结构上，实现“单一发展”向“融合发展”转变；

④在珠宝产品上，实现“三种珠宝”向“万种珠宝”转变。

（5）实施五大基础工程

①产业集群工程：通过产业集聚可以优化资源配置，推动中小企业走投入少、产出高、污染少的新型产业化道路；

②全产业链工程：有利于企业成本的降低、有利于新企业的出现、有利于企业创新氛围的形成、有利于打造“区位品牌”，进而带动区域经济的发展；

③产业融合工程：珠宝业与旅游业的融合，催生了旅游购物的新业态，推动了珠宝业和旅游业的共同发展，通过融合工程，建立“保山模式”；

④品牌塑造工程：国际经验表明：产品利润的 80% 为拥有品牌和销售渠道者获得，品牌对于提升利润空间，提升竞争力具有关键作用；

⑤人才建设工程：“玉不琢不成器”，人才是珠宝产业发展的关键环节，实施人才工程，是保山发展成为“珠宝之都”的关键。

3. 优势产业定位

实施珠宝产业与旅游产业融合发展的“大珠宝战略”，将珠宝 + 旅游产业打造成为保山的优势产业，并发展成为保山的重点产业和支柱产业。增长极理论认为，一个地区的经济增长通常是从一个或数个“增长中心”逐渐向

其他部门或地区传导的，保山应选择特定的地理空间作为增长极，将珠宝产业培育成为先导产业，并从点到面、由局部到整体依次递进，实现国民经济的整体增长。保山市可通过"珠宝""旅游"资源的结合，构筑完整的珠宝旅游产品体系，形成本区独特的吸引力，为其与旅游业的结合提供保障性支持。在围绕旅游做文章的同时，导入新兴的珠宝产业要素，实现产业的升级发展，将保山市打造成为云南省乃至全国集生产加工、贸易流通、研究设计、展览拍卖、旅游购物、文化交流为一体，融合购物、餐饮、旅游及时尚消费功能，面向东南亚的国际珠宝时尚中心和前沿阵地，成为名副其实的"珠宝之都"。

定位依据：

（1）珠宝+旅游是实现保山市"十二五"规划中六大战略中四大核心战略（工业强市、生态立市、文化旅游名市和改革开放活市）的重要抓手；

（2）珠宝产业与旅游产业的融合发展是实现保山市"十二五"规划中将保山市发展成为"进出口加工和物流基地、国际休闲度假旅游基地、滇西边境经济社会发展中心和中国走向南亚第一市"的主要途径；

（3）珠宝产业与旅游产业的融合发展是保山市建设"中国面向南亚、东南亚的门户枢纽，滇西城市群核心城市，适宜人居的生态城市"的战略措施（根据《保山市城市总体规划修改（2013—2030）》）。

4. 产业结构定位

珠宝产业是与采矿、加工、商贸、物流、旅游、金融、文化等息息相关的产业，发展珠宝产业是保山市转变经济增长方式，以珠宝产业的崛起提升第二、三产业发展水平，促进产业结构升级的一个重要途径。

第一产业：以可持续发展为原则，以各类资源为基础，调整农业结构，实施规模经营，向二产、三产延伸，因地制宜发展设施农业、精品农业、加工农业、观光农业，逐步提高农业的综合生产能力和经济效益，注重发挥农用地的生态功能，以基本农田的保护为基础，形成若干与大环境绿化融为一体的农业区，改善城市总体生态环境。

第二产业：走新型工业化道路，以节约资源、保护生态环境、增加就业为宗旨，加快形成以优化改造后的传统优势产业为基础，以新能源、生物制药、新型建材、珠宝加工制作为主体的新型工业结构。完善以园区为核心的产业布局结构，建立"珠宝产业"园区，实现工业、文化产业、珠宝产业和旅游产业的融合发展。

第三产业：大力发展第三产业，重点支持发展高技术服务产业、珠宝和旅游产业、商贸物流产业等。在中心城外围交通方便且有用地条件的区域，根据市场需求，结合城市综合整治，适时规划建设若干汽车、建材、农产品、铁建加工、机电设备等大型专业商贸中心。充分发挥翡翠、黄龙玉、玛瑙等资源优势，规划建设珠宝交易中心，为打造“珠宝之都”提高影响力。

5. 产业布局定位

产业布局按照资源聚集、加工与技术聚集、市场聚集、游客聚集的原则，充分挖掘各行政县区在保山市所属大区域中的地位和价值，探索规划区所能够和应该承载的产业功能，按照顺应珠宝与旅游产业经济发展、承接上位规划的任务、融入大区域产业布局、立足发展现实和自身的优劣势条件的原则确定。

（1）隆阳区：产业集散中心，处于核心圈层，是保山珠宝产业的资源聚集、加工与技术聚集区，以保税、加工、物流为核心，承担保山区域性经济中心的功能。经济中心是组织和协调区域发展的核心，承担着把区域内各部门、各区域、各板块城镇的经济活动凝聚成一个整体的任务，经济中心的发展规模决定了产业规模、级别和水平。

（2）腾冲：翡翠购物与旅游集散中心，是保山珠宝产业的市场聚集、游客聚集区，以休闲度假旅游、翡翠购物为核心，承担旅游经济中心的功能。

（3）龙陵：黄龙玉资源和产品交易集散片区，处于发展圈层，是国内最大的黄龙玉集散中心。

（4）施甸、昌宁：生态旅游、休闲度假旅游片区，处于外围圈层，是保山未来旅游与相关产业发展的拓展区和开发区。

## （二）产业发展目标

发展成为滇西地区珠宝与旅游核心，云南省珠宝中心城市；构建完整的珠宝产业链，将保山建设成为国内知名的珠宝加工、贸易集散中心，打造“中国珠宝玉石首饰特色产业基地”；与瑞丽、仰光、清迈的珠宝和旅游产业联动，发挥集群优势，发展成为“孟中印缅”国际大通道上的珠宝旅游和购物枢纽，发展成为南亚“珠宝之都”。

1. 滇西层面

滇西地区珠宝与旅游核心：保山市珠宝产业的发展应积极与滇西地区各州市合作，创建滇西“珠宝产业联盟”，做大做强“中国珠宝第四极”。鉴于保山的交通区位、经济地位和发展优势，将保山建设成为滇西地区珠宝与旅游的核心。

2. 省内层面

云南省珠宝中心城市：根据《云南省石产业发展规划（2010—2015）》《云南省人民政府关于加快石产业发展的意见》、云南省“十二五”发展规划等要求，提出用10年时间打造云南省玉石产业“一特一大两中心”的目标。目前，全省已初步形成了“一个中心、两条黄金线路、三个热点区域”的基本产业格局。未来云南省珠宝产业的发展趋势将会是昆明、保山、德宏三足鼎立的发展格局，三大城市各有优势、劣势，保山市要抢占先机、扬长避短、快速发展，争取建设为云南省珠宝中心城市（见图1.4.1）。

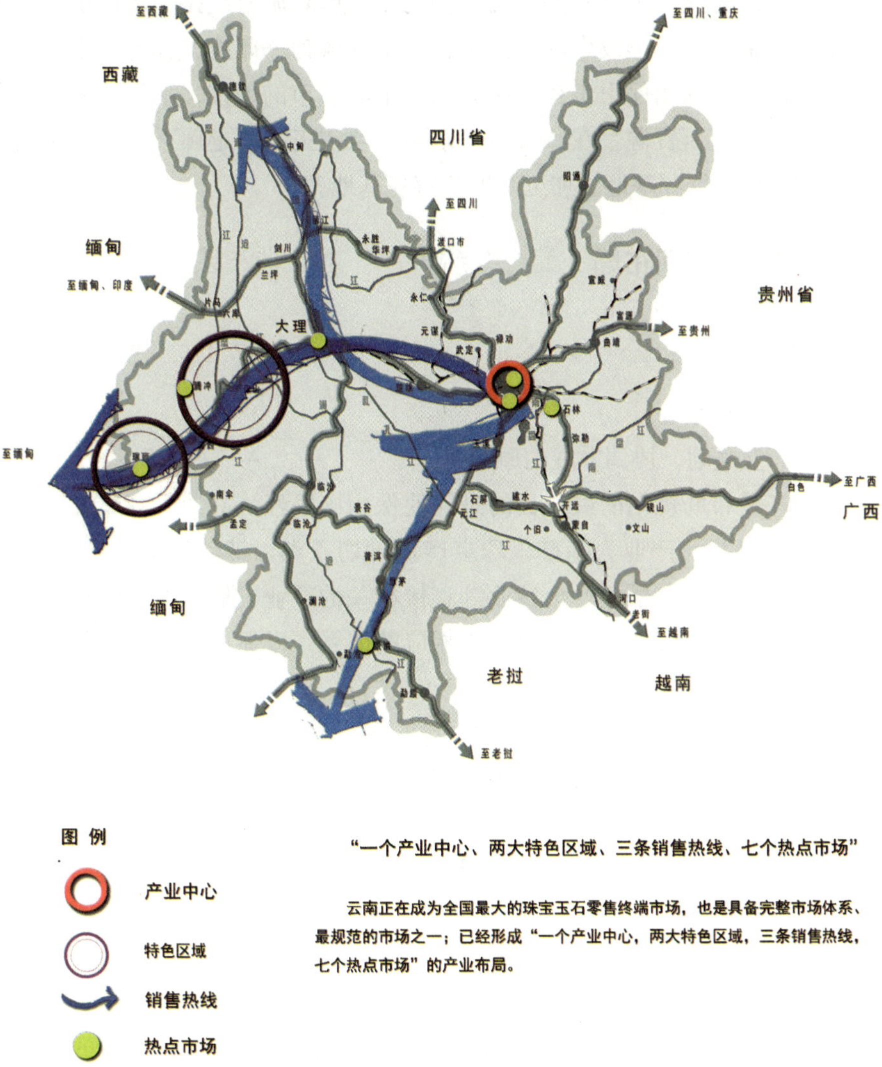


图1.4.1　云南珠宝产业发展布局图

3. 国内目标

中国珠宝玉石首饰特色产业基地：以保山市为龙头，通过与瑞丽等地方的区域合作，发挥集群优势，将云南打造成为我国继“珠三角”“长三角”“环渤海”之外的中国珠宝产业“第四中心”，与广东省四会、平洲、揭阳玉器产业聚集地争夺中国翡翠产业“中心地位”。

4. 国际目标

南亚“珠宝之都”：结合南丝绸之路历史文化，打造以珠宝、翡翠为主题的“淘宝之旅”“翡翠之路”，串联中国（云南）—缅甸—印度，辐射东南亚、南亚的国际旅游线路为核心的“南丝绸之路”国际旅游线路，将保山打造为南亚旅游集散中心，形成串联中国（云南）—缅甸—印度，辐射东南亚、南亚的旅游产品。利用保山市在云南省滇西中心城市的地位，汇集“云南—东盟”各种有色宝石资源。在“云南—东盟有色宝玉贸易走廊”内，将保山打造为区域性珠宝资源基地、加工基地和贸易基地。

## 五、珠宝产业空间布局

### （一）空间布局

1. 产业布局原则

（1）产业联动、协调发展的原则

珠宝产业布局规划的最终目的是促使保山国民经济高速、健康发展，因此，以旅游等相关产业为基础，珠宝产业为切入点，带动加工业、物流业、包装业、广告业、金融业、会展业等直接相关的产业发展。保山的市场、物流节点、保税区、服务设施均应形成相应的体系，以促进各产业内部的分工协作。

（2）发挥优势、突出重点的原则

珠宝产业布局规划必须依托于隆阳区的城市功能和交通优势、腾冲的旅游和翡翠产业优势，以及其他地区相对突出的资源优势，积极扶持本地区优势产业、特色产业和潜力产业的发展，突出重点地区和项目的建设。在优势地区形成增长极和产业聚集，并呈网络状向外辐射扩散。

（3）结合地缘、区域联动的原则

保山市珠宝产业的发展需要依托于与周边地区的联动发展，如德宏州的珠宝与旅游产业、滇西地区的旅游业，甚至包括泰国清迈的珠宝与旅游产业、缅甸地区的旅游业等。区域内的产业联动包括了人才技术的交流、市场资源的互补、金融与贸易的合作，对优势资源进行合作、劣势资源进行互补是发挥地缘优势以及实现区域联动的有效方式。

（4）空间聚集、合理布局的原则

珠宝产业的布局规划需要明确功能分区与空间布局，形成合理、清晰、集中的产业空间组织形态。对不同区域的功能定位决定了产业角色和方向，因此，以功能确定产业空间定位，以整合布局确定产业空间扩散方向，是实现科学布局的基础。

2. 产业空间布局

空间布局：两核、两轴、三圈层、六片区（见图 1.5.1）。

（1）两核

“两核”指的是两个增长极核，分别是以隆阳区为核心的珠宝产业极核和以腾冲市为核心的旅游产业极核。

（2）两轴

“两轴”指的是两条发展轴线，分别是“印度—孟加拉国—缅甸—猴桥—腾冲—隆阳—昌宁—临沧—昆明”的东西发展轴，为珠宝产业经济走廊，与孟中印缅经济走廊吻合；以及“丽江—大理—隆阳—施甸—龙陵—德宏—缅甸—泰国”的南北发展轴，为珠宝旅游购物走廊，与云南—东盟经济走廊吻合。

（3）三圈层

“三圈层”指的是三个扩展圈层，分别是由隆阳中心城区组成珠宝产业核心圈层（内圈层），由腾冲、龙陵、施甸、昌宁组成珠宝产业发展圈层（中圈层），和由德宏、大理、缅甸及周边地区组成珠宝产业辐射圈层（外圈层）。

（4）六片区

“六片区”指的是六个产业功能区，由主导产业珠宝产业和旅游产业构成，具体功能如下：

隆阳国际珠宝产业区：主打珠宝集散 + 商贸中心；

腾冲翡翠文化旅游区：主打翡翠文化 + 休闲度假；

猴桥跨境旅游区：主打跨境旅游 + 保税仓库；

龙陵黄龙玉产业区：主打黄龙玉集散 + 旅游购物；

昌宁生态休闲旅游区：主打生态旅游 + 旅游购物；

施甸文化体验旅游区：主打文化旅游 + 旅游购物。

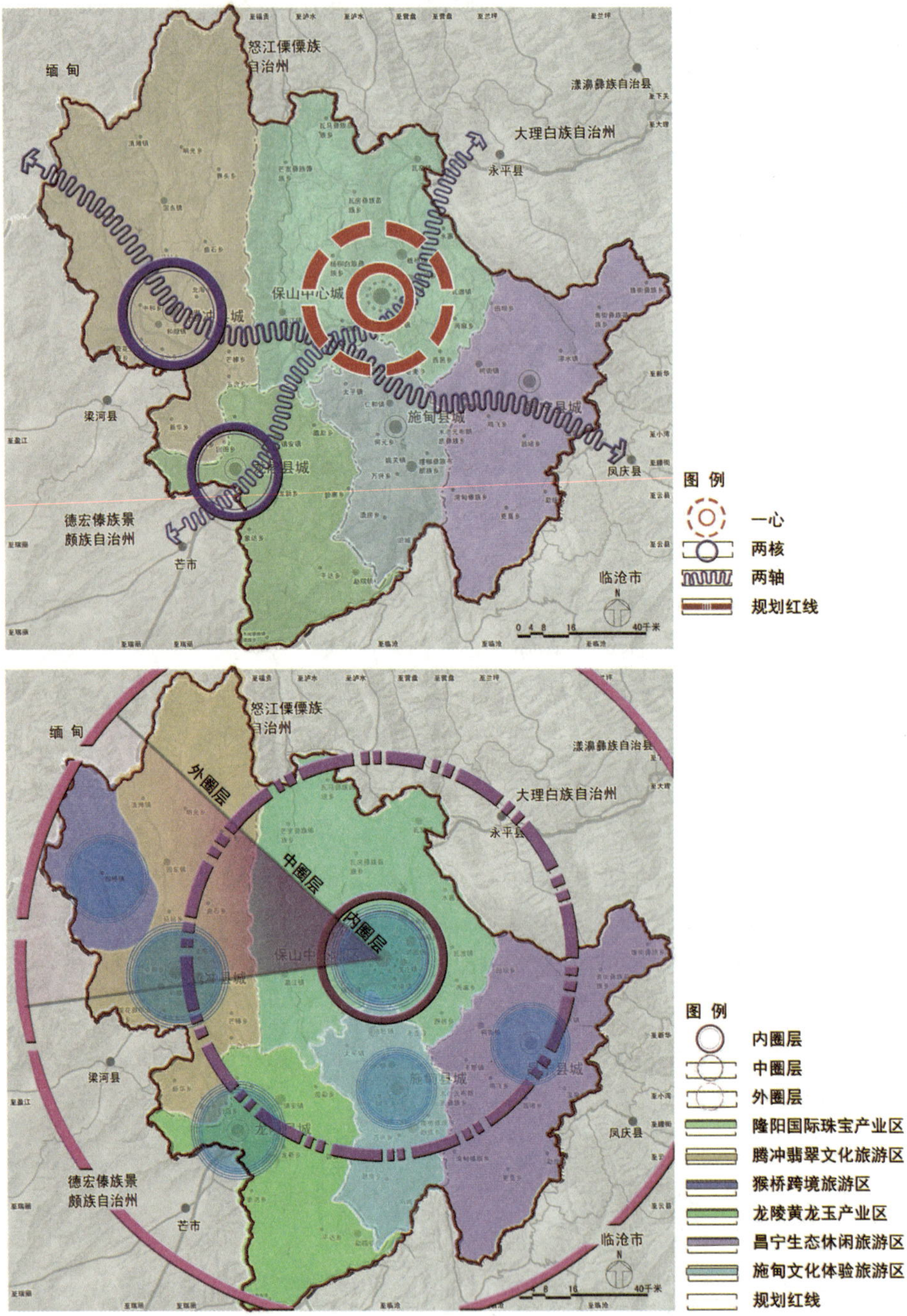


图 1.5.1 保山市珠宝产业空间布局图

## （二）产业基地

1. 核心产业基地选址依据

确定隆阳区和腾冲县作为区域内的核心产业基地的主要依据，是根据产业发展的基础条件和综合环境来确定的。按照产业选址的要求，本规划确定以交通、市场成熟度、居民人口、基础设施、接待能力、人力资源等作为评价因素，分别对隆阳区和腾冲县进行了分析和评价。结果显示，隆阳区作为珠宝核心产业基地具备的优势主要为：（1）机场、高速公路和铁路的枢纽；（2）保山市人口最为密集的地区；（3）市政机场设施完善；（4）产业配套能力较强。腾冲县作为旅游产业核心基地的突出优势表现在旅游产业成熟度最高、拥有机场和边境通道、接待能力最高（见图 1.5.2）。

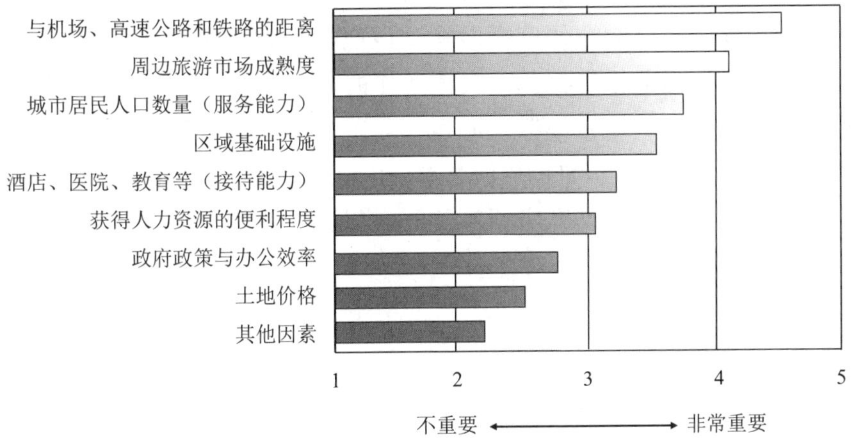


**图 1.5.2　核心产业基地选址依据**

2. 保山国际珠宝产业区

保山国际珠宝产业区是保山市珠宝产业发展需要重点打造的核心产业基地，是珠宝产业发展的经济中心和枢纽，产业区位于保山市隆阳区，由保山隆阳国际珠宝产业园和保山综合保税区两个重点项目组成。保山隆阳国际珠宝产业园项目性质为产城综合体，项目位于隆阳区青华湖，是集生产、物流、购物、商业、生活等业态融为一体的综合性园区。海关、国检中心、银行、物流、报关、保险、珠宝服务代理公司均在园区设点，为珠宝企业提供集审批、合同备案、核销、通关、查检、押运以至珠宝鉴定等内容为一体的“一站式”高效服务。保山综合保税区规划定位为我国开放层次高、政策优惠、功能齐全的海关特殊监管区域，是开放金融、贸易、投资、服务、运输等领域的试验区和先行区。国外货物入区保税，货物出区进入国内销售按货物进口的有关规定办理报关手续，并按货物实际状态征税；国内货物入区视同出口，实行退税；保税区内企业之间的货物交易不征增值税和消费税。该区具备生产要素集散、重要物资中转等功能。

3. 腾冲翡翠文化旅游区

腾冲翡翠文化旅游区是保山市珠宝产业发展获得支撑的核心基地，是保山市旅游业发展的集散中心和枢纽，由翡翠集散中心和旅游集散中心构成。翡翠集散中心指的是资源的聚集、信息的聚集和市场的聚集。腾冲自古就是中国西南重要的陆路通商口，同时又是滇西最早及最大的翡翠交易集散地，翡翠加工经营始终是腾冲城乡经济的重要组成部分。为了发挥腾冲的地域优势和传统经营优势，有效整合腾冲目前已经建成的几十个翡翠购物场所，需要从翡翠原材料交易、翡翠加工、翡翠成品集散等方面进行整合和建设。旅游集散中心是为方便广大游客到该地旅游而设立的服务平台，由旅游局负责指导，当地旅行社负责具体运作的整合旅游资源和规范旅游市场的重要综合性平台。旅游集散中心运作规范、管理严格到位、服务细致入微，是规模最大的集散客自助旅游、单位团队旅游、旅游信息咨询、旅游集散换乘、景点大型活动、客房预订、票务预订等多种功能为一体的“旅游超市”。

## （三）产业拓展区

1. 龙陵黄龙玉产业区

以其黄龙玉资源优势，将龙陵县打造成中国最大的黄龙玉加工集散地。龙陵目前拥有探明黄龙玉地质储量 38.86 万吨，共有黄龙玉经营企业 1800 余家，仅龙陵县境内就有从事黄龙玉加工销售个私企业 800 余家，从业人员 6000 余人。龙陵县委、政府已在县城南部建立起黄龙玉加工贸易产业园——龙陵珠宝城，依托国家政策的支持，背靠黄龙玉原产地的优势，龙陵县正将其打造成以黄龙玉毛料拍卖，产品交易、加工生产、玉文化研究和精品展示为一体，具有鲜明地方特色的珠宝城。旅游项目可依托邦腊掌温泉度假区、松山抗战遗址、小黑山、茄子山水库生态旅游区进行开发。

2. 猴桥跨境旅游区

猴桥镇作为国家级一类口岸，中缅印国际大动脉的支撑体系，以及云南乃至中国走向南亚陆路交通通道，是南亚原材料、农产品进入国内市场腹地的口岸门户地区，国内工业制成品出口南亚的产业集聚区。把猴桥跨境旅游区建设成为我国对南亚国家尤其是缅印的重要陆路口岸通道，巩固货运集散的优势地位，提升地区旅游的活力与人气。猴桥口岸与缅甸甘拜地口岸对接，距缅甸甘拜地4千米、距缅北重镇密支那120千米、距印度雷多520千米，是历史上“南方丝绸之路”的重要通商口岸，抗日战争时期“史迪威公路”的重要枢纽。2000年4月，猴桥口岸被正式批准列为国家级一类口岸，较早形成了完整的双向开放口岸体系。“十一五”以来，随着沿边开放和边境经济贸易、旅游业的发展，猴桥口岸经济贸易不断增强，通关人员、车辆、货物量、货值有了较大提高。

3. 施甸文化体验旅游区

施甸县是保山市旅游业发展的第三增长极，是保山市珠宝产业的拓展区。施甸县旅游业发展的方向是人文忆旧、归返自然、节假休闲，保山市“十二五”文化产业规划中提出将施甸县建设成为特色文化旅游县。成功打造了善洲精神、温泉文化、滇西抗战文化、邓子龙戍边文化、民俗文化五大文化品牌，下一步要继续建设善洲精神教育基地、姚关生态旅游小镇、怒江大峡谷风光旅游区、施甸坝田园风光旅游区、摩苍休闲旅游区五大旅游区，加强布朗族民族文化的保护与传承，重点打造施甸县布朗古郡、施甸县姚关古镇等文化旅游。施甸县珠宝产业基础薄弱、资源条件差，不适合“大而全”的发展，而是作为产业延伸的下游，建设珠宝销售市场、珠宝销售点、珠宝文化体验项目。

4. 昌宁生态休闲旅游区

昌宁县是保山市旅游业发展的第三增长极，是保山市珠宝产业的拓展区。昌宁县旅游业发展的方向是乡土休闲、温泉疗养、水域观光，境内有橄榄河热泉、鸡飞温泉、小桥温泉、龙潭寺、清灵寺、西山森林公园、天堂山风景区、沿江湿地等旅游胜地，适合发展生态旅游。下一步，要继续挖掘昌宁的青铜文化、农耕文化、民族文化和茶文化，积极推介苗族服饰文化，打造中国茶乡文化品牌。同时，昌宁县拥有自然景观、田园风光、地热温泉等资源优势，柯街旅游小镇、鸡飞温泉旅游度假区、天堂山原始森林生态旅游区正在开发建设，依托澜沧江打造百里长湖原生态旅游带，将昌宁打造成为生态旅游大县。与施甸县相似，保山珠宝之都建设的过程中，昌宁县应作为保山珠宝产业辐射的区域。

## 六、珠宝产业链规划

### （一）珠宝产业链

1. 总体思路

（1）全产业链工程

对纵向上的核心产业链，到横向上的配套产业链进行优化和整合，建立集原料、研发、设计、加工、鉴定、销售、服务等于一体的珠宝全产业链。资源是珠宝产业链的基础，技术是珠宝产业链的核心，需求是珠宝产业链的导向。资源、技术、需求在珠宝产业链中的重要性都比较高，是一种集技术推动、资源带动、需求拉动的综合联动型产业链。

（2）大珠宝产业工程

以大珠宝产业为平台，导入旅游、文化、会展、节庆等相关产业价值链，创新珠宝产业发展模式。由于珠宝产业链的相关环节在地域上分布广阔，一条完整的产业链辐射范围大，在产业带动上，珠宝产业属于劳动密集型、技术密集型、资金密集型产业，建立大珠宝产业体系对于就业、教育、技术、金融等将产生辐射效应（见图 1.6.1）。

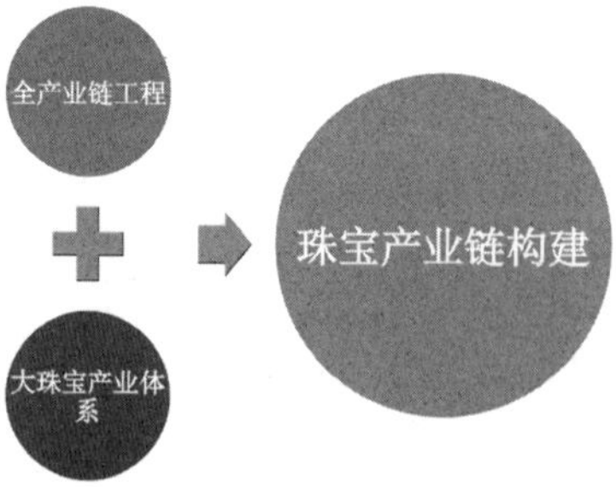


图 1.6.1 保山市珠宝产业链构建思路

2. 产业链构建

珠宝产业链指的是珠宝产品在生产加工过程中，从最初的原料资源到最终产品到达消费者手中所包含的各个环节构成的整个链条，珠宝产业链并不像传统的产业链具有明显的层级和边界，而是与矿产、加工、商贸、旅游、文化、会展、物流、金融等相关产业的交互与融合贯穿于珠宝产业链的各个环节。规划建立一条完善的珠宝产业链，涵盖上游的原料环节、中游的加工环节、下游的销售与服务环节，每个环节由密切相关的产业链条组成。同时，规划生产配套、技术配套、产业配套及相关环节与功能，作为珠宝产业的配套产业链（见图 1.6.2）。

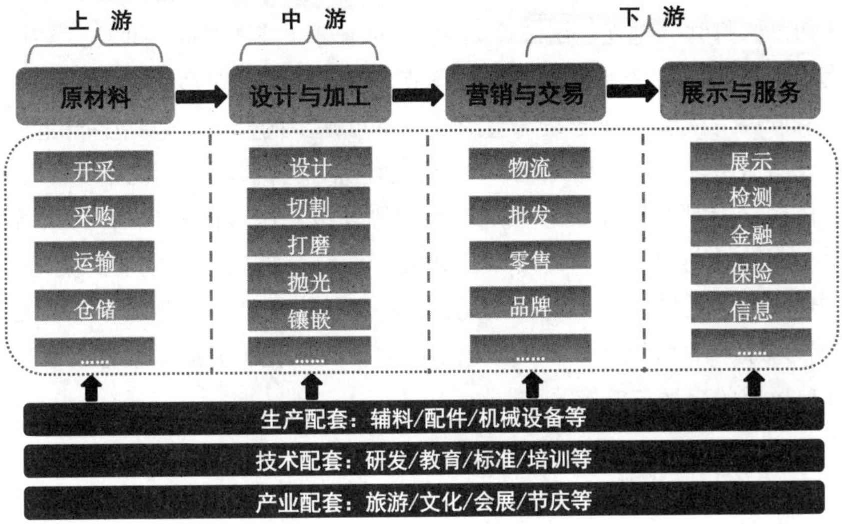


图 1.6.2　珠宝产业链结构图

一条完整的珠宝产业链由三部分组成：核心产业链、配套产业链以及相关产业链。核心产业链指产业垂直的供需链，包括产业的上游、中游和下游；配套产业链是横向的协作链，指的是产业的配套问题；相关产业链是与珠宝产业有融合关系的产业，指的是产业融合问题。其关系可用图 1.6.3 来表示。

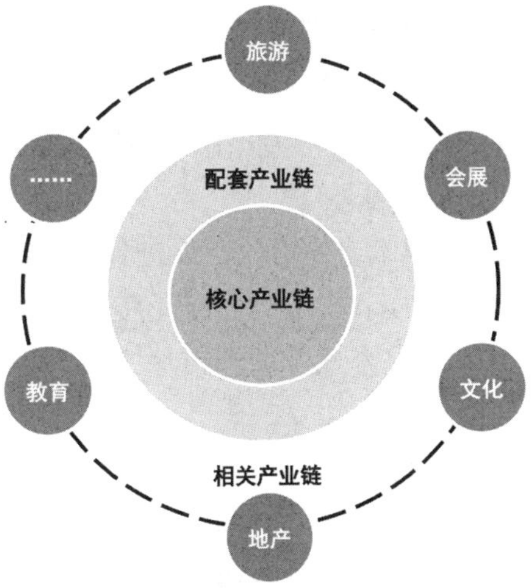


图 1.6.3　珠宝产业链关系图

核心产业链是珠宝产业发展的基础环节，指紧密围绕珠宝产品所开展的一系列产业活动的链接。核心产业链是珠宝产业链的主体，依据产业关联关系，包括上游的原料环节（资源开采、原料采购等）、中游的加工环节（设计、切割、打磨、抛光、镶嵌等）、下游的销售环节（展示、批发、零售等）。配套产业链是珠宝产业发展的重要环节，指为珠宝产业活动推进提供的相关产品和服务。配套产业链是珠宝产业链不可缺少的部分，包括生产配套、技术配套与服务配套。具体来说，生产配套包括辅料、配件、机械设备等环节；技术配套包括研发、检测、标准、培训等环节；服务配套包括海关、物流、金融、保险、信息、广告等环节。相关产业链是珠宝产业发展的突出环节，指与珠宝产业活动密切关联、相互交融的其他产业活动。相关产业链的形成是现代珠宝产业所衍生的，具体包括与旅游、文化、会展、教育、地产等产业环节形成的交叉与链接关系。

### （二）核心产业链

核心产业链规划的目的是控制上游、提升中游、做强下游，建立一条完善的珠宝产业链，将保山市打造成为南亚、东南亚区域范围内的珠宝原料基地、珠宝加工基地以及珠宝集散基地。

1. 原材料环节

（1）建立“保山国际珠宝保税区”

以猴桥口岸保税区的名义统一申报综合保税区，在猴桥、小永、隆阳等地分别设保税仓库区。

（2）建立腾冲翡翠毛料公盘基地

改变“舍近求远”局面，与缅甸政府沟通协调，争取翡翠毛料在猴桥口岸入境；扩大腾密公盘的规模和影响力，恢复腾冲翡翠原料集散地的地位。

（3）建立龙陵黄龙玉公盘基地

出台《龙陵县黄龙玉资源保护条例》，促进黄龙玉矿产资源的可持续开发与保护扩大黄龙玉公盘的规模和影响力，将龙陵建设成为国内最大的黄龙玉原料基地；在隆阳建立大型综合珠宝原料市场，引入周边国家珠宝资源，将产业链原料环节延伸到国际市场。

（4）加大宝玉石矿藏的勘探

加快对宝玉石矿带的勘探及开采工作，争取改变宝玉石资源瓶颈状态。云南属世界特提斯宝玉石矿带的重要组成部分，以大地构造单元为背景划分的 12 个宝玉石成矿带中有三个宝玉石成矿带与越南、缅甸著名宝石成矿带毗邻或相连。通过进一步的勘探工作，该带有可能成为与缅甸抹谷宝玉石成矿带并驾齐驱的宝玉石成矿带。

2. 设计与加工环节

（1）建设隆阳国际珠宝产业园

改变“前店后厂”的加工模式，建立大型珠宝加工产业园，促进珠宝加工企业集聚，引入高端生产环节，提升珠宝产品的精加工、深加工能力。

（2）引进加工人才和技术

建立“产、学、研”基地，成立珠宝研发中心，通过外部引进与内部培养，依托珠宝设计与加工人才提升水平；重树“保山工”玉雕加工品牌，改变单一的“福禄寿”题材，增加珠宝产品的创意与文化内涵。

（3）在保税区内建立加工区

通过保山区内提供的物流便利、设备和原料免税等条件降低生产环节成本，提高加工附加值，使保山珠宝吸引全国厂家和消费者，建立竞争优势。

3. 营销与交易环节

（1）申请国际航线

申请将保山机场升级为国际机场，与航空公司协商开辟由保山机场通往缅、印、孟三国及其他东南亚国家的国际客运航线。

（2）创新商业模式

构建珠宝电子商务交易及信息平台，建立完善的珠宝营销体系，融合赌石文化、现代金融等形式，创新珠宝交易模式。

（3）实施双品牌战略

打造“保山珠宝”“腾冲翡翠”品牌，实施创区域双品牌战略，宣传保山珠宝知名度，创建国内外知名珠宝品牌；加强珠宝市场管理，维护保山珠宝无假货的口碑。

4. 展示与服务环节

（1）建立展示平台

借助博览会、展销会、旅游节庆等活动，提升保山珠宝知名度；与珠宝行业媒体保持合作关系，创建保山珠宝宣传刊物，为保山市珠宝产业提供信息渠道和传播途径。

（2）完善服务平台

完善海关、检验、认证、物流、保险等“一站式”服务平台；成立珠宝研发中心、创新中心、信息中心、检测中心；完善金融支持体系，成立珠宝银行，解决珠宝企业融资困难问题；重视新兴珠宝服务，如珠宝定制、收藏拍卖、咨询顾问等环节。

### （三）配套产业链

1. 生产配套

（1）利用隆阳区的物流中心地位，建立专业的珠宝配套中心，提供珠宝配件、辅料、加工机械设备、陈列道具、照明灯具等各类珠宝产业配套项目。

（2）吸引珠宝机器设备制造企业入驻珠宝产业基地，为保山市珠宝产业提供生产配套设备。

2. 技术配套

（1）引入国检中心，提高检测水平；

（2）制定和研究珠宝行业标准，为产业发展提供规范；

（3）设立珠宝创意园区，为创新人才、技术人才提供研发基地。

3. 产业配套

珠宝产业涉及旅游购物、文化创意、商贸物流、会展节庆、收藏拍卖、电子商务、教育培训等众多领域，保山市为了打造有较强竞争力的产业链，需要许多关联产业的配套支持，构建一个大珠宝产业体系。

（1）旅游业——做大珠宝旅游基地

打造“隆阳—龙陵—腾冲”保山“寻宝之旅”以及“云南（保山）—缅甸—印度”的跨境珠宝文化旅游线路；建立珠宝旅游主题公园、珠宝博物馆、珠宝艺术展览中心、珠宝主题精品酒店、艺术广场等珠宝旅游项目；提高保山市珠宝购物环节的规范和管理水平。

（2）文化产业——做浓珠宝文化氛围

重视珠宝文化的培养，刺激本地区的珠宝消费；传承和宣传珠宝文化，将保山打造成为国内珠宝文化中心；在本地区普及珠宝文化知识，培育浓郁的珠宝文化氛围；加强与著名媒体和出版机构合作，创办保山珠宝刊物，筹拍与珠宝文化有关的电视、电影、专题片等；建立珠宝文化产业创意园，申报国家文化产业示范基地。

（3）会展业——做强珠宝会展影响

提高保山市珠宝展览的影响力度；组织全国乃至世界性的保山珠宝精品巡回展，宣传保山珠宝风采；加强保山珠宝与国内外珠宝行业的交流合作。

（4）节庆——做精珠宝节庆活动

与民族文化、特色文化相结合，打造一个精品珠宝节庆活动；提高保山市玉雕比赛的影响力；举办珠宝文化论坛，珠宝年度峰会等活动，打造拥有自主品牌的高端珠宝文化交流和推广平台。

## 七、珠宝产业体系规划

### （一）项目体系

1. 已建、在建相关项目

（1）隆阳区

隆阳区产有南红玛瑙，有“永子”特色珠宝产品，但现有珠宝产业项目比较少，已建和在建的珠宝项目包括凤凰翡翠文化产业园、鼎琛珠宝城、永子文化园等（见表 1.7.1）。凤凰翡翠文化产业园是保山市“十二五”重点建设项目，位于保山中心城市北城区，正阳北路与惠通路交叉口北端。项目总投资 5 亿元，2011 年 12 月开工；鼎琛珠宝城位于东城区入口，投资 1.2 亿元，2013 年 9 月 14 日开业，已有省内外客商 260 余户已经入驻鼎琛珠宝城营业；永子文化园是云南省文化产业发展重点项目，位于青华湖西湖南端。项目投资预算 2 亿元，2013 年全面进入施工，目标建成永子围棋生产基地、围棋文化交流中心、国际围棋赛事基地、围棋培训中心以及保山城市地标名片。

表 1.7.1　隆阳区已建及在建项目表

| 项目名称 | 项目定位 |
|---|---|
| 凤凰翡翠文化产业园 | 翡翠公盘为主，集毛料交易、设计加工、销售、珠宝培训、五星级酒店、商业街区等为一体的文化产业园 |
| 鼎琛珠宝城 | 以销售为主要功能，集加工、销售、住宿、旅游等于一体的大型珠宝企业 |
| 永子文化园 | 国际一流的永子文化平台、保山文化旅游产业的示范区和国际水准的特色文化产业园区 |

（2）腾冲县

腾冲县已经形成了“一城一乡”的翡翠发展格局，包括以“一城”为主的城区内 20 多个翡翠交易区，以“一乡”为主的荷花乡翡翠加工贸易区。近年来，腾冲县招商引资一批珠宝产业项目，包括腾密公盘、腾越翡翠城、杜鹃王翡翠缘、东方金钰·中国翡翠城、舶珏荷花翡翠园区、翡翠公盘淘宝城等。腾密公盘位于西山坝新城区，总投资 1.5 亿元，是继盈江、瑞丽、芒市之后的滇西又一翡翠公盘；腾越翡翠城位于热海路，总投资 1 亿元，占地面积 44590 平方米。聚集几十家翡翠珠宝商铺，作为“翡翠第一城”形象展示的大型翡翠交易市场；杜鹃王翡翠缘位于热海路，总投资1.5亿元，以翡翠经营为主，并有根雕、精油、土特产、小吃城、中餐厅等多种业态；东方金钰·中国翡翠城位于腾冲观音堂社区二环北路，2012年11月开业；舶珏荷花翡翠园区位于荷花旅游小镇，目前正在施工；翡翠公盘淘宝城位于荷花乡，2013年签约引进项目，正在建设中（见表1.7.2）。

**表1.7.2 腾冲县已建及在建项目表**

| 项目名称 | 项目定位 |
|---|---|
| 腾密公盘 | 翡翠毛料公盘交易为主，集加工、销售、旅游于一体 |
| 腾越翡翠城 | 集珠宝玉石进出口贸易、翡翠加工展销、旅游休闲、会议接待、风味小吃、腾越文化展演等为一体的大型城市旅游休闲购物中心 |
| 杜鹃王珠宝城 | 大型综合购物商城，云南省第一家城市候机楼 |
| 东方金钰·中国翡翠城 | 翡翠原料交易、成品加工批发及零售的大型综合性翡翠交易市场 |
| 舶珏荷花翡翠园区 | 原料交易、加工、销售、旅游度假于一体 |
| 翡翠公盘淘宝城 | 翡翠毛料公盘交易中心、翡翠明料市场、成品加工销售、翡翠文化展示、旅游休闲为一体的翡翠公盘淘宝综合体 |

（3）龙陵县

依托境内小黑山—苏帕河一带产出的黄龙玉资源，龙陵县珠宝产业走上了快速发展的道路，建设了一批珠宝产业项目。凯达珠宝交易中心是较早的黄龙玉交易市场，位于龙山镇白塔水乡，共计投资280万元，经营面积1200平方米，于2009年3月开业；位于玉缘区的龙陵黄龙玉文化产业园区是云南省重点文化产业项目，建设有黄龙玉公盘交易中心、中国·龙陵黄龙玉交易市场及配套的加工区、检测中心、酒店和住宅等。黄龙玉公盘交易中心投资3000万元，占地近15000平方米，每年举办多次公盘交易。中国·龙陵黄龙玉交易市场占地30多亩，建筑面积5600平方米，分交易和加工两个功能区，2012年8月投入使用（见表1.7.3）。

**表1.7.3 龙陵县已建及在建项目表**

| 项目名称 | 项目定位 |
|---|---|
| 凯达珠宝交易中心 | 零售为主，经营黄龙玉摆件、挂件、手玩件、手镯、毛料等 |
| 黄龙玉公盘交易中心 | 中国最大的黄龙玉原料交易中心 |
| 中国·龙陵黄龙玉交易市场 | 集黄龙玉成品加工、销售、展示的一级交易市场 |

2. 规划项目体系

保山市珠宝产业项目规划以隆阳区、腾冲县、龙陵县为主，昌宁县与施甸县建设项目以旅游为主，并对旅游线路进行了整合。在加快已建和在建项目的基础上，通过规划建设一批项目，逐步形成体系完整、结构布局合理、产业融合、可持续发展的产业项目格局。规划保山国际珠宝产业园、综合保税区、翡翠集散中心、旅游集散中心、猴桥跨境旅游区、黄龙玉国家矿山公园、茄子山水库生态旅游区、龙陵·黄龙玉珠宝城、昌宁生态休闲旅游区、施甸文化体验旅游区等珠宝及相关项目的建设，通过项目带动、文化注入、产业支撑，努力推进珠宝产业、珠宝与旅游融合产业、珠宝与文化融合产业的发展，打造“珠宝之都”。

（1）隆阳区重点项目

隆阳区重点项目由保山国际珠宝产业园区和综合保税区两大项目组成，项目如表 1.7.4 所示。

**表 1.7.4　隆阳区重点项目表**

| 区位 | 项目名称 | 重点项目 | 子项目 |
|---|---|---|---|
| 隆阳区 | 保山国际珠宝产业区 | 保山国际珠宝产业园（产城综合体） | 宝都广场 |
| | | | 国际珠宝交易中心 |
| | | | 国际珠宝文化博览中心 |
| | | | “宝都”珠宝主题酒店（五星级） |
| | | | “宝都”国际风情度假小镇（分时度假、产权酒店、居住小区等） |
| | | | “宝都”SOHO（写字楼、商务办公） |
| | | | 珠宝文化商业街（国际珠宝风情街） |
| | | | 珠宝银行 |
| | | | 购物广场 |
| | | | 珠宝文化研究院 |
| | | 综合保税区 | 空港物流园 |
| | | | 保税监管区 |
| | | | 珠宝加工区 |
| | | | 珠宝贸易区 |
| | | | 大师创意园 |
| | | | DIY 体验坊 |
| | | | 海关查验区 |
| | | | 综合办公区（产业配套中心） |

（2）腾冲县重点项目

腾冲县重点项目由翡翠文化旅游区为主导，包括了翡翠集散中心、游客集散中心和猴桥跨境旅游区三大项目，具体项目构成如表 1.7.5 所示。

**表 1.7.5 腾冲县重点项目表**

| 区位 | 项目名称 | 重点项目 | 子项目 |
| --- | --- | --- | --- |
| 腾冲县 | 腾冲翡翠文化旅游区 | 翡翠集散中心 | 翡翠文化主题乐园（游乐型景区） |
| | | | 翡翠毛料公盘基地 |
| | | | 翡翠文化博物馆 |
| | | | 翡翠淘宝城 |
| | | | 荷花珠宝加工贸易基地 |
| | | 游客集散中心 | 游客接待区 |
| | | | 综合管理区 |
| | | | 其他配套设施 |
| | | 猴桥跨境旅游区 | 猴桥中缅翡翠产业园 |
| | | | 保税仓库 |
| | | | 加工贸易基地 |
| | | | 中缅赌石城 |

（3）龙陵县重点项目

龙陵县的重点项目为黄龙玉产业园，由黄龙玉国际矿山公园、茄子山水库生态旅游区和黄龙玉珠宝城构成，具体项目如表 1.7.6 所示。

**表 1.7.6 龙陵县重点项目表**

| 区位 | 项目名称 | 重点项目 | 子项目 |
| --- | --- | --- | --- |
| 龙陵县 | 黄龙玉产业园 | 黄龙玉国家矿山公园 | 矿洞探险区 |
| | | | 矿工生活体验区 |
| | | | 黄龙玉矿山博物馆 |
| | | 茄子山水库生态旅游区 | 淘宝主题乐园 |
| | | | 宝石养生谷 |
| | | | 滨水休闲区 |
| | | | 苏帕河旅游小镇 |
| | | 龙陵黄龙玉珠宝城 | 黄龙玉公盘中心 |
| | | | 黄龙玉交易市场 |

（4）昌宁、施甸县重点项目

昌宁和施甸的主要产业功能即以发展旅游业为主导，因此重点项目以打造昌宁生态休闲旅游区和施甸文化体验旅游区为主，如表 1.7.7 所示。

**表 1.7.7　昌宁、施甸重点项目表**

| 项目区位 | 项目名称 | 重点项目 |
|---|---|---|
| 昌宁县 | 昌宁生态休闲旅游区 | 柯街旅游小镇 |
| | | 鸡飞温泉旅游度假区 |
| | | 天堂山原始森林生态旅游区 |
| 施甸县 | 施甸文化体验旅游区 | 姚关生态旅游小镇 |
| | | 田园风光旅游区 |
| | | 摩苍休闲旅游区 |

## （二）重点项目

1. 隆阳区重点项目

（1）保山国际珠宝产业园（产城综合体）

项目性质为产城综合体，项目位于隆阳区青华湖，聚集上百家企业，是生产、物流、购物、商业、生活等业态融为一体的综合性园区。生产加工以珠宝产品为主，珠宝产品包括：钻石、宝石、黄金、铂金、白银、珍珠、玉石、水晶、翡翠、玛瑙、珊瑚、琥珀、琉璃等；从功能上包括头饰、耳饰、颈饰、胸饰、腰饰、手饰、脚饰、金银珠宝首饰、藏饰 / 民族饰品、手机饰品、首饰配件、珠宝原料、珠宝首饰包装及保养品、其他首饰饰品等。

①宝都广场：位于国际珠宝产业园中部，广场宽阔，周边绿化造景，整体似玉佩形状，广场中心设计雕塑，是保山市珠宝之都的标志性景观，向游客展示保山“珠宝之都”的城市名片。

②国际珠宝交易中心：招商、吸引世界知名品牌珠宝设立品牌旗舰店、时尚珠宝馆、销售专柜入驻，聚集国际顶级珠宝品牌。

③国际珠宝博览中心：将珠宝文化创意与旅游休闲相结合，对保山珠宝玉石文化进行创造性打造，注重对其主题性、创意性、互动性、体验性打造。集文化创意展示、珠宝文化欣赏、传统艺术体验、休闲、娱乐、购物等于一身。

④“宝都”珠宝主题酒店（五星级）：以弘扬珠宝文化、突出生态园林

为经营理念，从酒店整体设计、各个功能区的布局命名、客房的装饰布置等，每一个细节都体现浓郁的珠宝文化特色，打造国内最具特色的五星级珠宝主题酒店。

⑤"宝都"国际风情度假小镇：作为国际珠宝产业园的居住、度假、生活配套项目，满足珠宝商户、员工、周边居民、外来居民的居家置业需求。建设配套房地产项目，建设温馨宁静的民居住宅小区，以及产权式酒店、分时度假酒店等。

⑥"宝都"SOHO 在产业园内建设商务、办公大楼，引入质检、报关、保险、押运、工商等部门，为企业提供集审批、合同备案、核销、通关、查验以及押运等业务于一体的"一站式"服务。

⑦珠宝文化商业街（国际珠宝风情街）：建成珠宝一条街，其造型和装饰均采用国际珠宝建筑风格，参照意大利金街、比利时钻石街、缅甸翡翠街、泰国宝石街等建筑特色，聚集购物、特色小吃、酒吧、餐饮、娱乐等业态（见图 1.7.1）。

图 1.7.1　保山国际珠宝产业园

（2）保山·综合保税区（见图 1.7.2）

图 1.7.2　保山综合保税区

保山猴桥口岸已经升级为国家一级口岸，按照国家相关政策，国家一级口岸一般可以获批10平方千米的保税区。从目前国家批准建设的一些国家级口岸保税区、港来看，至少为5平方千米，一般都达到7~8平方千米。但猴桥由于用地条件限制，目前规划的保税区规模较小，不足1平方千米，而且距离中心城市过远。因此建议保山以猴桥口岸保税区的名义统一申报保税区，保山的保税区（仓库区）应结合目前对外贸易发展的实际，重点在于为进出口企业提供便利，并大力发展加工业。因此，在保税区封关作业区内，应以仓储和加工为主。（注：此项目与《保山市中心城市商贸物流发展规划》对接一致）

①空港物流园：建设空港物流区、机场货站、国际快件中心、航空通关中心及综合配套区，为入驻企业提供协调工商、税务、交通、海关、国检、银行和保险服务等有关事宜；对已办结海关出口手续的货物进行存储、保税物流配送、提供流通性增值服务，可以存放一般贸易和加工贸易出口货物、为拼装出口货物而进口的货物以及为改换出口监管仓库货物包装而进口的包装物料等。

②保税监管区：我国现行的翡翠原料进口税赋高达33.9%（包括3%的关税、17%的增值税、10%的消费税和3.9%的所得税），而泰国、菲律宾、印度等致力发展珠宝产业的国家，长期以来一直采取3%以下的低关税政策对产业进行大力扶持。越来越多的翡翠以原材料或半成品的形式流向泰国、菲律宾、印度等国家，然后辗转进入低关税的香港、台湾地区，经过简单加工变为成品后，再高价进入我国大陆。这种状况的持续势必大大减弱我国翡翠玉器的国际竞争和合作的能力。在保税区内，鼓励原料进口，限制原料出口，鼓励成品出口，限制成品进口。对原料进口实行低关税甚至零关税，对成品进口实行高关税。在保税仓储、出口加工、转口贸易，进口加工、国际贸易、商品展示等方面实现突破。

③珠宝加工区：保税区内引入专业珠宝加工企业入驻，目标是打造中国最具特色的保税区国际珠宝加工基地。从保税区进入加工区的翡翠原石进口综合税率调整为3%，翡翠毛料成品免收进口关税和进口环节增值税，翡翠成品进口环节增值税实际税负超过3%的部分，由海关即征即退。消费税减至3%，改由零售环节征收。

④珠宝贸易区：依托隆阳集散与物流中心的地位，以珠宝半成品、成品的批发为主，以关税政策吸纳展销商入驻贸易区，经营玉石、宝石、首饰、镶嵌珠宝等珠宝产品的贸易。

⑤大师创意园：吸引知名玉雕大师入驻，为大师创作提供聚集区，玉雕

大师园集大师创意、加工、展示销售、交流研讨于一体，建立玉文化交流中心、大师坊、艺雕工作室、玉石展厅、私密住宅庭院等，推介培养一批具有保山特色的玉雕名家和大师。

⑥综合办公区（产业配套中心）：在产业园区内引入珠宝配套企业，促进珠宝加工设备、工具、辅助、包装、陈列、营销策划、培训、信息交流等相关配套产业链完善。

2. 腾冲县重点项目

（1）腾冲翡翠集散中心（见图 1.7.3）

建设集翡翠毛料公盘交易中心、翡翠明料市场、成品加工销售、翡翠文化展示、旅游休闲为一体的翡翠毛料淘宝综合体，进一步扩大“中国翡翠第一乡”的知名度和影响力，提升腾冲翡翠产业和旅游发展水平。

①翡翠文化主题公园：依托腾冲悠久的珠宝文化历史、本土特色文化，打造成为云南省首个珠宝文化主题公园。公园打造“赏宝、耍宝、购宝”的理念，集珠宝文化展示、产品展示、娱乐、销售和旅游商品销售为一体，创新珠宝销售和旅游娱乐休闲模式，拓展和完善珠宝产业链。

②翡翠毛料公盘基地：依托腾冲传统特色优势和区位优势，建设成为保山、云南乃至全国的翡翠毛料中心。腾密毛料基地以毛料存储和毛料公盘为主要功能，集公盘、仓储、毛料交易、赌石、加工销售、旅游等功能为一体，项目包括腾密翡翠公盘、中国翡翠毛料仓库、中缅赌石城等。

③翡翠淘宝城：建立中缅大型赌石淘宝城，将腾冲的赌石历史习俗转变成一种刺激的休闲娱乐方式，提供“赌石咨询、赌石帮助、赌石保险”等服务，吸引旅游者体验赌石乐趣与赌石文化。

④翡翠文化博物馆：将珠宝文化创意展示与现代科技相结合，对保山传统的珠宝玉石文化进行创造性展示，注重对其主题性、创意性、互动性、体验性打造，集文化创意展示、珠宝文化欣赏、传统艺术体验、休闲、娱乐、购物等于一体的特色博物馆。

⑤荷花珠宝加工贸易基地：位于腾冲县荷花乡，具有百年玉雕历史，是腾冲县翡翠产业“一城一乡”空间布局中的翡翠加工贸易区，集原料交易、加工设计、文化交流、技术培训、成品批发与零售、旅游体验等功能于一体。已建成和开发项目包括荷花雨伞玉雕加工基地、荷花玉雕加工基地、舶珏荷花翡翠园、翡翠公盘淘宝城等，下一步发展方向是提升荷花乡珠宝加工工艺，促进珠宝产业与旅游业融合，将荷花乡打造成为中国珠宝玉石加工与批发中心。

图 1.7.3　腾冲翡翠集散中心

（2）腾冲游客集散中心

腾冲的旅游业在云南滇西地区已经独树一帜了，但还没有建立游客集散中心。游客集散服务中心主要为游人提供接待、咨询、导游、餐饮、住宿、娱乐等综合性服务，包含旅游目的地系统“吃、住、行、游、购、娱”六要素的全部。为游客提供信息、咨询、游程安排、讲解、教育、休息等旅游设施和服务。设施和具体项目包括：接待中心、管理中心、餐饮设施、宾馆酒店、购物中心、健身中心、会议中心、度假别墅、休闲会所、休闲农庄以及体现特色的游览性建筑等（见图 1.7.4）。

图 1.7.4　腾冲游客集散中心

（3）猴桥跨境旅游区

发挥毗邻缅甸的区位优势，结合猴桥边境经济合作开发区规划建设，加大边境旅游基础设施建设和旅游线路培育，简化出境旅游手续，加强与南亚、东南亚各国的旅游、文化、经济等交流，为广大游客提供优质、安全、经济、便捷的出境旅游产品。

①猴桥中缅翡翠产业园：猴桥口岸是国家一类口岸，通向南亚、东南亚最便捷的通道，云南省货运量第一位口岸。依托距离缅甸北路帕敢翡翠矿区最近的位置，以及缅甸逐渐计划开放密支那玉石市场，允许三类玉石合法完税出口的政策，规划建设猴桥边境珠宝产业园。产业园争取国家保税政策，建设保税仓库、加工贸易基地、赌石旅游文化区、生活居住区等，打造成为腾冲县翡翠产业新的增长极。产业园提供配套生活设施，修建员工宿舍、商品住宅、酒店、餐厅、银行、学校、医疗机构等设施。

②猴桥保税仓库：建成集保税、仓储、物流等功能为一体的保税仓库，吸引缅甸、东盟及印度等地区的珠宝原料流入。宝石仓库可实现减免税收、简化手续、降低成本，实现“筑巢引凤”，吸引珠宝企业的集聚。

③加工贸易基地：充分利用保税政策，以珠宝原料为基础，引进一批珠宝加工企业入驻，打造集珠宝加工、批发销售于一体的加工贸易基地。基地享有保税加工、保税展示、保税交易的政策支撑，原料、成品从保税仓库出口海外时无须缴纳出口环节税。

④中缅赌石城：建立中缅大型赌石城，将腾冲的赌石历史习俗转变成一种刺激的休闲娱乐方式。提供“赌石文化咨询、赌石帮助、赌石保险”等专业服务，吸引边境旅游者体验赌石乐趣与赌石文化（见图 1.7.5）。

3. 龙陵县重点项目

（1）黄龙玉国家矿山公园

依托小黑山原始森林、稀有动物、自然环境，可对废弃黄龙玉矿洞进行改造，建设小黑山黄龙玉国家矿山公园。通过对废弃矿山的改造，结合小黑山景区，打造成为人们接近自然、享受野趣的理想场所，功能定位为科普教育、休闲度假、生态旅游等。

①矿洞探险区：对废弃矿洞进行改造修建，提供安全的矿洞实地体验游览区。游客可身着矿工服装，进行矿洞探险。矿洞中可开展科普学习、寻宝等活动。

图 1.7.5　猴桥跨境旅游区

②矿工生活体验区：以展示矿工生活为主题，为游客提供感受矿工的体验游览区。游览区通过情景雕塑介绍矿工的工作与生活，建设矿工食堂、矿

工宿舍供游客体验。

③黄龙玉矿山博物馆：博物馆下面修建模拟矿井和矿洞巷洞，以实景体验的方式展示矿山的开发。博物馆展示与矿山有关的采矿工具、黄龙玉玉料等丰富的内容，展示方式多样，通过创意互动活动加深游客对黄龙玉的认识。

（2）茄子山水库生态旅游区

茄子山水库与小黑山自然保护区相邻，是苏帕河流域开发的重点项目。在《保山市旅游总体规划》中将龙陵县定位为“山水玉养生旅游区”。项目可依托独特的地理位置、气候条件和丰富的野生动植物资源和秀丽的风光，结合黄龙玉文化开展生态旅游、探险旅游、养生旅游、淘宝旅游。

①淘宝主题乐园：小黑山—苏帕河流域是黄龙玉的主产地，从苏帕河河谷挖掘出大量的山流水籽料。规划以游乐和淘宝为主题，打造好玩、好看、有乐趣的淘宝主题活动。

②宝石养生谷：作为珠宝产业链延伸的集聚区，开发玉石养生项目。设计玉温泉、玉石特色客房、玉文化体验馆，形成玉石养生和健康管理的体验区。

③滨水休闲区：茄子山水库被誉为“滇西千岛湖”，建设滨水休闲区，开发利用茄子山水库的湖面和湖滨空间，打造集观光、休闲、娱乐为一体的旅游项目。

④苏帕河旅游小镇：作为本区域的旅游地产开发打造，致力于精致化、高品位、原生态的休闲度假小镇，开发购物街区、美食街区、休闲街区，设计联排或独栋别墅。

（3）龙陵·黄龙玉珠宝城

位于龙陵县玉缘区，总投资约4亿元，总占地面积228亩，总规划建筑面积约20万平方米，是由龙陵县政府指定的，龙陵唯一的黄龙玉及其他珠宝玉石原料拍卖和成品加工、销售、展示的一级交易市场。依托黄龙玉珠宝城的建设，将形成黄龙玉公盘中心、交易市场、珠宝加工区、大师园区、生活休闲旅游区等产业与城市互动的综合发展区。

①黄龙玉公盘中心：2011年10月22日建成，亚洲最大的黄龙玉原料交易中心，龙陵地标式建筑。占地面积15.3亩，由一次公盘中心大厅、二次公盘中心大厅、精品展销、赌石区、精品拍卖区、黄龙玉加工区、黄龙玉博物馆、25间大师工作室等功能区构成，每年举办多次公盘活动。

②黄龙玉交易市场：与黄龙玉公盘中心相邻，2012年8月建成使用，是龙陵县第一个规范的、配套齐全的黄龙玉一级专业市场。面积约20亩，建筑面

积约5600平方米，投资2260余万元，市场分为交易区和加工区两个功能区域，设有精品柜台760个，室内外地摊1200多个，大中型专业加工厂房24套，承载了毛石交易、加工、精品制作、展示、销售等多个方面的功能要求。

4. 昌宁县重点项目

（1）柯街旅游小镇

昌宁县柯街橄榄河热泉位于柯街镇以北的橄榄河中游，距保山市58千米、县城36千米、柯街镇政府4千米。橄榄河热泉地热资源丰富，最高水温达80摄氏度，共有10余处泉眼，含有丰富的钾、钠、钙、镁、硫、氟等化学元素，具有祛风除湿、消肿止通、舒筋活血和帮助肠胃消化的功效，极具开发价值。项目将依托橄榄河地热资源及良好的生态环境，打造集康体理疗、休闲度假为一体的柯街旅游小镇。

（2）鸡飞温泉旅游度假区

鸡飞温泉旅游度假区位于鸡飞乡，占地面积1.5平方千米，国家2A级旅游景区，被誉为“滇西八景”之一。整个景区石奇峰异，有十二属相二十四景观，包括大小岩房、葡萄水、飞来石、连珠炮、三杆炮、金鸡窝、大小石锅、石钟、石鼓、仙牛厩、仙人洞等。其中以公塔、母塔最为著名，被称为“天下第一自然偶塔”。据科学鉴定，鸡飞泉水中溶解着大量矿物质，如铁、钙、锰、钛、钼、铜和放射性元素等，对风湿、皮肤病等疾病疗效显著。鸡飞温泉旅游区的开发，要改善旅游交通条件，提高旅游度假区设施与开发水平。

（3）天堂山原始森林生态旅游区

天堂山原始生态旅游区属天堂国营林场，是昌宁重要的水源涵养林区。景区东临漭水镇，西面、北面与大田坝乡接壤，南面与田园镇交界。最高峰松子山海拔2875.9米，最低海拔为澜沧江面约1200米，林区面积84285亩，森林覆盖率95.1%。林区内动植物资源丰富，初步统计有植物197科806属1920种，有兽类33种、鸟类114种、两栖类15种、爬行类19种。整个景区树木郁郁葱葱，古老而苍劲，空气清新宜人，适宜开展森林旅游、科考旅游、生态旅游。

5. 施甸县重点项目

（1）姚关生态旅游小镇

姚关镇是历史文化名镇，位于施甸县南部。历史悠久，藏有《烹象处》《姚关偃草坡记》《恤忠祠记》《清平洞常住寺记》等明代碑刻。姚关坝子属高原型古湖岩溶溶蚀丘陵盆地，喀斯特地貌与古湖遗址共同构成奇秀特异的湿地自然景观，姚关人将其称为“迤西小桂林”，且姚关因小河、溪流众多，素有“高原水乡”的美称。依托历史文化资源和自然风光，姚关旅游小镇注重古镇文化特色，加快景点改造，打造一个以历史文化为特色，集人文与自然观光、休闲度假等旅游特色小镇。

（2）田园风光旅游区

依托施甸县田园文化风景，规划建设由饮马湖公园一直向西北延伸至团树山公园的滨水田园文化景观带。加快十里湖畔休闲带、野鸭湖千亩荷塘、温泉的旅游开发，融入施甸本地的抗战文化、布朗族文化、南方丝路文化，打造一个集田园观光、休闲度假的风光旅游区。

（3）摩苍休闲旅游区

摩苍森林公园坐落于施甸县城以东 10 千米处，海拔 2126~2623 米，总面积 11190 亩，森林覆盖率为 59.7%，主要种有楸木、华山松、云南松、桤木、栎类等植物。草场、森林与特色牧业构成了摩苍森林公园的主体景观，适宜开展生态休闲旅游。2012 年，制定了《施甸县摩苍休闲旅游区总体规划》，下一步要严格按照规划内容，加快旅游区各项设施建设，依托优良的生态环境和区位条件，开发成保山市重要的生态旅游地（见图 1.7.6）。

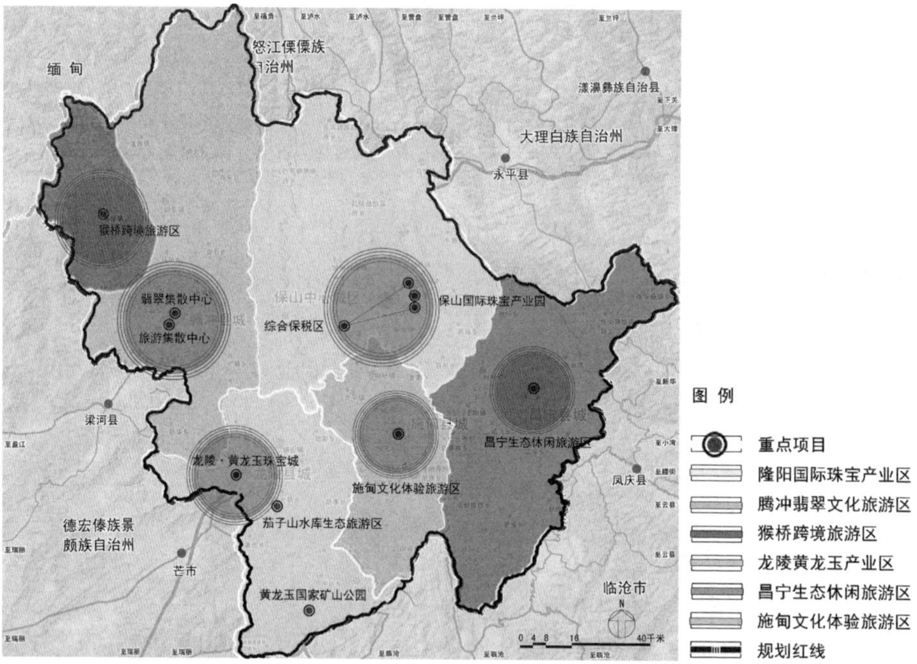


图 1.7.6 重点项目规划图

### （三）活动策划

1. 保山国际珠宝节

与中国·保山南方丝绸古道商贸旅游节及端阳花市节打包举办，在传统端阳花市节日的基础上，融入珠宝文化、商贸文化，为传统节庆增添新的内容。保山国际珠宝节珠宝活动包括珠宝展览、玉雕作品大赛、珠宝文化论坛、拍卖活动、珠宝婚庆等丰富的活动，辅以相关的游园会、民俗文化活动、美食节、茶马古道文化节、狂欢节，形成大节套小节，节奏紧密、产品丰富的大型节庆活动。

2. 中国·腾冲翡翠博览会

博览会共举办两次，2010 年首次，2011 年第二次，与腾冲县火山热海文化旅游节同期举办，未形成品牌化节庆及持续性机制。规划中国·腾冲翡翠博览会与火山热海文化旅游节在时间上进行区分，进行专门打造。按照品牌化、长期性、主体化来开发，提高博览会的知名度及影响力，打造成为中国翡翠博览会第一品牌。

3. 卞和杯玉雕作品大赛

共举办过三届，2008 年 10 月首届，2010 年 11 月第二届，2011 年 12 月第三届。参赛作品来至全国各地，但知名度不高，在行业内的影响小。玉雕大赛的举办，有利于提高玉雕技能人才的整体素质，推动玉器从业人员学习新知识，掌握新技能，也有利于提升本地珠宝加工技术。建议继续提高卞和杯玉雕作品大赛知名度，广泛吸收各地区珠宝作品，提高对获奖作品的奖励力度，推选优秀作品参加国家玉雕天工奖评选活动。

4. 龙陵黄龙玉旅游文化活动周

2012 年 12 月 28 日至 2013 年 1 月 3 日，举办了第一届中国龙陵黄龙玉旅游文化活动，其间举行了“玉满乾”杯黄龙玉雕刻大赛、黄龙玉精品展、黄龙玉高峰论坛、黄龙玉公盘交易会签约仪式等。建议将龙陵县区域旅游资源进行挖掘开发，将及松山抗战文化体验、温泉旅游等活动进行组合。

## 八、珠宝旅游线路规划

### （一）珠宝旅游线路

1. 珠宝文化旅游线路

（1）翡翠玉缘文化之旅（见图 1.8.1）

主要景点：“极边第一城”腾冲、荷花傣乡、龙陵“中国黄龙玉之乡”、绮罗侨乡等。

线路走向：昆明—保山—腾冲—龙陵。

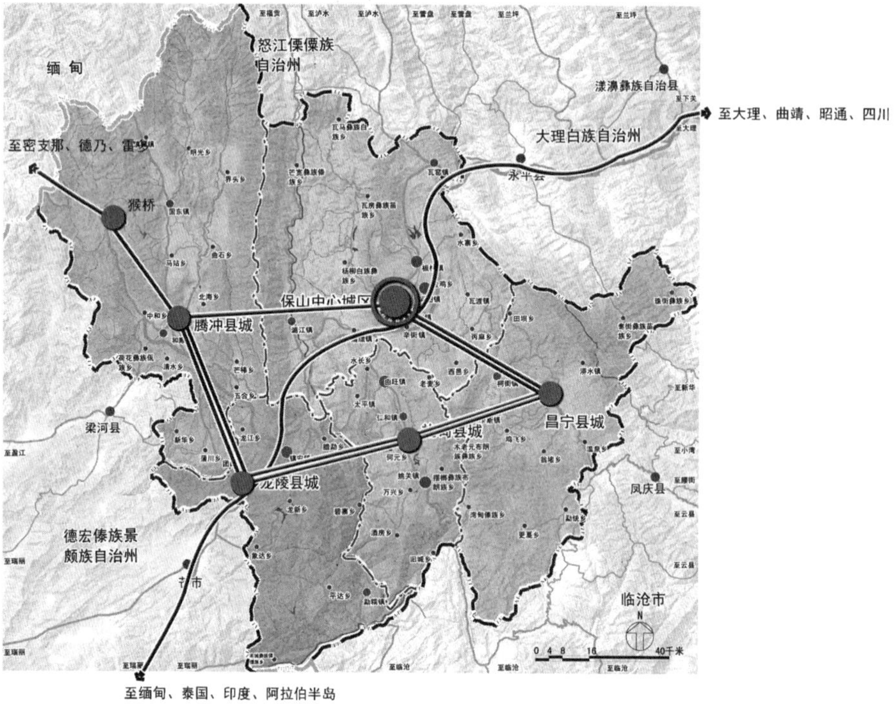


图 例

跨境文化旅游线路
隆阳区—施甸—昌宁—龙陵—腾冲（猴桥）—密支那—德乃—雷多

南方丝路旅游线路
四川—昭通—曲靖—大理—保山—缅甸—泰国—印度—阿拉伯半岛

保山寻宝旅游线路
隆阳—腾冲—龙陵—昌宁—施甸—隆阳

**图 1.8.1 珠宝文化旅游线路**

（2）婚恋爱情甜蜜之旅

主要景点：珠宝旅游文化节、保山国际珠宝节、中国·腾冲翡翠博览会、昌宁田园茶庄、施甸布朗人文村寨等。

线路走向：昆明—保山—腾冲—龙陵—昌宁—施甸。

（3）珠宝购物体验之旅

主要景点：保山国际珠宝交易中心、珠宝步行街、腾冲荷花玉雕加工基

地、龙陵黄龙玉交易市场等

线路走向：昆明—保山—腾冲—龙陵。

（4）寻宝保山意境之旅

主要景点：腾冲赌石文化长廊、龙陵黄龙玉矿洞探险、隆阳欢乐玛瑙谷等

线路走向：隆阳—龙陵—腾冲—施甸—昌宁

（5）珠宝产业链“通吃”之旅

主要景点：保山国际珠宝保税区、腾冲翡翠毛料公盘基地、隆阳国际珠宝产业园

线路走向：昆明—保山—腾冲—龙陵—施甸—昌宁。

2. 休闲观光旅游线路

保山市旅游资源丰富多彩、各具特色，一旦把这些散落在保山就像一颗颗“珍珠”的旅游资源串联起来就是“价值连城”。同时珠宝与旅游市场似乎天生就是融合发展的，夯实的旅游资源也为珠宝产业的发展奠定了基础。

（1）滇西火山热海精品之旅

主要看点：高黎贡山国家公园、腾冲国家风景名胜区、德宏州景区景点等。

线路走向：昆明—保山（隆阳区）—腾冲—德宏。

（2）国际温泉 SPA 度假之旅

主要看点：腾冲热海、腾冲火山、邦腊掌温泉、北海湿地等。

线路走向：昆明—保山（隆阳区）—腾冲—龙陵（金三角线路）。

（3）南方丝路古道峡谷之旅

主要景点：澜沧江大峡谷、怒江大峡谷、霁虹桥、双虹桥、惠人桥、板桥古镇、和顺古镇等。

线路走向：①昆明—保山（隆阳区）—昌宁；②昌宁—保山（隆阳区）—腾冲。

（4）高黎贡山国家公园之旅

主要景点：怒江大峡谷、潞江坝热带植物园、丙闷古榕树群、高黎贡山百花岭、高黎贡山自然公园、南丝路古道、大树杜鹃王、五道溪风景区等。

线路走向：昆明—保山（隆阳区）—腾冲—六库。

（5）滇西红色文化之旅

主要景点：惠通桥、松山抗战遗址、国殇墓园、滇缅抗战博物馆、龙陵董家沟日军慰安所、善洲林场、善洲纪念馆等。

线路走向：保山（隆阳区）—施甸—龙陵—腾冲—密支那—德乃—雷多。

（6）出境探秘之旅

主要景点：史迪威公路、腾冲猴桥口岸、槟榔江风光、密支那等。

线路走向：昆明—保山—腾冲—密支那。

## （二）区县基础游线

1. 隆阳区

（1）南红玛瑙文化：保山在西汉时期就是“殊方异域”之“金银宝货”集散地，有着悠久的历史优势，最典型的代表就是隆阳区杨柳乡的南红玛瑙。

线路走向：市区—永昌文化园珠宝街—花鸟市场—杨柳乡玛瑙谷。

（2）南方丝路文化：挖掘、整理、理清隆阳区内南方丝绸之路的文化遗迹、历史遗存等旅游资源，将其与“两极”实现对接，将“两极”有效地结合。

线路走向：市区—龙王塘公园—卧佛寺—北庙湖度假区—板桥镇—金鸡乡—市区。

2. 腾冲县

（1）世界翡翠，运源腾冲：翡翠产于缅甸克钦邦帕敢地区，是腾冲人最先发现了翡翠的商业价值，并首开翡翠加工先河，至今已有近600年历史。古往今来，腾冲一直是东南亚重要的翡翠加工贸易集散地，也是历史上兴盛一时的“翡翠城”。2005年8月，腾冲因其深厚的翡翠文化及其在翡翠发展史上的贡献，被亚洲珠宝联合会授予“中国翡翠第一城”的称号。

线路走向：县城—荷花乡—和顺镇（腾越翡翠城、腾冲珠宝玉器交易中心、文星步行街、珠宝城、翡翠古镇、腾越古镇、丝路碧玉等）。

（2）观光旅游：腾冲旅游资源具有特色和个性鲜明，部分旅游资源品位极高，规模宏大又相对集中，凭借得天独厚的资源条件和区位优势，近年来，腾冲旅游发展已经取得良好成绩。

线路走向：①县城—叠水河—国殇墓园—李根源旧居—来凤山国家森林公园—腾冲国际高尔夫旅游度假村—恒益东山休闲度假村—热海—县城；②县城—和顺古镇—荷花旅游小镇—荷花温泉旅游度假区—下绮罗—县城；③县城—顺江火山湖—龙华寺天然异种茶园—固东江东古银杏旅游风景区—云峰山—腊幸温泉—滇滩口岸—县城；④县城—百草坝休闲运动公园—火山—柱状节理—北海湿地—玛御谷国际度假旅游区—樱花谷—县城；⑤县城—曲石乡—界头乡—高黎贡山—县城。

3. 龙陵县

（1）黄龙玉购物旅游线：黄龙玉作为龙陵县特有产物，2004 年在龙陵县小黑山周边被发现，开始大规模面世，这也实现了中国玉文化万年的梦想，让“玉出云南”这句古老预言得到证实。

线路走向：县城—白塔水乡—“玉缘区”—黄龙玉交易市场。

（2）休闲度假旅游线：①昆明——腾冲、芒市、保山—龙陵—腾冲、芒市、保山—昆明；②龙山—龙江—镇安—腊勐—碧寨—勐糯—象达—龙新—龙山。

4. 昌宁县

昌宁千年田园茶乡之旅：

（1）昆明—楚雄—大理—保山隆阳区—柯街镇—昌宁县城；

（2）县城—湾甸—小桥温泉—鸡飞温泉—橄榄河温泉西山森林公园（县城—天堂山风景区）—澜沧江生态旅游区。

5. 施甸县

（1）施甸善洲林场红色之旅：昆明—楚雄—大理—隆阳区—707—施甸县城—善洲林场；

（2）施甸金布朗人文村寨之旅：昆明—楚雄—大理—隆阳区—707—施甸县城；

（3）重走滇缅路自驾车旅游专线：大官市—707—惠通桥—松山；

（4）布朗山旅游环线：707—甸阳—姚关—摆榔—木老元—县城。

## 九、社会经济效益

### （一）产业投资估算

1. 总投资估算

本估算包括保山市珠宝产业核心产业链中的重点项目工程、基础设施工程、配套服务设施工程和其他项目经费。估算的主要依据有：（1）建筑安装工程投资，参照《云南省建筑工程、建筑装饰工程消耗量定额》概（预）算定额，并结合当地已建成的类似项目的投资标准和项目的实际情况进行估算；（2）道路建设工程投资，参照交通部 2007 年颁布的公路工程预算定额，并结合当地近年来建设同等级公路的造价指标加上物价上涨系数来确定；（3）供电、通信、给排水等工程投资，参照国家相关行业的投资估算编制办法，并结合当地实际造价指标加上物价上涨系数进行估算；（4）其他工程费用，主要包括“珠宝之都”宣传促销费用、技术人员及其他职工培训教育费用、管理费用、办公生活费等。

据估算，保山市珠宝产业总投资为 500 亿元。按照投资类别进行测算，重点项目投资为 187.5 亿元，占 37.5%；支撑项目投资 120 亿元，占 24%；基础设施投资为 80 亿元，占 16%；管理营销投资为 113.5 亿元，占 22.5%。各类项目投资估算见表 1.9.1。

**表 1.9.1　总投资估算表**

| 序号 | 项目类型 | 内容 | 投资额（亿元） | 占比（%） | 备注 |
|---|---|---|---|---|---|
| 1 | 重点项目 | 隆阳产业园、保税区、腾冲项目 | 187.5 | 37.5 | 带动性强重大项目 |
| 2 | 支撑项目 | 珠宝学院、研究院、管理宣传展示场所等 | 120 | 24 | 包括一般项目和配套项目 |
| 3 | 基础设施 | 道路交通、水电管网、绿化环卫 | 80 | 16 | 旅游区绿化率在 50% 以上 |
| 4 | 管理营销 | 人力资源、公共关系、管理费用、广告 | 113.5 | 22.5 | 非建设性投入 |
| 5 | 合计 | —— | 500 | 100 | 累计滚动投资 |

2. 重点项目投资估算

重点项目投资包括隆阳国际珠宝产业园、综合保税区、腾冲翡翠文化旅游区以及龙陵黄龙玉产业园的建设项目，总投资 187.5 亿元。其中隆阳国际珠宝产业园投资额为 77.4 亿元，占 41.3%；综合保税区投资额为 44.7 亿元，占 23.8%；腾冲翡翠文化旅游区投资额为 42.9 亿元，占 22.9%；隆阳国际珠宝产业园投资额为 22.5 亿元，占 12%。具体各建设项目投资见表 1.9.2。

**表 1.9.2　重点项目投资估算表**

| 区域 | 建设项目 | 占地面积（公顷） | 项目性质 | 项目分期 | 投资金额（万元） | 预计回收期（年） |
|---|---|---|---|---|---|---|
| 隆阳国际珠宝产业园 | 宝都广场 | 3 | 新建 | 近期 | 24000 | —— |
| | 国际珠宝交易中心 | 15 | 新建 | 近期 | 30000 | 6 |
| | 国际珠宝文化博览中心 | 10 | 新建 | 近期 | 24000 | —— |
| | “宝都”珠宝主题酒店（五星级） | 18 | 新建 | 中期 | 90000 | 8 |
| | “宝都”国际风情度假小镇 | 100 | 新建 | 远期 | 495000 | 9 |

续表

| 区域 | 建设项目 | 占地面积（公顷） | 项目性质 | 项目分期 | 投资金额（万元） | 预计回收期（年） |
|---|---|---|---|---|---|---|
| 隆阳国际珠宝产业园 | “宝都”SOHO（写字楼、商务公寓） | 50 | 新建 | 中期 | 36000 | 15 |
| | 珠宝文化商业街 | 40 | 新建 | 近期 | 75000 | 2 |
| | 合计 | 236 | | | 774000 | |
| 综合保税区 | 空港物流园 | 30 | 新建 | 近期 | 66000 | 4 |
| | 保税监管区 | 8 | 新建 | 近期 | 24000 | —— |
| | 珠宝加工区 | 150 | 新建 | 近期 | 105000 | 7 |
| | 珠宝贸易区 | 30 | 新建 | 近期 | 81000 | 6 |
| | 大师创意园 | 16 | 新建 | 中期 | 75000 | 8 |
| | 海关查验区 | 40 | 新建 | 近期 | 12000 | —— |
| | 综合办公区（产业配套中心） | 16 | 新建 | 中期 | 36000 | —— |
| | 生活配套区 | 25 | 新建 | 近期 | 48000 | 2 |
| | 合计 | 315 | | | 447000 | |
| 腾冲翡翠文化旅游区 | 翡翠文化主题乐园（游乐型景区） | 10 | 新建 | 远期 | 60000 | 10 |
| | 翡翠毛料公盘基地 | 5 | 新建 | 近期 | 90000 | 8 |
| | 翡翠文化博物馆 | 2 | 新建 | 中期 | 45000 | —— |
| | 翡翠淘宝城 | 6 | 新建 | 中期 | 30000 | 6 |
| | 游客集散中心 | 2 | 扩建 | 近期 | 24000 | —— |
| | 猴桥跨境旅游区 | 15 | 扩建 | 近期 | 180000 | 5 |
| | 合计 | 40 | | | 429000 | |
| 龙陵黄龙玉产业园 | 黄龙玉国家矿山公园 | 100 | 新建 | 近期 | 30000 | 10 |
| | 茄子山水库生态旅游区 | 70 | 新建 | 中期 | 45000 | 9 |
| | 龙陵·黄龙玉珠宝城 | 5 | 扩建 | 近期 | 150000 | 7 |
| | 合计 | 175 | | | 225000 | |
| 合计 | | 766 | | | 1875000 | |

注：1. 投资中未包括贷款利息等费用；

2. 投资估算仅为市场参考价格，未考虑价格波动因素。

## （二）珠宝产业产值结构

1. 产值结构

基于珠宝产业链，结合珠宝玉石产业产值结构的组成（含开发、原料交易、设计、加工、批发、零售、其他），对保山市 2012 年情况进行分析，分析结果表明目前保山市珠宝玉石产业产值构成以原料交易、批发、加工、零售为主，占珠宝玉石产业产值的 79%。"珠宝之都"项目以培育本地化的设计、加工、销售及玉石文化等附加值高的环节为重心，改变以原料销售和传统批发为主收入的现状，从而促进产业良性发展和优化产值结构组成（见图 1.9.1、图 1.9.2）。

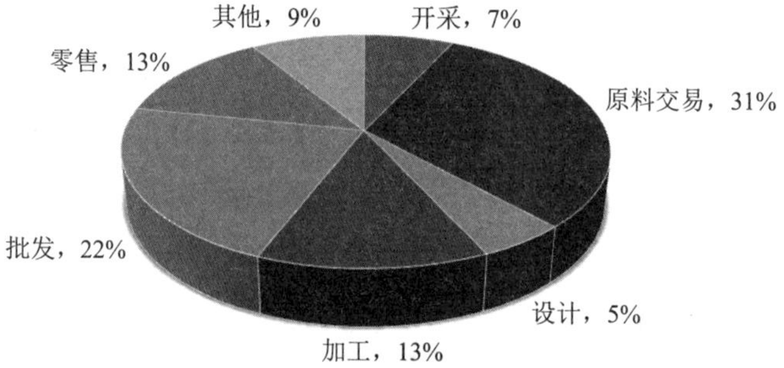


图 1.9.1　保山市 2012 年珠宝玉石产业产值结构分析图

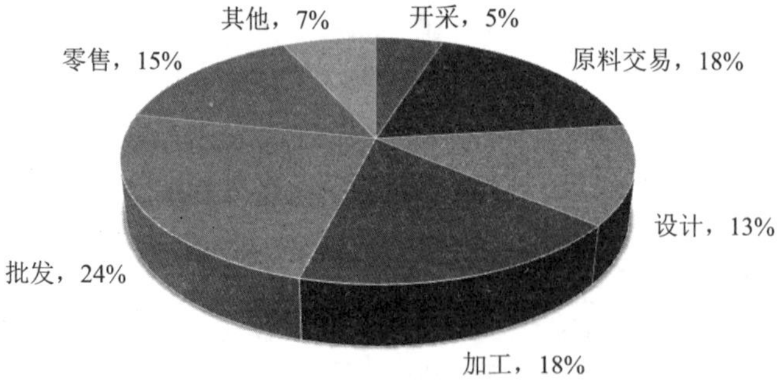


图 1.9.2　保山市 2025 年珠宝玉石产业产值结构预测图

2. 产值结构预测

通过对保山市 2012 年和 2025 年（预测值）产业产值结构比重对比分析，可以看出，目前以原料交易、批发为主，技术、服务附加值较低，产值效益低；通过珠宝产业规划的实施，重点探索和培育本地特色的加工基地、设计加工大师，通过设计、技术创新带来更多收益。预计到 2025 年产值结构将得到进一步优化，设计加工环节占 31%，原料交易将从 31% 降到 18%，设计、加工、批发、销售产值比重得到上升，并实现产业的合理、可持续发展（见图 1.9.3）。

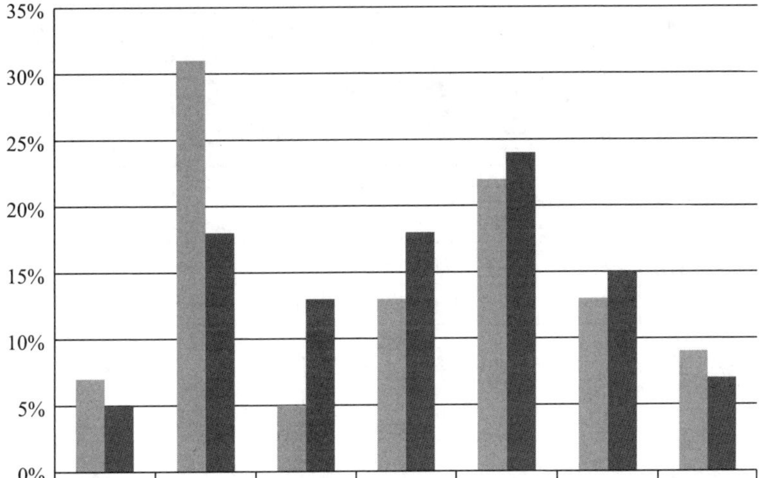


| | 开采 | 原料交易 | 设计 | 加工 | 批发 | 零售 | 其他 |
|---|---|---|---|---|---|---|---|
| 2012年 | 7% | 31% | 5% | 13% | 22% | 13% | 9% |
| 2025年 | 5% | 18% | 13% | 18% | 24% | 15% | 7% |

**图 1.9.3 保山市"珠宝之都"实施后产业产值结构对比分析图**

## （三）2025 年预计目标

1. 生产总值目标预测

保山市 2006~2013 年生产总值收入实现了逐年递增，年平均增长率为 13.8%。伴随着保山市"珠宝之都"项目的规划发展，其对第二产业、第三产业产值的增长效果是最直接和最有效的，并能间接带动第一产业的发展。结合珠宝产业发展规划的实施，将项目分为两个阶段，即：第一阶段 2014~2020 年，为项目的前期建设、发展阶段；第二阶段 2020~2025 年，项目的成熟应用和创新开发阶段（见图 1.9.4）。

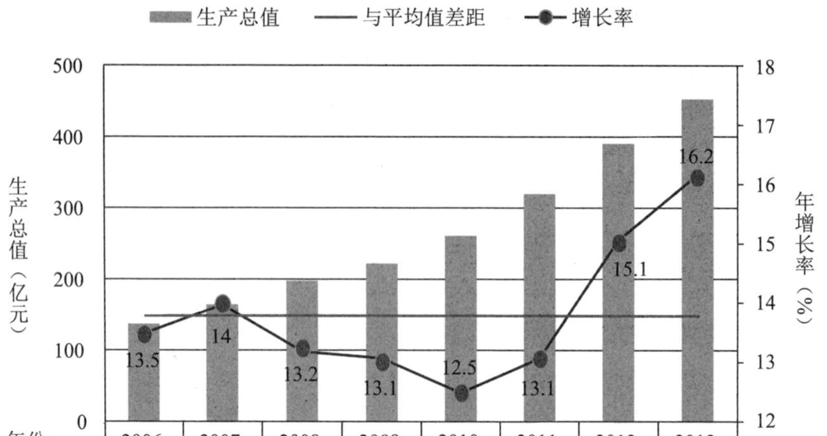


| 年份 | 2006 | 2007 | 2008 | 2009 | 2010 | 2011 | 2012 | 2013 |
|---|---|---|---|---|---|---|---|---|
| 生产总值 | 136.7 | 164.5 | 197.5 | 221.7 | 260.9 | 319.6 | 389.96 | 453 |
| 与平均值差距 | 0.3 | -0.2 | 0.6 | 0.7 | 1.3 | 0.7 | -1.3 | -2.4 |
| 增长率 | 13.5 | 14 | 13.2 | 13.1 | 12.5 | 13.1 | 15.1 | 16.2 |

**图 1.9.4　2006—2013 年保山生产总值收入及其增长速度统计图**

资料来源：保山市统计年鉴

结合项目实施阶段的划分，保山市 2014—2025 年生产总值发展目标可按近期（2014—2020 年）、远期（2021—2025 年）分别开展规划。

（1）近期规划目标预测（2014—2020 年）

这一阶段是“珠宝之都”项目的前期建设、发展阶段。“珠宝之都”项目前期（2014—2016 年），以投入、建设应用为主，对第二产业、第三产业产值结构影响不大，年度生产总值增长率初步定为 13.8%（年平均增长率）；该阶段中后期（2017—2020 年），伴随“珠宝之都”各项功能的完善和持续投入使用，可促进保山市珠宝玉石产业的升级换代和产值格局良性发展（现阶段以原石销售为主收入，增加设计加工在产值结果中的比重），尤其是珠宝玉石产业链关联产值的增幅比较明显，对生产总值促动效果显而易见，但是随着经济的发展，生产总值基数明显增加，其增长速度一定程度上会有所下降，按照《保山市城市总体规划（2007—2020 年）》中，其 2010—2020 年生产总值发展速度定为 10.5%，因此该时期生产总值增长率应不低于 11%（见图 1.9.5）。

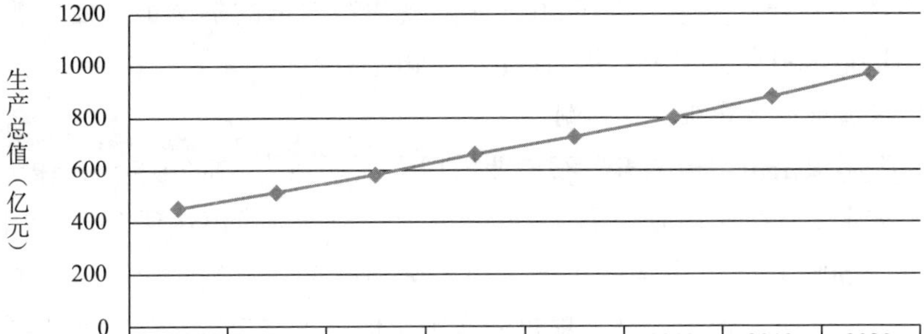


| 年份 | 2013 | 2014 | 2015 | 2016 | 2017 | 2018 | 2019 | 2020 |
|---|---|---|---|---|---|---|---|---|
| 生产总值 | 453.00 | 514.16 | 583.57 | 662.35 | 728.58 | 801.44 | 881.58 | 969.74 |

**图 1.9.5 保山市 2014—2020 年度生产总值预测**

结合以上分析，保山市在“珠宝之都”项目实施后，将直接增加第二产业、第三产业产值，提高其在生产总值产业结构中的比重，并能实现 2020 年生产总值的翻番（相对于 2013 年），达到 900 亿元以上，年均增长 11% 以上。

（2）远期规划目标预测（2021—2025 年）

这一阶段是“珠宝之都”项目的成熟应用和创新开发阶段，“珠宝之都”项目已得到稳定发展，项目设计功能得到良性运转，并持续有新的功能和项目得到开发和应用，高精尖产业（含珠宝玉石设计、加工、销售）及文化服务得到快速发展，第二产业、第三产业产值增长速度显著，在生产总值产业结构中比重增加，并在一定程度上间接带动了第一产业的产值增加。但随着经济的发展，生产总值基数明显增加，且产业产值规模化的快速增长、持续高速的产值总额增加困难，导致增长速度一定程度上会有所下降，所以这一阶段，生产总值年增长率定为 7% 以上是可行的（见图 1.9.6）。

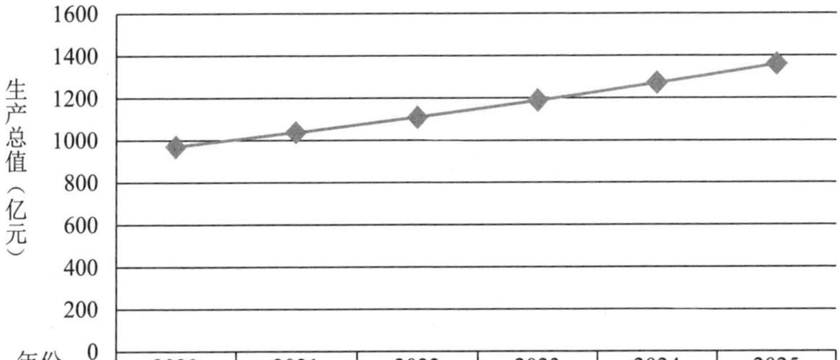


| 年份 | 2020 | 2021 | 2022 | 2023 | 2024 | 2025 |
|---|---|---|---|---|---|---|
| 生产总值 | 969.74 | 1037.62 | 1110.26 | 1187.98 | 1271.13 | 1360.11 |

**图 1.9.6 保山市 2021—2025 年度生产总值预测**

结合以上分析，保山市在2025年实现生产总值的翻两番（相对于2013年），达到1300亿元以上，年均增长9%以上。

2. 保山市珠宝产业产值预测

根据《保山市“十二五”石产业发展专项规划》，到2015年，珠宝玉石加工工艺水平达到国内先进水平，全市珠宝玉石产业产值达到150亿元以上，年均增长50%以上，占当年生产总值（预测值）的26%以上，成为真正的支柱产业。通过“保山之都”项目的实施，保山市珠宝玉石产业产值在2020年应达到300亿元以上，年均增长30%以上，占当年生产总值（预测值）的33%以上。按照30%的增长速度，到2025年保山市珠宝产业产值应在500亿元左右，占当年生产总值（预测值）的38%以上（见图1.9.7）。

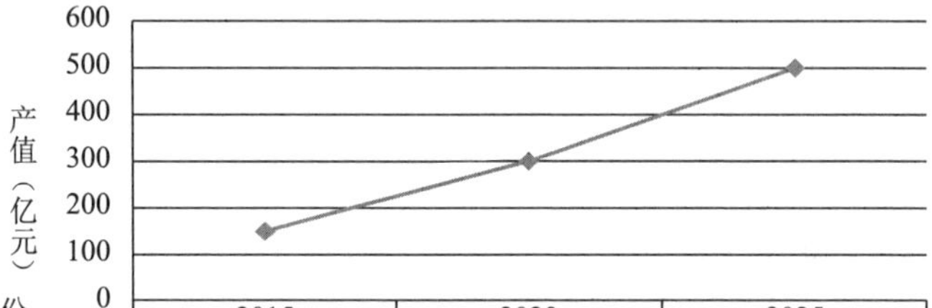


| 年份 | 2015 | 2020 | 2025 |
| --- | --- | --- | --- |
| 珠宝产业产值预测 | 150 | 300 | 500 |

**图1.9.7　2015—2025年保山市珠宝产业产值预测**

3. 珠宝玉石产业就业人员预计目标

截至2013年，保山市珠宝玉石从业人员达5万多人。伴随着保山市珠宝产业项目的规划发展，为珠宝玉石提供了更为广阔的平台和市场，直接影响着产业投资、从业人员规模。结合“珠宝之都”项目规划实施的实际，将项目分为两个阶段，即：第一阶段2014—2020年，为项目的前期建设、发展阶段；第二阶段2020—2025年，项目的成熟应用和创新开发阶段。保山市2014—2025年珠宝玉石产业从业人员发展目标可按近期（2014—2020年）、远期（2021—2025年）分别开展规划。

（1）近期规划目标预测（2014—2020年）

这一阶段是“珠宝之都”项目的前期建设、发展阶段，项目前期以投入、建设应用为主，对产业投资、就业人员影响不大，但该阶段中后期，伴随“珠宝之都”各项功能的完善和持续投入使用，旅游投入和就业人员在量上会发生突变，大幅地提升产业直接就业人员数量，该阶段年平均增长率在20%以上（见图1.9.8）。

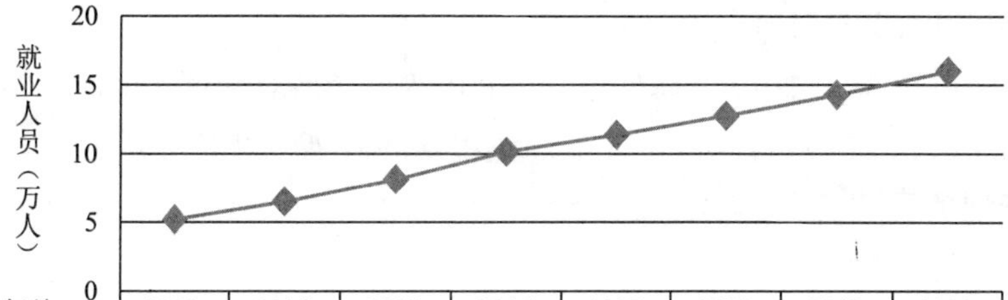


| 年份 | 2013 | 2014 | 2015 | 2016 | 2017 | 2018 | 2019 | 2020 |
|---|---|---|---|---|---|---|---|---|
| 就业人员 | 5.20 | 6.50 | 8.13 | 10.16 | 11.38 | 12.74 | 14.27 | 15.98 |

**图 1.9.8 2013—2020 年保山市珠宝玉石产业就业人员预测**

结合以上分析，保山市在“珠宝之都”项目实施后，在 2020 年珠宝玉石产业就业人数达 15.98 万人以上，保持年增长率在 20% 左右。其中，图中可看成从 2017 年开始，保山市珠宝玉石产业就业人员增长率突增，究其原因为“珠宝之都”投入应用后所带来的产业投入、就业人员的直接增长。

（2）远期规划目标预测（2021—2025 年）

这一阶段是“珠宝之都”项目的成熟应用和创新开发阶段，“珠宝之都”项目已得到稳定发展，项目设计功能得到良性运转，并持续有新的功能和项目得到开发和应用，且产业投入持续的增加，使得项目功能良性发展，从业人员的增长率回落。但该阶段，更多培训优秀的设计大师、加工大师，提升珠宝玉石观赏、收藏价值。故该阶段产业就业人员增长率恢复到正常时期的增长率，为 10%（见图 1.9.9）。

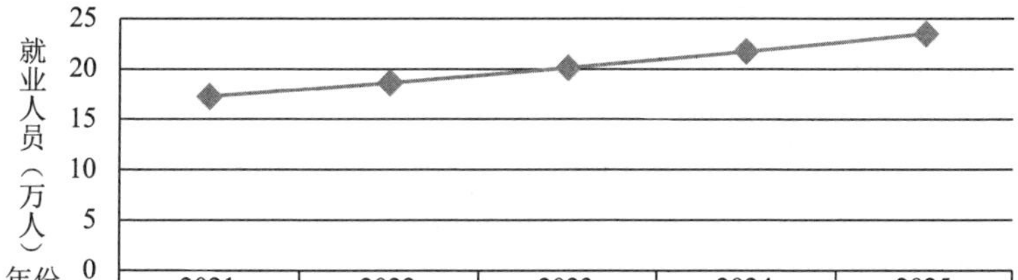


| 年份 | 2021 | 2022 | 2023 | 2024 | 2025 |
|---|---|---|---|---|---|
| 就业人员 | 17.26 | 18.64 | 20.13 | 21.74 | 23.48 |

**图 1.9.9 2021—2025 年保山市珠宝玉石产业就业人员预测**

截至 2025 年，保山市珠宝玉石产业从业人员达 23 万人以上，保持年平均 10% 以上的增长率，其中重点培育本地设计大师、加工大师队伍，保持年平均 30% 的增长率，到 2025 年大师队伍达 1 万人以上，不低于总体从业人员的 6%。

4. 旅游人数预计目标

保山市 2008—2013 年海外旅游者和国内旅游者总数逐年增加，年平均增长率为 13.4%。伴随着保山市珠宝产业规划的发展，特色的珠宝玉石文化体验等新型项目的启用，都会吸引大量的旅游者，实现旅游者人数的逐年增长和突破（见图 1.9.10）。

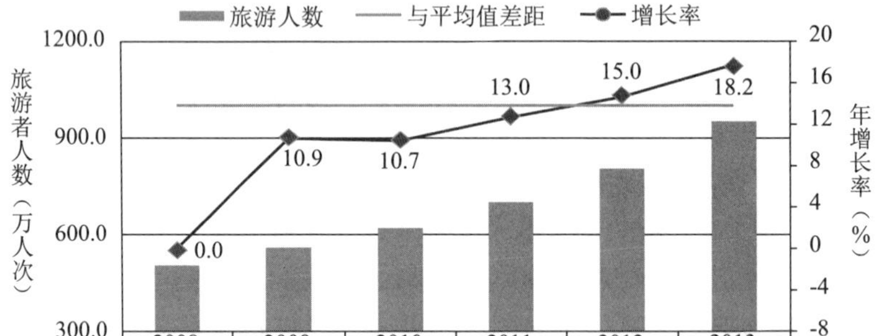


| | 2008 | 2009 | 2010 | 2011 | 2012 | 2013 |
|---|---|---|---|---|---|---|
| 旅游人数 | 504.9 | 559.8 | 620 | 700.4 | 805.2 | 951.4 |
| 与平均值差距 | 13.5 | 2.6 | 2.8 | 0.5 | -1.5 | -4.7 |
| 增长率 | 0.0 | 10.9 | 10.7 | 13.0 | 15.0 | 18.2 |

**图 1.9.10 保山市 2008—2013 年旅游人数及其增长速度统计**

按照《保山旅游发展总体规划》要求，2011—2015 年，年平均游客数为 887 万人次，年增长幅度为 8%；2016—2020 年，年平均游客数为 1184 万人次，增长幅度为 4%。结合保山“珠宝之都”项目的实施阶段的划分，保山市 2014—2025 年旅游人数发展目标可按近期（2014—2020 年）、远期（2021—2025 年）分别开展规划。

（1）近期规划目标预测（2014—2020 年）

这一阶段是“珠宝之都”项目的前期建设、发展阶段，“珠宝之都”项目前期（2014—2016 年），以投入、建设应用为主，项目对旅游者数量的变化影响不大，按《保山旅游发展总体规划》要求，该阶段 2014—2015 年增长率为 8%，2016 年为 4%；该阶段中后期（2017—2020 年），伴随特色的珠宝玉石文化体验和工厂旅游等新型项目的启用，游客数量有大的提升，达到一个较高的平台，其增长率为 5%（略高于《保山旅游发展总体规划》中 2016—2020 年 4% 的增幅）（见图 1.9.11）。

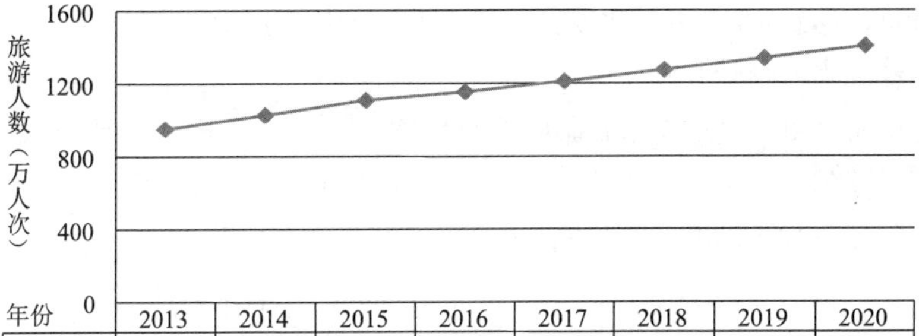


| 年份 | 2013 | 2014 | 2015 | 2016 | 2017 | 2018 | 2019 | 2020 |
|---|---|---|---|---|---|---|---|---|
| 旅游人数 | 951.35 | 1027.46 | 1109.65 | 1154.04 | 1211.74 | 1272.33 | 1335.95 | 1402.74 |

**图 1.9.11　2014—2020 年保山市旅游人数预测**

结合以上分析，保山市在“珠宝之都”项目实施后，到 2020 年旅游人数将增至 1280 万人次及以上，年平均增长率 5% 在以上，符合《保山旅游发展总体规划》远期目标明确了 2020 年接待国内外旅客 1235 万人次，项目实施明显促进了旅游者数量的增加。此外，按照《保山市产业发展规划布局》，到 2015 年实现接待国内外游客 1000 万人次，预测结果 2015 年达到 1400 万人次。

（2）远期规划目标预测（2021—2025 年）

这一阶段是“珠宝之都”项目的成熟应用和创新开发阶段，“珠宝之都”项目已得到稳定发展，项目设计功能得到良性运转，并持续有新的功能和项目得到开发和应用，通过特色的珠宝玉石文化和一系列旅游产品，树立良好的口碑，得到旅游者的理性认可，旅游者增长率定为 3.5% 以上是切实可行的，但随着旅游人数的持续增长，旅游人数基数增大，相对指标增长率放缓，但旅游者的绝对增长数量逐年增加（见图 1.9.12）。

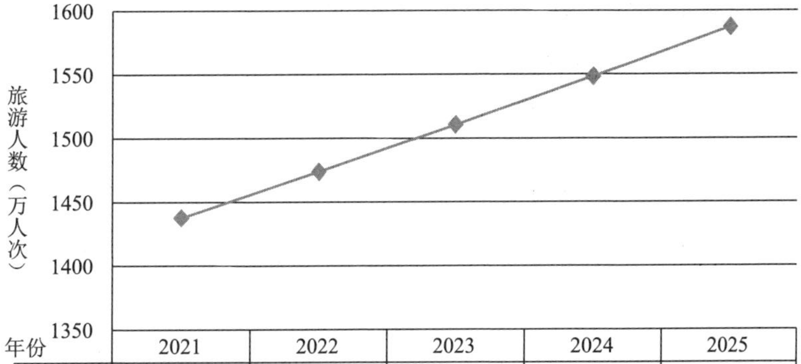


| 年份 | 2021 | 2022 | 2023 | 2024 | 2025 |
|---|---|---|---|---|---|
| 旅游人数 | 1437.81 | 1473.76 | 1510.6 | 1548.37 | 1587.08 |

**图 1.9.12　2021—2025 年保山市旅游人数预测**

结合以上分析，保山市在 2025 年基本实现了旅游人数的翻番（相对于

2013 年），达到 1500 万人次以上，年均增长 4% 以上。

5. 旅游收入预计目标

保山市 2008—2013 年旅游收入总数逐年增加，实现了年平均 26% 的高增长率。伴随着保山市“珠宝之都”项目的规划发展，将全面实现“食住行、游购娱”环节收入的增长（见图 1.9.13）。

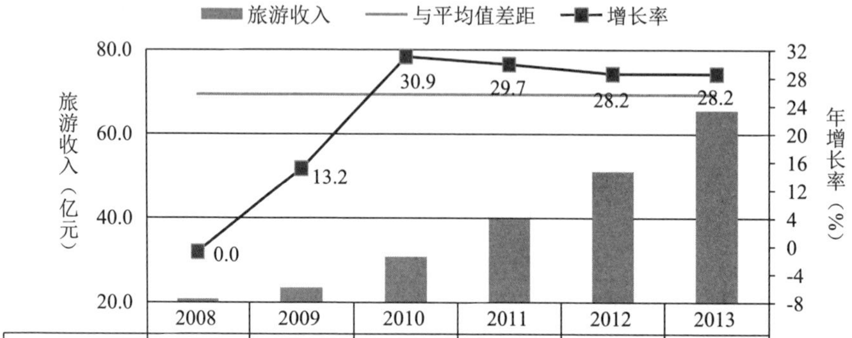


| | 2008 | 2009 | 2010 | 2011 | 2012 | 2013 |
|---|---|---|---|---|---|---|
| 旅游收入 | 20.8 | 23.5 | 30.8 | 39.9 | 51.1 | 65.6 |
| 与平均值差距 | 26.0 | 12.8 | -4.9 | -3.7 | -2.2 | -2.2 |
| 增长率 | 0.0 | 13.2 | 30.9 | 29.7 | 28.2 | 28.2 |

**图 1.9.13　保山市 2008—2012 年旅游收入及其增长速度**

从 2008—2013 年保山市旅游收入绝对值方面来看，实现了逐年增加，但增长率相对值目逐渐下降（原因：旅游收入绝对值逐年增加，基数增大，导致增长率相对降低，旅游收入总额愈大，增长率愈低）。结合保山“珠宝之都”项目的实施阶段的划分，保山市 2014—2025 年旅游收入发展目标可按近期（2014—2020 年）、远期（2021—2025 年）分别开展规划。

（1）近期规划目标预测（2014—2020 年）

这一阶段是“珠宝之都”项目的前期建设、发展阶段，“珠宝之都”项目前期（2014—2016 年），以投入、建设应用为主，项目对旅游收入的变化影响不是特别大，年增长率不低于 20%；该阶段中后期（2017—2020 年），伴随特色的珠宝玉石文化体验和工厂旅游等新型项目的启用，游客数量有大的提升，“食住行、游购娱”收入全面提升，其增长率不低于为 15%（见图 1.9.14）。

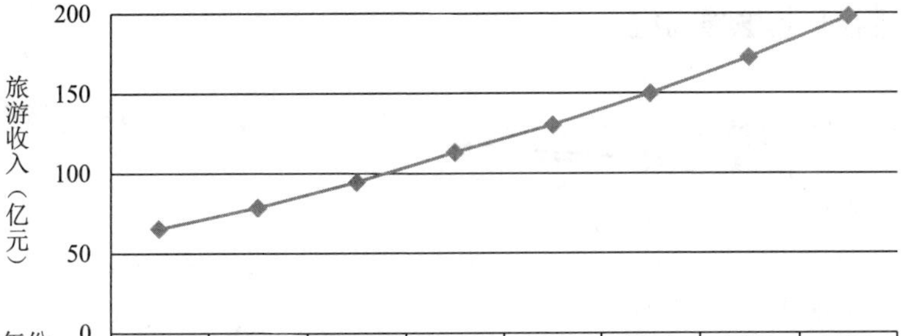


| 年份 | 2013 | 2014 | 2015 | 2016 | 2017 | 2018 | 2019 | 2020 |
|---|---|---|---|---|---|---|---|---|
| 旅游收入 | 65.56 | 78.67 | 94.41 | 113.29 | 130.28 | 149.82 | 172.3 | 198.14 |

**图 1.9.14　保山市 2014—2020 年度旅游收入预测**

结合以上分析，保山市在“珠宝之都”项目实施后，到 2020 年旅游收入将增至 180 亿元以上，占当年生产总值（预测值）的 20% 左右。此外，按照《保山市产业发展规划布局》，到 2015 年实现旅游总收入 80 亿元，预测结果 2015 年达到了 94 亿元，项目初期的宣传对旅游收入增加的效果初显。

（2）远期规划目标预测（2021—2025 年）

这一阶段是“珠宝之都”项目的成熟应用和创新开发阶段，“珠宝之都”项目已得到稳定发展，项目设计功能得到良性运转，并持续有新的功能和项目得到开发和应用，旅游人数的持续增加，人均消费额的增长，直接带动了旅游收入持续增长，年增长率不低于 8%（见图 1.9.15）。

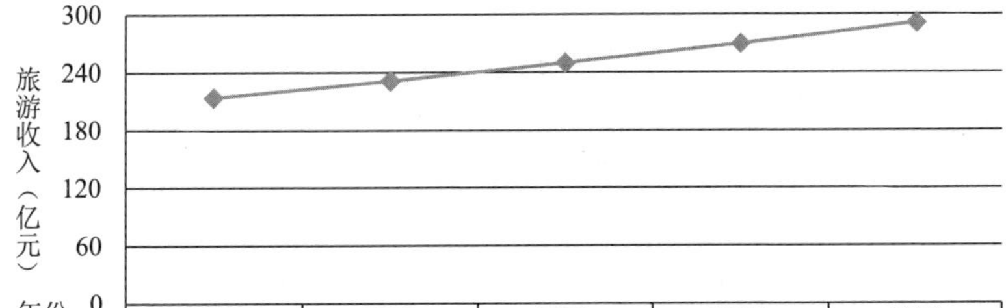


| 年份 | 2021 | 2022 | 2023 | 2024 | 2025 |
|---|---|---|---|---|---|
| 旅游收入 | 213.99 | 231.11 | 249.6 | 269.57 | 291.13 |

**图 1.9.15　保山市 2021—2025 年度旅游收入预测**

结合以上分析，保山市在 2025 年实现旅游收入的翻两番（相对于 2013 年），达到 290 亿元以上，年均增长 3.5% 以上，占当年生产总值（预测值）的 22% 以上。

## 十、珠宝产业发展路径

### （一）产业融合路径

1. 产业融合

产业融合过程的实质，就是打破原有产业或企业间的分工界限，形成一种新的分工链条，之后通过产业分工链条的重新组合建立起有序的产业或企业的分工链条网络。产业融合是一个产业链、价值链解构、分解和再融合的过程。政府和企业在产业融合方面的工作尤为重要，政府对产业融合的影响主要通过引导促进、规范限制来实现。具体包括建立产业规制政策，创造产业融合平台，拓展产业发展空间，培育人才和服务机构等。企业在产业融合方面可构建新的产业价值链为导向，运用技术创新、商业模式创新促进融合发展。

政府措施:（1）产业规划和布局，在规划布局中根据产业融合方向和原有产业价值链和产业链进行设计和组合;（2）建立产业协调机制，包括组织协调机制、企业管理机制和中介服务机制，并提供良好的政策环境;（3）建立产业融合平台，包括产业园区、集散中心和活动组织;（4）建立人才培育、吸引机制，完善服务机构。

2. 融合途径

（1）建设产城综合体项目

产城综合体是指通过产业区与城镇区在空间、结构和功能上的协同支撑和有机融合，以实现城市核心功能的提升、空间结构优化、城乡一体化、社会人文生态的协调发展。具体形态表现为：产业园区 + 商业社区 + 生活公寓 + 酒店商务，是一个集生产、购物、休闲、娱乐、生活等于一体的大型综合体。业态丰富、生活配套、经济活跃是产城综合体的最大特征。打造产城综合体项目是珠宝业与旅游业融合的重要途径，是对旅游购物商业模式的创新，将大力推动珠宝业和旅游业的共同发展。因此，可以结合珠宝制造和珠宝旅游的模式，打造成一座文化之城，实现珠宝与旅游完美嫁接，将传统产业升级为现代服务业，延伸企业产业链。

（2）加强产业集群建设

产业集群是指一些相互关联的企业和机构在特定地域形成的产业空间聚集的现象，包括三方面内容：一是一种空间聚集现象；二是一个包含了某一产业从投入到产出以至流通的各个相关企业的经济组织系统；三是存在和发展的核心是优势产业。同一区域内不同企业间的合作可以使地区产业规模扩大，而不同产业间的企业合作是产业融合的组织基础。竞合关系促进了产业融合发展，可以突破产业间的条块分割，加强产业间的竞争合作关系，减少产业间的进入壁垒，降低市场交易成本，提高企业生产效率，最终形成持续的竞争优势。

措施包括：一是以珠宝产业为龙头，确立产业集群发展方向；二是园区是产业集聚的平台，因此，需要抓园区建设，搭建产业集群发展平台；三是强化项目引进，增强产业集群发展后劲；四是招大商建大项目，壮大产业集群发展规模。

（3）强化旅游购物业态组合

创新旅游与珠宝购物业态组合模式，建立“度假”+“社区”+“产业”+“商业”等多种业态组合模式，将全市旅游资源与产业发展进行有效整合，拉动落后地区发展。旅游购物作为旅游业六要素之一，对目的地的经济贡献方面，有着巨大的发展潜力，并呈现出与产业之间高度融合的特征。因此，对旅游购物场所的规划、管理、运营等工作十分重要。现代意义上的旅游购物不仅包括专门的购物旅游行为，还包括旅游中一切与购物有关的行为总和，旅游购物包括旅游商品、旅游购物设施和人员三大要素，这些要素的不同组合形成了丰富多彩的购物旅游活动。因此，强化对旅游购物项目的建设可获得以下作用：第一，通过对旅游商品的发展，可促进第一、第二产业的发展；第二，对旅游购物设施建设，可以将珠宝产业的产、供、销三个过程全部融入旅游活动；第三，实现财税增收的重要途径。

### （二）金融发展路径

1. 创新融资模式

（1）存货融资

开办珠宝存货融资贷款业务，出台珠宝抵押贷款政策，允许银行为具备条件的珠宝企业开办珠宝抵押贷款业务。珠宝企业将其珠宝原材料、在制品或产成品等珠宝存货作为担保物向金融机构融通资金，可以缓解珠宝企业短期的资金缺乏。

（2）供应链融资

供应链融资就是银行将核心企业和上下游企业联系在一起提供灵活运用的金融产品和服务的一种融资模式。它能有效控制基于交易风险而产生的企业信用风险，逐步优化银行业务结构，提高股东回报，可以进一步密切银企关系，满足中小企业融资需要。融资担保方式可通过成立或引进融资性担保公司，为珠宝企业和贷款机构提供融资性担保和反担保服务。

（3）珠宝保险

推出珠宝保险业务，为向珠宝经营企业提供珠宝抵押贷款的银行和小额贷款公司，提供贷款保险服务等。从而构建互利合作，风险分担的融资机制，为“大户走出去，小户长起来”解决资金瓶颈。

（4）珠宝银行

“珠宝银行”是一项珠宝营销的全新业务，在传统商业的珠宝销售中引入了“增值回购”的消费新理念，可增设“钻石银行”“翡翠银行”“黄金银行”。分别给予消费者以年6%、8%、10%的预期增值，即消费者在该店购买钻石和翡翠，只要按要求填写回购协议，第二年若愿让店方回购，便可得到上述回报。

2. 建立金融合作平台

（1）建立跨境“金融服务平台”

由于中国银行与缅甸银行间无法正常结算，参加公盘或原料进口的珠宝商户只能通过“地下钱庄”或第三国（地区）银行换汇结算，这不但推高了商户的经营成本，而且也影响了国外资源进入我国。因此，建议尽早签订国家层面的金融合作框架协议，实现双边银行互设机构、对开账户、互办业务。

（2）建立清结算交易系统

一方面，利用我国成熟的现代化支付系统，帮助周边邻国建立支付清算体系；另一方面，拓展商户使用网银、手机银行等办理跨境人民币结算业务，这不仅可以降低珠宝商户的经营成本，而且对促进经济的可持续发展，推动人民币区域化进程，都具有十分重要的战略意义。

（3）推出“宝都”卡

由保山的商业银行、旅游部门、行业协会和银联公司等共同推出银行“宝都卡”结算工具，建立会员制营销联盟，使“宝都卡”除具备普通银行卡功能外，还可以享受消费珠宝、景区门票、景区购物、餐饮住宿等一定比例的打折优惠，对产品鉴定、客服投诉等提供增值服务，此举不仅可以提高珠宝销量、扩大“珠宝之都”营响力，还可以促进银行卡、旅游等产业快速发展。

3. 创新金融服务手段

（1）创新珠宝保管箱服务

由于珠宝价值高昂，保管问题长期困扰商户发展，大多数商户只能选择减少进货量来降低保管风险，这样不仅阻碍商户发展，同时也间接推高了市场价格。建议银行推出专门针对珠宝的保管箱业务，为商户提供专业性的珠宝保管服务，如此不仅可以解决商户发展的后顾之忧，也能为银行中间业务贡献利润。

（2）降低 POS 机费率标准

我国珠宝行业执行 2% 不封顶的刷卡费率政策，由于翡翠等珠宝价格远高于一般商品，迫于成本压力，大、中、小商户均不愿意加入 POS 机服务体系。因此从长远利益考虑，建议进一步降低费率标准，给予珠宝行业 2% 至 50 元封顶的手续费率政策，这样不但能缓解商户促进销售与节约成本的经营矛盾，而且能够通过“薄利多销”的营销模式，为银联、银行等利益相关方带来利润的快速增长。

（3）构建权威网购销售平台

由于珠宝价高、识别难度大，长期以来推广珠宝网购业务较为困难，为解决网购瓶颈，建议建立由权威机构监管的“宝都淘宝网站”，为符合诚信条件的商户搭建网络集中销售平台，并对消费者网购资金实施银行第三方监管和提供专业性的物流服务，从而消除消费者对产品质量、资金管理、物流运送等方面的忧虑，打开翡翠网络销售渠道，助推保山珠宝产业可持续发展。

## （三）阶段推进路径

1. 第一阶段：重点项目建设阶段

第一阶段的首要任务是先期打造珠宝产业龙头项目，以内圈层项目为主体开展建设：第一阶段是确立产业定位和发展思路的关键阶段，需要针对保山市珠宝产业发展的关键环节寻找突破口。实施“大项目带动战略”，先期打造龙头项目是保山市珠宝产业发展的突破口。保山市珠宝产业的发展需要建立完整产业链，要建立保山市珠宝产业完整的产业链，首先必须打造核心产业链。核心产业链是珠宝产业发展的基础环节，指紧密围绕珠宝产品所开展的一系列产业活动的链接。核心产业链是珠宝产业链的主体，依据产业关联关系，包括上游的原料环节（资源开采、原料采购等）、中游的加工环节（设计、切割、打磨、抛光、镶嵌等）、下游的销售环节（展示、批发、零售等）。因此，可将保山市珠宝产业发展的龙头项目确定为核心产业链中的重点项目，即“保山珠宝产业园”和“保山综合保山区”。

2. 第二阶段：产业融合发展阶段

第二阶段的核心任务是完善产业配套，打造产业集聚区，以中圈层项目为主开发建设。通过对核心产业基地的建设，形成产业聚集区，并通过“珠宝”“旅游”资源的结合，构筑完整的珠宝旅游产品体系，形成本区独特的吸引力，为其与旅游业的结合提供保障性支持。在围绕珠宝产业做文章的同时，导入旅游要素，将保山市打造成为云南省乃至全国集珠宝加工、贸易流通、研究设计、展览拍卖、旅游购物、文化交流为一体，融合购物、餐饮、旅游及时尚消费功能，面向东南亚的国际珠宝时尚中心和前沿阵地，实现产业的升级发展。

3. 第三阶段：产业延伸扩展阶段

第三阶段的任务是扩展产业链，形成产业生态系统，以外圈层为重点，展开区域拓展、产业延伸工作。将珠宝产业延伸到区域合作交流、国际商贸、会展和物流等相关产业价值的产业体系之中，加强与昆明、瑞丽、清迈、密支那等国内外城市的协调发展，让保山发展成为孟中印缅经济区的重要节点。在最终形成的生态产业系统中，各种类型的产业组织相互依存、相互竞争，优胜劣汰。产业组织的数量、规模、类型处于最优状态，同时，保山市及相关地区的经济社会发展以及产业系统赖以生存发展的外部环境发生变化，产业系统达到新的良性循环。

## 十一、保障措施

### （一）组织保障

1. 成立保山市珠宝产业领导小组

成立保山市珠宝产业发展领导小组，由分管工业的市委常委任组长，由分管国土资源、旅游产业的职能部门领导和下属相关区县主要领导任副组长，由保山市其他相关职能部门的分管领导组成成员，领导小组下设四个职能部门：

（1）政策法规办公室：负责协调产业政策、园区申报立项、海关及物流等工作；负责相关修建性规划、建设方案的制订；联系指导珠宝产业协会工作；负责协调各珠宝相关企业以及珠宝企业与政府职能部门之间合作和纠纷。

（2）招商引资办公室：协调解决产业发展中的重大问题；统筹协调珠宝产业项目招商引资工作，建立珠宝产业发展项目库和战略投资者信息库；研究拟定珠宝产业发展相关优惠政策并组织实施。

（3）产业园区办公室：组织并配合相关部门落实珠宝相关项目的立项、论证及审批工作；建立珠宝产业发展工作网络，对重点项目实施全过程的监督 、管理和考核；对重点珠宝企业和珠宝产业发展中的重大事项提供协调和服务；监督和管理化工产业在建项目，指导推进珠宝产业园区、基地建设。

（4）综合管理办公室：负责宣传、舆情监测、门户网站维护工作；举办珠宝产业新闻发布会、项目推介会，开展珠宝产业招商引资宣传和对外合资合作工作；指导和组织全区性重大珠宝产业会展和活动；负责珠宝产业相关发展数据的统计工作；为珠宝企业提供信息、咨询和服务；负责珠宝产业发展急需人才的引进与培养；负责珠宝产业相关的电力、通信、道路等基础设施的建设和维护工作；处理成员及产业员工衣食住行等生活、学习后勤事务。

2. 成立保山市珠宝产业顾问委员会

顾问委员会的主要职能是基于珠宝产业发展趋势的洞察，为珠宝产业发展提供专业的意见和建议，协助把握产业发展方向战略或举措，商讨并协助解决产业发展过程中遇到的困难和问题，如政策咨询、政策游说等。保山市珠宝产业顾问委员会委员由政府代表、企业代表和专家学者构成。

（1）政府代表：主要由行业监管机构的官员，例如：海关、发改委、国土矿产资源、金融监管机构等官员组成。

（2）企业代表：国内外知名珠宝企业、旅游企业的负责人，珠宝行业协会、旅游行业协会的负责人等组成。

（3）专家学者：旅游学术界的资深学者和研究人员，珠宝资源学术界的资深学者和研究人员，区域经济学术界的资深学者和研究人员以及相关业务领域的高级专家组成。

## （二）招商引资

1. 存在的问题

保山市委、市政府及各级职能部门历来重视招商引资工作，努力切实转变作风，打造良好的投资环境。但基于社会经济发展的大背景、大环境，招商引资工作也有种种问题亟待解决：

（1）区域政策趋同

国内近些年来的招商引资政策虽然在不断努力创新政策和工作机制，但总体上看，无论是各省之间还是州市之间的招商政策基本上大同小异，这些政策表现在土地、资金、税收等各个方面。区域招商引资政策的趋同导致各个区域之间只能在政策优惠力度上下功夫，各个区域之间打起了“价格战”，最终引起无序竞争，进而导致公共资源的浪费，严重损害地方政府的利益。

（2）招商模式雷同

各个地区之间招商对象和手段同质化现象十分严重，如各地组织的经贸洽谈活动尽管情形不同，但是都基本形成了一个程序化的固定模式，那就是“刊登一组城市名片，推出一批项目清单，举行一次大型推介会，邀请一批领导参会，设计一个签约仪式，赢得一回动感场面”。而对于专业招商、委托招商、定点招商等新型招商方式运用明显不够。

（3）后期服务匮乏

尽管各地区在招商引资工作上下了很大功夫，做了很大努力，但基本停留在招商前期工作，想方设法吸引外部资金注入。而对于后期的效果评估、绩效检验、意向跟踪、机会梳理和通道构建等跟进工作，特别是项目的具体落实上，缺乏跟踪服务，效果不理想。

（4）政府干预过多

作为市场主体地位的企业应在招商引资工作中唱主角，政府应可退到第二线起着引导和服务的作用，让政府搭台企业唱戏。这样做有三个方面的好处：第一，企业招商成功率比较高；第二，企业由被动招商转向主动招商，可以增强企业的责任感和紧迫感，有利于合作双方发展；第三，企业可以根据自身的资源优势、行业的优势、技术的优势、产品的优势、市场的优势吸引更大的投资商，从而迅速扩大行业规模，提高企业经济技术效益。

2. 改进策略

（1）确定招商引资重点

保山市珠宝产业的招商重点应放在国内和国外知名的珠宝设计加工企业、高端产品加工企业以及与珠宝玉石设计专业高等院校。保山市在珠宝产业及相关产业的招商过程中需要突出重点，避免一刀切政策。通过吸引具有一定规模、品牌吸引力大、科技含量高、经济效益好、环境污染少的重点企业、知名企业入驻，短时间内迅速增强保山市珠宝产业的吸引力，并通过这些规模庞大、具有较大影响力的知名企业来吸引更多的配套服务企业，以点带面，促进整个珠宝产业的发展。

（2）明确招商目标和对象

珠宝产业发展领导小组办公室作为珠宝产业招商引资的主管部门，要实现根据实际需要和企业调研情况储备一大批招商目标企业和对象。这些企业的筛选原则上要立足于地方产业结构转型升级的大背景、大趋势。目标企业和对象涵盖珠宝玉石矿产开发、珠宝设计、珠宝加工、珠宝销售、创意地产、新型金融、现代物流等珠宝产业发展的各个方面。

（3）借鉴经验创新招商模式

积极借鉴国内外产业发展过程中关于管理组织构建、产业形象宣传、产业项目推广、项目审批管理等方面的有益经验，创新招商模式和政策。招商引资工作是一项经济性活动，是政府履行发展地方经济职责的外在表现。招商引资过程中，要强化招商引资的组织职能，强化珠宝产业发展领导小组办公室在珠宝产业招商引资工作中形象宣传、方案制订、项目管理等方面的组织职能，切实发挥珠宝产业发展领导小组在保山市珠宝产业发展中的中流砥柱作用。

（4）优化地区配套设施、改善招商环境

要加强基础设施建设，解决好交通、能源、电信等基础设施方面的问题，这是招商引资的硬环境，也是满足企业投资需求、降低企业生产成本的必要之举。要增强保山市的招商软实力，提高政府相关职能部门的办事效率，必要时在企业集中连片的地方设立职能部门分支办事机构，给予企业在证件办理、税收缴纳、进口珠宝矿石通关等方面以方便。同时，在企业承诺投资资金到位以后，要加大投资优惠的兑现力度，并在企业招工、员工生活配套、物流运输、资金融集等方面予以配合。

（5）加强“珠宝之都”知名度和形象宣传

“珠宝之都”是保山市最新的三张名片之一，在提高地区知名度和影响力方面意义重大。在珠宝产业发展过程中，要自始至终强调“珠宝之都”知名度和形象宣传的重要性。结合保山实际，不断推出创意新、效果好、影响大的宣传活动。借助电视、杂志、报纸、网络等各式新旧媒介针对性地开展营销活动，最大限度地接近意向人群。

3. 组织职能

根据保山市珠宝产业发展实际情况和未来发展趋势，并借鉴国内外相关产业发展领导小组办公室的组织职能，建议保山市珠宝产业发展领导小组组织职能如下：

（1）贯彻执行党和国家有关珠宝玉石产业发展的方针政策、法律法规规章；研究提出珠宝产业发展战略和政策；研究拟订全市珠宝产业发展的中长期规划和年度计划；推进珠宝产业结构调整，引导产业合理布局。

（2）落实保山市珠宝产业领导小组确定的全市珠宝产业发展目标、任务和重点工作。

（3）监测、分析全市珠宝产业经济运行态势，调节珠宝产业经济日常运行；了解掌握全市发展珠宝产业工作进展情况、主要经验和存在问题。

（4）协调解决全市珠宝产业发展中的重大问题并提出意见和建议；协调全市珠宝产业发展工作的配套体系建设，促进珠宝产业投资环境的改善；统筹县区珠宝产业发展工作，推进珠宝产业集群建设和珠宝产业链的构建，指导和协调珠宝加工园等珠宝产业园建设和发展。

（5）指导全市珠宝产业技术创新和技术进步工作，组织珠宝产业重大科技项目攻关和引进技术的消化、吸收、创新，组织珠宝相关从业人员的培训和再教育。

（6）加强与珠宝产业发展领导小组成员单位及省市有关单位的联系，做好珠宝产业发展的组织协调工作，并对重点珠宝企业和珠宝产业发展中的重大事项提供协调服务。

（7）开展珠宝及相关产业项目推介工作，组织落实珠宝产业招商引资和合资合作。

（8）指导珠宝行业协会工作，指导珠宝行业内相关企业在设备、设计、人才、经营管理等方面的工作。

### （三）竞争与合作

1. 区域竞争

与保山有区域上竞争关系的地区为德宏和泰国的清迈。结合保山珠宝产业的自身情况，可从以下几个方面对三个地区的优劣势进行分析（见表 1.11.1）：

（1）交通区位比较。根据保山、德宏、清迈这三个地方的实际情况来说，畅通的珠宝毛料进口渠道是很重要的，它在一定程度上解决了珠宝产业发展的瓶颈，能为珠宝产业的可持续发展打下坚实的基础。而目前三个地方的交通区位条件是相得益彰，都形成了“铁公机”立体交通体系，国内、跨国交通系统都比较完善，确保了保山珠宝原料进口、产品出口渠道畅通。

（2）产业政策比较。泰国政府把旅游和珠宝产业联结并行，实行“放水养鱼”的政策，豁免了一切珠宝原料及机械进口税收，出口税收也只在2%~3%。对镶嵌珠宝首饰的黄金，准许自由进出口，解决了发展制作首饰的根本问题，对清迈翡翠产业起着极为重要的推动作用。而云南长期以来对从边境进口的翡翠等都征收高额税率，从 1993 年起宝石的进口关税由 9% 降为 7%，但若包括其他各项税收，总税额一般仍高达 28%~45%。这也是为什么珠宝玉石资源绝大部分流入印度、泰国的主要原因之一。德宏州自身的优惠边贸政策，是德宏珠宝玉石发展的契机以及突破口。当然保山政府对保山珠宝产业的关注和重视也将是保山珠宝产业发展的最大福音。

（3）旅游资源比较。三地的旅游资源都很丰富，并且特色各异，给珠宝产业与旅游产业融合发展提供了重要的基础。但是目前，清迈和德宏在珠宝产业与旅游产业融合方面都超过保山，特别是清迈，旅游产业和珠宝产业联结并行。

（4）珠宝资源比较。就本身的珠宝资源来说，德宏、清迈的主要珠宝资源是依赖于进口而保山本身矿产资源丰富，分布有南红玛瑙、黄龙玉等珍贵宝石，还有"国宝永子"、腾药、木雕、藤编等名特产品；珠宝玉石原料的进口方面来看，光缅甸 90% 的翡翠都是运入清迈。

（5）人才比较。保山市珠宝产业落后于清迈、德宏等地的原因之一就是技术与人才，是保山市珠宝产业发展的瓶颈。珠宝玉石产业链包括开采，运输，设计，加工，营销，每一个环节都需要专业人才，如果只是单纯地依靠初级产品的加工运输，很难使珠宝行业永葆生机。保山和德宏翡翠行业一直存在着一种"怪现象"，大批毛料进入德宏境内，要先源源不断地运去广东加工，制作完成后又运回云南销售。整个云南都仅仅成了"毛料仓库"。而泰国则以世界闻名的珠宝工艺纵横业界，成为世界有色宝石加工贸易中心之一。清迈的崛起，因有了缅甸的翡翠原材料，更重要的还是有熟练的技工、传统的精湛设计。

**表 1.11.1 保山、德宏、清迈三地资源及竞争力比较**

| 指标 | 保山 | 德宏 | 清迈 |
| --- | --- | --- | --- |
| 人口 | 246.8 万 | 118.5 万 | 164.9 万 |
| 面积 | 1.9637 万平方千米 | 1.15 万平方千米 | 2.01 平方千米 |
| GDP | 453 亿元 | 230.9 亿元 | / |
| 人均 GDP | 18354 元 | 18781 元 | / |
| 交通 / 区位 | 在地理区位方面，保山市是滇西咽喉、桥头堡前线，处于中国—东南亚—南亚的重要通道上，有高速公路和两个机场 | 是面向印度洋的主要陆路出口，有高速公路和一个机场 | 清迈是泰国北部铁路运输系统的终点，清迈机场是泰国四大国际机场之一，空中交通十分发达 |
| 产业政策 | 将珠宝产业发展纳入了相关规划中，在珠宝产业方面给予规划和政策指导 | 把珠宝玉石产业列入全州经济社会发展中长期规划，并提出了珠宝产业发展规划 | 豁免了一切珠宝原料及机械进口税收，出口税收也只在 2%~3%，对镶嵌珠宝首饰的黄金，准许自由进出口 |

续表

| 指标 | 保山 | 德宏 | 清迈 |
|---|---|---|---|
| 旅游资源 | 腾冲旅游成为云南旅游发展的热点和亮点，保山境内待开发旅游资源极为丰富 | 主要旅游资源景点有475处，有傣族、景颇族、阿昌族、德昂族、傈僳族等五个少数民族，以“边、情、绿宝”为特色 | 清迈设有7个国家公园，通过举办大量具有民族特色的民俗活动吸引游客 |
| 珠宝资源 | 分布有南红玛瑙、黄龙玉等珍贵宝石，还有“国宝永子”等名特产品，黄龙玉，是目前国内唯一大规模的黄龙玉矿脉 | 本身已探明相当数量的金、银、珠宝玉石矿藏资源，如潞西金矿、瑞丽淘宝场等 | 缅甸90%的翡翠运入清迈，45%的红宝石运往曼谷；柬埔寨的红宝石、蓝宝石 |
| 人才 | 目前保山学院、腾冲第一职业高级中学、龙陵县职业高级中学等珠宝类的珠宝教育已经相继实施并取得了很大的成就 | 目前德宏共有15名玉雕师荣获“云南玉雕大师”称号，37件作品分获金、银、铜及提名奖 | 有大量的宝石设计、加工大师。目前，泰国约有160万人从事珠宝开采和加工，大小公司和工厂数千家 |

总之，清迈之所以成为举世闻名的翡翠交易中心，有很重要的几个有利条件：清迈有熟练的技工、传统的精湛设计，使得翡翠加工技术不断提高；加之依靠周边国家的翡翠和宝石资源；依靠政府的全力扶持和优惠政策，劳动力充裕，工资水平低，外销渠道通畅的有利条件等。与清迈珠宝产业的成功比较，保山目前最缺的就是熟练的技工、精湛设计以及周边国家的翡翠和宝石资源的源源不断地进入。

2. 竞争策略

差异化策略是实现保山市珠宝产业弯道超车的最佳策略选择，通过分析当前和保山市珠宝产业发展中关系密切的几个地区，找出保山市在珠宝市场中的独特卖点，是确保保山市珠宝产业做大做强、重现辉煌的重要举措。

（1）打造“保山珠宝”品牌。保山腾冲拥有数百年的翡翠历史文化，历史上一直是我国的翡翠中心，特有的南红玛瑙也有着深厚的历史底蕴，悠久的珠宝历史文化是保山市相对于广东和德宏发展珠宝产业的一大优势。在发展珠宝产业的过程一定要融入当地特色的珠宝文化底蕴，提升保山珠宝产业的软实力，走出一条独具特色的珠宝发展新路子。

（2）加强珠宝产业与旅游产业的融合。腾冲市近年来旅游产业异军突起，凭借得天独厚的旅游资源和优美宜人的旅游环境，已经成为云南省继昆明、大理、丽江、西双版纳后又一个新的旅游热点。旅游可以为当地带来大量的人流和强大的购买力，保山市应抓住机遇，促使珠宝产业与旅游产业强强联合，借助旅游人流促进珠宝销售。同时，在旅游发展中融入珠宝文化元素，建设一批带动性强的大项目，如珠宝旅游小镇、矿山公园等。

3. 多样化营销模式

实体店销售一直是翡翠珠宝商青睐的经典传统模式，这是由翡翠的特性决定的，实体店销售模式也一直是广东、德宏州和保山市一直以来的营销模式。但是珠宝产业链条上的多个环节都涉及名目繁多的费用，人员工资、店面租金、销售费用等最终都附加到珠宝价格之中，“网络营销”可以省去大量的珠宝运营成本，同时，网络宣传的渠道会更快更好地打开市场，赢得知名度。保山市要在营销模式上抓住机遇、占据主动、差异化发展，积极拓展网络营销，打造在全国具有影响力和信誉度的珠宝网上商城，实现“实体店+网络营销”的齐头并进。

4. 强化产业融合发展

珠宝产业作为保山市重点打造的特色产业，要实现珠宝产业的做大做强，不仅要整合、扩大现有从开采、设计、加工到销售、售后的整个珠宝产业链条，还要在横向上下功夫，深挖保山珠宝产业的潜力。在珠宝银行、珠宝保险等珠宝金融服务，珠宝酒店、珠宝公园、珠宝小镇等珠宝旅游服务，珠宝影视、珠宝展览等珠宝文化服务方面做大挖深，强化产业融合发展，走特色化、精品化道路。

# 第二部分　专题报告

## 一、珠宝玉石历史文化研究

中国是一个崇玉、尊玉、惜玉、爱玉的文明古国，几千年的珠宝玉石文化沉淀，深深地扎根于中国人的血脉之中。珠宝玉石以其特有的绚丽色彩、高雅的质地，被人们视为圣洁之物，自古以来一直为人们所喜爱、所追求。

### （一）珠宝玉石的基本知识

1. 珠宝玉石的概念

在中国不同的历史发展阶段，由于其社会背景和认识不同，产生了不同的概念。认识和掌握传统的概念以及现代科学的概念，可以帮助我们揭开珠宝玉石文化在不同历史时期的内涵。

（1）历史时期的概念

新石器时代到奴隶社会，古人将“玉”从石中分化出，认为“玉”是美石，“玉”“古玉”“玉石”的概念是一致的，此时“玉”概念是广义的。

春秋战国时期到西汉，已经逐渐进入以和田玉为主流的时代，此时“玉”是象征“礼和德的美石”，概念已由广义向狭义过渡。

东汉时期许慎《说文解字》中“玉”的概念是“玉：石之美，有五德。润泽以温，仁之方也；䚡理自外可以知中，义之方也；其声舒扬，尃以远闻，智之方也；不挠而折，勇之方也；锐廉而不技，洁之方也”，认为有“五德”而“美”的石才是“玉”，狭义的“玉”概念在封建社会占据了统治地位。

（2）现代科学的概念

根据最新的国家标准《珠宝玉石　名称》（GB/T 16552—2010）定义：珠宝玉石是对天然珠宝玉石（包括天然宝石、天然玉石和天然有机宝石）和人工宝石（包括合成宝石、人造宝石、拼合宝石和再造宝石）的统称，简称宝石。

目前有狭义和广义两个概念：狭义概念的珠宝玉石指自然界中，具有色彩瑰丽、晶莹剔透、坚硬耐久、稀少难得等性质，并可琢磨、雕刻成首饰或工艺品的矿物或岩石，部分为有机宝石；广义概念的宝石泛指一切经过琢磨、雕刻后可以成为首饰或工艺品的材料，即天然珠宝玉石和人工宝石的统称。

2. 珠宝玉石的特点

宝石是众多矿物岩石的精华。迄今为止，自然界中已发现矿物3000多种，但可做宝石原料的仅230余种，而国际珠宝市场上的主要中高档宝石只不过20多种。要成为宝石，一般要具备3个主要特点，即美观、耐久、稀少。

（1）美观

美观是宝石区别于一般矿物岩石最重要的特点，美观程度取决于颜色、净度、透明度、特殊光学效应四个因素。

①颜色：通常红、绿、蓝、紫比较好，如红宝石、蓝宝石、祖母绿、翡翠。但也无定规，如黑色的珍珠是珍珠中最名贵的，白色的羊脂玉是和田玉中价值最高的。就某种颜色来说，最好符合正、浓、阳、匀四点。所谓正，就是颜色要纯正，不能有邪色；浓就是颜色要饱和、浓艳，而不能浅淡；阳则是色要鲜活，不能沉闷；匀是整块饰品颜色要均匀，不能有浓淡不同的斑杂，但这一点对于大型雕件不要求。

②净度和透明度：宝石应具有良好的透明度和纯净度。彩色宝石虽不能达到清澈透明，但较高的透明度会提高其总体质量。而无色宝石的透明度和纯净度是构成宝石美的重要因素，如无色水晶，它的高透明度使光能充分透过，给人以晶莹剔透的感觉。高的透明度对翡翠来讲，意味着好的“水头”，这是高档翡翠的重要条件。

③特殊光学效应：指由于某些宝石具有特殊的结构或包含一些特殊的包裹物，进而对光反射、干涉、衍射而产生的特殊光学现象。包括星光、猫眼、月光、日光（金星）、变色、变彩效应等。有了这些特殊效应，可以增强一些本不起眼的宝石的美感，甚至身价倍增，这些特殊的效应要求特殊的加工才能凸显出。

（2）耐久

宝石要长时间佩戴、保存、流传，要求耐酸碱、硬度大、韧性强，机械性能稳定，要有相当稳定的物理化学性质。一般来说，硬度越大，宝石的质地越好。例如，众所周知的世界四大名贵宝石——钻石、红宝石、蓝宝石、祖母绿的硬度（H）都在8以上。常见的珠宝玉石硬度见表2.1.1。

表 2.1.1　常见珠宝玉石硬度表

| 硬度（H） | 宝　石 |
|---|---|
| 10 | 钻石 |
| 09 | 刚玉（红宝石、蓝宝石、黄刚玉等） |
| 08 | 尖晶石、托帕石、祖母绿、海蓝宝石、金绿宝石 |
| 07 | 石榴子石、橄榄石、碧玺、锆石、翡翠、石英（水晶、紫晶等） |
| 06 | 欧泊石、松石、芙蓉石、苏打石 |
| 05 | 青金石 |
| 04 | 孔雀石、珊瑚、萤石 |
| 03 | 珍珠 |
| 02 | 象牙、琥珀 |
| 01 | 滑石 |

（3）稀少

"物以稀为贵"，宝石的高价值很大程度上是因为它的稀缺性，尤其是高档宝石。当然一些宝石品种的稀少性是随着人们对自然界认识的进步以及技术的发展不断变化的，如水晶、玛瑙曾经是很珍贵的宝石，玛瑙还是"佛教七宝"之一，但近年来随着巴西大量开采，市场受到冲击，玛瑙已经变成了中低档货。

值得注意的是，作为宝石或宝石的一个品种，并不一定要求它在美观、耐久、稀有这三个方面同时是最佳或突出的，往往一两个方面突出就可以成为宝石，例如琥珀和红蓝宝石，只不过在价值上会有所差异。

3. 珠宝玉石的类别

按照国家标准《珠宝玉石　名称》（GB/T 16552—2010）规定，将珠宝玉石分为天然珠宝玉石和人工宝石两类（见图 2.1.1）。

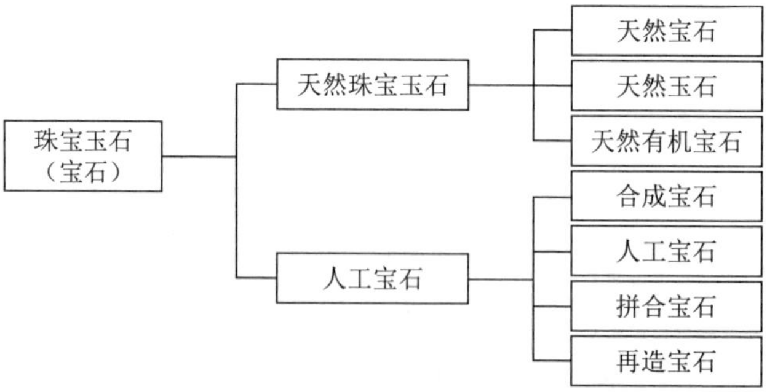


图 2.1.1　珠宝玉石的类别

（1）天然珠宝玉石（Natural gems）

指由自然界产出，具有美观、耐久、稀少性，具有工艺价值，可加工成饰品的物质，分为天然宝石、天然玉石和天然有机质宝石。

①天然宝石（Natural gemstones）：指由自然界产出，具有美观、耐久、稀少性，可加工成饰品的矿物单晶体（可含双晶）。常见的天然宝石有钻石、红宝石、蓝宝石、祖母绿、猫眼石、变石、海蓝宝石、碧玺、尖晶石、锆石、托帕石、橄榄石、石榴石、水晶、紫晶、月光石、天河石、拉长石、方柱石、坦桑石、磷灰石、锂辉石、堇青石、红柱石、空晶石等。

②天然玉石（Natural jades）：指由自然界产出，具有美观、耐久、稀少性和工艺价值的矿物集合体，少数为非晶质体。常见的玉石有翡翠、软玉、欧泊石、绿松石、青金石、玉髓、玛瑙、东陵石、木变石、独山玉、孔雀石、大理石、天然玻璃、黑曜岩、鸡血岩、寿山石、青田石等。

③天然有机质宝石（Natural organic substances）：指由自然界生物生成，部分或全部由有机物质组成，可用于首饰及装饰的材料。常见的有机质宝石有天然珍珠（包括海水珍珠和淡水珍珠）、养殖珍珠（包括海水养殖珍珠和淡水养殖珍珠）、珊瑚、琥珀、煤精（煤玉）、象牙、龟甲等。

（2）人工宝石（Artificial products）

指完全或部分由人们生产或制造，用作首饰及装饰品的材料（单纯的金属材料除外），分为合成宝石、人造宝石、拼合宝石和再造宝石。

①合成宝石（Synthetic stones）：指完全或部分由人工制造且自然界有已知对应物的晶质体、非晶质体或集合体，其物理性质、化学成分和晶体结构与对应的天然珠宝玉石基本相同。常见的有合成钻石、合成红宝石、合成绿松石、合成碳硅石、合成立方氧化锆等。

②人造宝石（Synthetic stones）：指由人工制造且自然界无已知对应物的晶质体、非晶质体或集合体。常见的有人造钇铝榴石、人造钛酸锶等。

③拼合宝石（Composite stones）：指由两块或两块以上材料经人工拼合而成，且给人以整体印象的珠宝玉石，如拼合欧泊。

④再造宝石（Reconstructed stones）：指通过人工手段，将天然珠宝玉石的碎块或碎屑熔融压结成具整体外观的珠宝玉石，如再造琥珀、再造绿松石等。

## （二）珠宝玉石文化的历史演进

1. 中国珠宝玉石文化的历史演进

中国珠宝玉石文化源远流长、博大精深，玉文化是中华民族灿烂文化的重要组成部分，也是人类艺术史上的光辉成就。按照社会发展阶段，可将中国珠宝玉石文化划分为萌芽时期—起源时期—形成时期—发展时期—繁荣时期（见表 2.1.2）。

（1）萌芽时期

时间为旧石器时代晚期、新人类阶段，公元前 3 万 ~ 公元前 1 万年。珠宝玉石文化的源头，是从磨制石头开始。原始人以狩猎为生，主要是打制石工具，在打制石器的过程中，遇上美观的石头、玉，便拾之以玩赏。例如，1933 年在北京山顶洞人遗址发现的穿孔砾石、石珠（原始首饰项链），距今约 19000 年；1983 年在岫岩县仙人洞遗址发现三件由岫玉制作的砍斫器，距今约 12000 年；其他考古发现，包括山西朔县峙峪村文化遗址发现钻孔石墨装饰品，以及河南安阳小南海文化遗址发现带孔石饰等，这些应该是最早的中华宝玉石文化。

（2）起源时期

时间为新石器时代（玉器时代），公元前 10000~ 公元前 4100 年。例如，在兴隆洼文化遗址出土的一对白玉，距今约 8200 年。这个时期的玉器类，从功能上看主要是装饰用的首饰，如簪、环、瑗、镯、佩、玉龙等；也有代表权力的礼器，如刀、斧、璋等。以中国东部南、北二地的红山文化、良渚文化代表当时工艺的最高水平，有学者称之为中国宝玉石文化的摇篮。在中国东部，这个时期的玉器多以片状圆方形为主，理论源于当时“天圆地方”之说。

（3）形成时期

时间为奴隶社会，公元前 2070~ 公元前 475 年。此时，珠宝玉石文化的主要特点是玉货币、凤图腾（龙凤呈祥）、人格、祭祀、政权、道德等文化的形成。例如，《管子》记载“金玉货财”，“以珠玉为上币，以黄金为中币，以刀币为下币”，把宝玉石视为珍宝和财富;《诗经》记载“彼其之子，美如玉”“言念君子，温其如玉”等论述，将玉进行人格化;《周礼》记载“以玉作六器以礼天地四方，以苍璧礼天、黄琮礼地、青圭礼东方、赤璋礼南方、白琥礼西方、玄璜礼北方”，表明周朝已经建立了管玉机构，制定了用玉的制度。

（4）发展时期

时间为封建社会，公元前475~公元1840年。前期为战国汉魏时期，玉德进一步规范。东汉许慎《说文解字》记载“玉，石之美，有五德”，从玉的物理性质、工艺美术性能入手，将玉进行了道德化和人格化论述；中期为晋唐至宋时期，《演繁露》记载“唐制五品以上皆金玉带”，并产生了唐代宝玉石诗歌文化；后期为元、明、清，表现在：一是清朝改用顶戴花翎标志官职高低，大部分用宝石材质；二是明、清宝玉石小说文化繁荣，一部《红楼梦》可以说就是一部珠宝玉石文化史。

（5）繁荣时期

时间为近现代，公元1840年至今。近代以来，珠宝文化得以进一步发展，翡翠赢得国人青睐，并且将它视为生命与希望的象征，为中国的珠宝文化注入了新的内涵。除此之外，红宝石、蓝宝石、珊瑚、青金石、水晶等宝石也开始大量使用。据赵汝珍《古玩指南全集》记载：在清代慈禧太后的殉葬品中，有无数价值连城的珠宝，其中有大量的翡翠制品、各种红宝石、祖母绿、蓝宝石、碧玺、珊瑚、珍珠以及玉器等。新中国成立至今，宝玉石文化走向一个新的繁荣时期，珠宝文化日益得到推广和宣传。

**表 2.1.2 中国珠宝玉石文化发展历程**

| 阶段 | 社会发展时期 |
|---|---|
| 萌芽时期 | 旧石器时代晚期、新人类阶段，公元前3万~公元前1万年 |
| 起源时期 | 新石器时代（玉器时代），公元前10000~公元前4100年 |
| 形成时期 | 奴隶社会 |
| 发展时期 | 封建社会，公元前475年~公元1840年 |
| 繁荣时期 | 近、现代 |

2. 源远流长的云南珠宝文化

堪称“珠宝王国”的云南，也有着源远流长的珠宝文化。明代以后，云南将翡翠的挖掘、运输、集散、加工、销售推到了一个极致辉煌的时代，产生了“玉出云南”的美誉，并且云南古玉文化还有着浓郁的地域文化特色。

考古资料证实，云南玉文化渊源甚至可以追溯到距今170万年以前的元谋人时代。在元谋人化石出土的地方，也出土了许多用辉长岩、石英石打制磨就的精美石器。在云南各地发现的100多个新石器时代文化遗址中，发现了大量以玉、骨、牙、蚌等为质料的环、管、镯、珠等饰品，大都通体磨光，制作精美。在滇文化墓葬中，发现了产于巴基斯坦和伊拉克的蚀花玉髓珠，可以贴切地称之为2000多年前的“进口首饰”。这表明了“蜀身毒道”的存在，以及云南与中亚地区的贸易关系和文化交流渊源。

元、明时期，腾冲、瑞丽的翡翠交易异常繁华。据史学家考证，名震一时的“西南丝道”，就是由今天的四川至昆明再到大理、保山，然后分别由保山腾冲和德宏瑞丽出境至缅甸八莫、密支那、仰光及卯度雷多等地（见图2.1.2）。当时腾冲已经大量开展了玉石翡翠加工销售，勐卯（今瑞丽城所在地）、姐相（今瑞丽市姐相乡），集散着珠宝、玉石、大象、猩猩等奇珍异物。

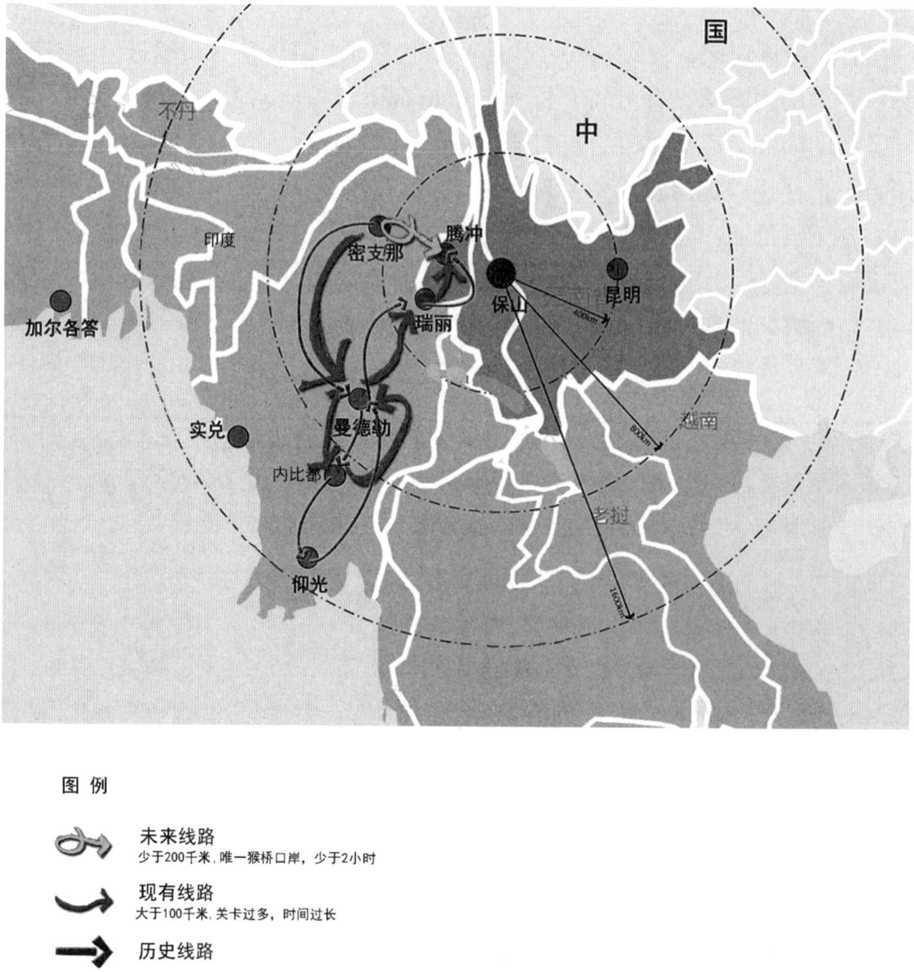


图2.1.2 翡翠毛料在云南边境流向图

明代以来，一批批京师、河南、上海、广东、苏州、杭州的琢玉高手工匠到云南腾冲等地传艺带徒，促进了玉雕业的发展。到了明末清初，到缅甸做生意的云南腾冲人把雾露河及两岸山地中的翡翠带入云南，在腾冲、大理、昆明等地形成了一定规模的珠宝玉器集散、加工销售市场。清代宣统年间，昆明城内就有100多家玉器铺。玉器行除售卖宝石、小件佩玉外，还能制作玉手镯、玉戒指及耳环、雕刻小型玉器。据史料记载，清朝宫廷中及达官贵人所收藏的晶莹剔透的翡翠朝珠、翡翠炉瓶、翠如意、翠白菜等都出自云南。

中华人民共和国成立以后，由于多种因素影响，云南的翡翠玉石产业进入了冷冻时期，翡翠贸易主力由云南本土和内地的珠宝商人转变成了港台商人和东南亚及日本商人。20世纪90年代，原本从云南陆路进入中国内地市场的翡翠毛料大部分改由水路经广东进入，云南特有的地域优势和资源优势正逐渐被淡化，云南珠宝玉石产业出现了被边缘化的危机。

特殊的地理环境、地质条件和历史背景构成了云南珠宝玉石文化的深厚渊源。从这个意义上说，云南被称为“珠宝王国”“玉出云南”的美誉是一点也不为过的。

### （三）珠宝玉石文化解读

1. 玉与传统宗教

儒、释、道是中国传统文化的主体，对中国文化乃至社会的变迁产生巨大的影响。玉石以其特有的经济价值和审美价值服务于宗教，不但为宗教意识的创造提供了艺术化的形象和意象，而且为宗教实践活动的实施提供了具体的物质条件和表达方式。于是，传统宗教儒、释、道有了自己的“玉缘”。

（1）玉与儒教——儒家以玉治天下

《礼记·聘义》记载，有一次，子贡问孔子：“请问君子，世人为什么把玉看得很贵重，而不把珉（似玉的美石）看在眼里呢？是不是因为玉很少，而珉很多呢？”孔子回答说：“非也，并不是因为珉多才看轻它，也不是因为玉少才看重它。从前，就有人把玉比作君子品德。玉温润而有光泽，就是仁；玉质致密坚硬，就是智；玉有棱角而不伤人，就是义；玉沉重欲坠，就是礼；敲击玉器，其声音清越悠长，曲终时戛然而止，就是乐；玉瑕不掩瑜，瑜不掩瑕，就是忠；作为信物号令四方，就是信；玉的气质如虹，就是天；玉能体现山川的精神，就是地；玉制的圭璋用于礼仪，就是德；天下人都把玉看得很贵重，就是道。《诗经》中说：‘想念那位君子，是想念他的品德，他温润如玉。’所以君子一向重视玉。”这是孔夫子从儒学理论的角度，用拟人手法阐释的玉概念。通过“以玉比德”，宣扬儒家学说中的“仁、义、礼、智、信”等，强调以“仁”为核心，注重内在的道德修养。

（2）玉与佛教——献给神的纯洁祭礼

魏晋以后，统治阶级在全国各地开凿石窟，修建寺庙，雕塑佛像。同时，也根据中国人的尚玉观点，用玉石雕刻佛像、飞天，雕刻与佛教典故有关的莲花生子、持荷童子等宗教人物形象，促使佛教越来越向着和世俗结合的方向发展。在以玉造像之风气贯穿北魏至唐代的400多年间，统治阶级以玉材为佛造像多得不可胜数。此外，唐代盛行的玉飞天，宋代的玉观音、玉持荷童子等，也是佛教和中国玉文化相结合的产物。佛教倡导与人为善，死后才能升入极乐世界，而这极乐世界是黄金、白银、青玉、玛瑙、琥珀等铺成的，也即是佛教中的“七宝”，其中很多就是今天的玉石。

（3）玉与道教——玉即无为

道教对玉的信仰，主要认为玉是自然界的精华，有生命，可以长生，具有多种超自然的秉性；玉能通灵，可以飞升；玉为阳物之精，“服金者寿如金，服玉者寿如玉”，把玉作为长生不老的药饵；以玉为眼帘、鼻塞、口塞、阴塞、粪塞、含玉、握玉等，认为“金玉在九窍则死者为之不朽”，并能起死回生，利于“转世”。在民间，以“玉”祭神、通神，发展到以“玉”喻神、称神，使玉与神仙思想紧密结合起来。从一些称谓天地诸神的词语上就可窥见一斑，如人们称至高无上的天之主宰为“玉帝”“玉皇”；称玉帝的居处为“玉虚”；称天神的居所为“玉台”；称神仙的住所为“玉宇”“玉楼”；称仙人所居住的宫殿为“玉阙”；称仙女为“玉女”；称月亮为“玉盘”“玉轮”等。

2. 玉与中国汉字词语

（1）玉与汉字

和玉有关的文字，大部分是以“王”作为偏旁。根据专家们论证，“玉”本来是作为字的偏旁的，但是古人在书写过程中，经常习惯于把“玉”旁的最下面一横倒提着斜写，导致“玉”里的那一点被挤压得没有了位置，最后直接省去。带“玉”部首的汉字有“珏”“莹”“玺”“璧”等，如：“珏”，字典解释为“合在一起的两块玉”；“莹”，解释为“光洁如玉的石头”。

（2）玉与词语

在中国玉文化的影响下，炼造了许多有关玉的美妙词句及成语。例如人们用玉女、玉手、玉容、玉貌、玉照、玉音、玉食……来描述美好的事物，为正义或节操作出牺牲用“玉碎”来形容，表达对人生的期望有“玉不琢不成器”，表达对爱人忠贞不渝有“守身如玉”，表达对美丽诉求有“美如冠玉、炫玉贾石、珠馨玉敦、被褐怀玉、戛玉敲金、琼枝玉叶、琼楼玉宇、喷金吐玉”，除此还有对男女美丽赞扬的分别有“玉树临风、冰清玉洁、玉貌花容、亭亭玉立”等。

3. 玉与古代文学

俗话说“书中自有颜如玉”。玉文化是中华文明的重要内容，玉对中国的文学、历史著作影响极大，许多著作都以玉作为重要的内容加以论述。

（1）《诗经》

中国第一部诗歌总集《诗经》，收录了西周初年到春秋中叶的305篇诗歌，其中有不少涉及玉器或与玉有关的名篇名句，如《郑风·女曰鸡鸣》中有“知子之来之，杂佩以赠之”；《秦风·小戎》中有“言念君子，温其如玉”；《诗经·秦风》中有“何以赠之，环瑰玉佩”；屈原也在《九歌》中感慨：“瑶席兮玉瑱，盍将把兮琼芳。”瑶，石之次玉者。琼，玉枝也。说的就是己修饰清洁，以瑶玉为席，美玉为瑱，何不痛快畅饮。

（2）“三礼玉论”

《三礼》是《周礼》《仪礼》和《礼记》的总称，“三礼玉论”是儒家经典中关于玉文化的重要理论成果。根据“三礼玉论”，在当时的历史条件下，对玉的开发和利用是一件和国家政治密切相关的大事，政府机构对玉的管理范围，包括从玉石的开采和征集、管理机构和治玉人员的组织和建制、各种玉器的名称和形制规定及其寓意、各种不同礼仪场所的运用规格和运用形式等等，都做了细致的规定和叙述。其中，六器是专门用来祭祀天地和东南西北四方之神，六瑞是职官符信玉器，由天子按职级颁布发放，用来表示朝廷命官和各方国诸侯的大小尊卑。六器和六瑞是中国历史上独特的政治用玉，古人用它祭天地、享宗庙、昭礼乐、治军旅、和邦国、教庶民、节行止、崇道德。

（3）《红楼梦》

清代著名小说《红楼梦》原名《石头记》，小说与玉、玉文化的关系最为密切，从女娲补天遗石——通灵宝玉——“命根”——贾宝玉——林黛玉，直到全书悲剧性的结局，无不贯穿着玉文化的诸种理念。小说借此否定了自古被尊为天地之主宰、天地之精的玉器理论观念，全面深刻揭示了封建制度的不合理性，并预示了封建社会必然走向灭亡的客观规律。

（4）其他文学

除此之外，汉赋、唐诗、宋词、元曲以及明清小说等不同体裁的文学作品中，有不少用“玉”字的句子或题名，还有涉及玉的主题与情节。例如，唐代王翰《凉州词》中写道“葡萄美酒夜光杯，欲饮琵琶马上催”，这里提到的“夜光杯”就是用和田白玉雕琢而成的杯壁极薄的酒杯；宋话本《碾玉观音》描写玉工的碾玉劳动及其不幸爱情遭遇；元明杂剧《玉玦记》《拾玉镯》《一捧雪》《玉梳记》等，也都是以玉文化素材为创作线索的代表作品。

4. 玉与道德情操

“君子比德与玉”的伦理原则及道德规范，已经深深地植根于中国人的心底。玉石被赋予高尚的道德内涵，“玉德”是玉文化的精髓。《礼记·玉藻》中记载“古之君子必佩玉”“君子无故，玉不去身”，“玉”成了君子的化身和代表，是纯洁之物，成为美德的代表。

（1）管子论玉“九德说”

夫玉之所贵者，九德出焉。夫玉温润以泽，仁也；邻以理者，知也；坚而不蹙，义也；廉而不刿，行也；鲜而不垢，洁也；折而不挠，勇也；瑕适皆见，精也；茂华光泽，并通而不相陵，容也；叩之，其音清扬彻远，纯而不殽，辞也。是以人主贵之，藏之为宝，剖以为符瑞，九德出焉。——《管子·水地》

（2）孔子论玉“十一德说”

子贡问于孔子曰：“敢问君子，贵玉而贱珉者何也？为玉寡而珉之多与？”孔子曰：“非为珉之多故贱之也，玉之寡故贵之地。夫昔者，君子比德于玉焉。温润而泽，仁也；缜密以粟，知也；廉而不刿，义也；垂之如坠，礼也；叩之，其声清越以长，其终绌然，乐也；瑕不掩瑜，瑜不掩瑕，忠也；孚尹旁达，信也；气如白虹，天也；精神见于山川，地也；圭璋特达，德也；天下莫不贵者，道也。《诗》曰：‘言念君子，温其如玉’，故君子贵之也。”——《礼记·聘义》

（3）许慎论玉“五德说”

玉，石之美者，有五德：润泽以温，仁之方也；鳃理自外，可以知中，义之方也；其声舒扬，专以远闻，智之方也；不挠而折，勇之方也；锐廉而不忮，洁之方也。——《说文解字》

中国人有非常浓厚的爱玉情节，玉德在人们心目中根深蒂固，“玉”成为美德的代表。随着社会的发展，形成了诸如“宁为玉碎”的爱国主义民族气节、“化为玉帛”的团结友爱精神、“润泽以温”的无私奉献精神、“瑕不掩瑜”的清正廉洁气魄、“锐廉不挠”的开拓进取精神等，这些都是玉的道德精神体现，也是华夏民族的伟大思想建树。

5. 玉与养生保健

俗话说，“人养玉三年，玉养人一生”，玉石的养生保健功能在中国有着悠久的历史。食玉成仙已被证明是古人迷信说法，以玉屑入药也值得考证，但现代科学证实玉石确实对人体有养生保健的作用。

（1）食玉成仙的迷信

最提倡吃玉能成神仙的说法的为东晋葛洪，在他所著《抱朴子·仙药篇》中说：“玉亦仙药，但难得耳。”《玉经》曰：“服金者，寿如金。服玉者，寿如玉也。”又曰：“服玄真者，其命不极。”玄真者，玉之别名也，令人身飞轻举，不但地仙而已，然其道迟成，服一二百斤，乃可知耳。吃玉可以成仙，且所成之仙是可“身飞轻举”的天仙。但这一二百斤的玉要怎么吃下去呢？玉是美好的东西，但食玉成仙只不过是古代人的迷信想法罢了。

（2）古人以玉屑入药

明代医药学家李时珍《本草纲目》载：“玉屑是以玉石为屑。气味甘平无毒。主治除胃中热，喘息烦满，止渴，屑如麻豆服之，久服轻身长年。能润心肺，助声喉，滋毛发。滋养五脏，止烦躁，宜共金银、麦门冬等同煎服，有益。”所以，在明代中医的医方中，玉是主治胃热的药。

（3）现代养生保健解释

从现代科学分析，许多玉石含有丰富的、对人体有益的微量元素，如铬、铁等，经常佩戴使用玉石饰品，能使这些有益的元素通过皮肤的浸润进入人体，从而平衡阴阳气血的协调，促进身体健康。

从药物学来讲，长期佩戴宝玉石，可以保持人体内各种元素的平衡，不同的宝玉石有不同的作用。据矿物医学研究证明，有些宝玉石能产生高强度的光电效应，其衍射力能释放出足以影响人体生物电、调节新陈代谢的巨大能量。宝玉石特殊的光电效应能与人体发生谐振作用。有些宝玉石经过仔细切削打磨后具备聚焦蓄能的功能，白天吸光，夜晚放光。若光点对准某个穴位时，能刺激经络，疏通脏腑，便会产生更为奇特的疗效。

## 二、翡翠、黄龙玉、玛瑙文化解读

### （一）翡翠文化研究

作为我国传统文化的重要组成部分，翡翠不仅仅作为一种装饰品为人们所喜爱和珍藏，更是一种精神和文化的象征。历史证明云南是翡翠文化的发源地，具体说腾冲是翡翠文化的发祥地。翡翠产于缅甸克钦邦帕敢地区，是腾冲人最先发现了翡翠的商业价值，并首开翡翠加工先河，至今已有近600年历史。古往今来，腾冲一直是东南亚重要的翡翠加工贸易集散地，也是历史上兴盛一时的“翡翠城”。2005年8月，腾冲因其深厚的翡翠文化及其在翡翠发展史上的贡献，被亚洲珠宝联合会授予“中国翡翠第一城”的称号。

1. 世界翡翠，运源腾冲

无论是史料记载，还是今天珠宝界和民间流传“玉出腾越”“腾冲出碧玉”“世界翡翠，运源腾冲”之说，都是顺理成章和有理可依的。

据《云南通志·食货志》及《滇黔纪游》中记载“腾冲出碧玉”，乾隆《腾越州志》卷三中记载“盖大金江内外，万宝鳞萃……皆从腾越进”，《云南北界勘察记》记载：“勐拱位于大金江之西，为蛮邪瘴疠之乡。清乾隆三十四年，大学士傅恒以经略征缅甸，勐拱土司浑觉贡珍异、负弩矢前驱，傅公奏请颁给浑觉宣抚司印绶。野人山产宝玉，至珍异，勐拱为玉石厂总汇，采运玉石者众，迨乾隆初年，故我腾越之人，采山而求宝者，数百年来皆居于勐拱焉。”如此多史料证明，玉石产地勐拱“在朱明之世已录版籍，延至清乾隆百年后”，仍属“滇省番邦”的土司辖地，由腾越州管辖。

据腾冲海关统计，20世纪初翡翠经腾冲入中国已数量惊人：1902年271担（每担为100老斤，每老斤为16两），1915年628担，1917年801担。每年有2万多匹骡马穿行于腾冲至缅甸间，运送量占当时全世界玉石交易量的九成，腾冲赫然变成了世界的“翡翠王国”。以翡翠交易为龙头，腾冲成为近代中国工商业的发祥地之一，各种产业相继兴起，那时的腾冲海关，成为仅次于广州海关的中国第二大进出口贸易海关。

2.“赌石”文化研究

（1）赌石的含义

翡翠原石表皮上呈风化、半风化沙粒状，有着不同颜色，各种自然特征变幻莫测。“神仙难断寸玉，大师往往失手”，现在尚没有任何科学仪器能探明里面是否有绿色，赌性极大。赌石的前提是相玉，即对玉石的形状、色泽、质地、重量及其他各种表象特征，进行由表及里的评判。买玉者必须从包有皮壳的翡翠原石（有时也在皮上开一个“窗口”，指擦掉小块皮壳露出玉质），来判断这块翡翠的价值。这种买卖的过程在行内俗称赌石。“一刀穷，一刀富，绿白之间。一阵凉，一阵热，谁知我心”，“疯子买，疯子卖，还有疯子在等待”等关于赌石的顺口溜，形象地体现了其中的惊险和刺激。

（2）赌石大王

卞和　在中国历史上，最著名的一块赌石是“和氏璧”。相传在2000年前的楚国，有一个叫卞和的人，他发现了一块玉璞。先后拿出来献给楚国的二位国君，国君以为受骗而先后砍去了他的左右腿。卞和无腿走不了，他抱着玉璞在楚山上哭了三天三夜，后来楚文王知道了，他派人拿来了玉璞并请玉工剖开了它。结果得到了一块宝石级的玉石。因为是卞和所献，所以这块玉就被称为和氏璧。后来这块和氏璧被制成皇帝的玉玺，代代相传，成为中国统治者无上权力的象征。

清道光元年（1821 年），云南腾冲玉商玉匠组建“宝货行”公会，捐资盖了白玉真人“祖师殿”，把卞和作为业界鼻祖、中国赌石大师供奉起来。此殿后毁于战乱。光绪七年（1881 年）重建，后又毁于“文革”。1993 年腾冲珠宝协会筹资在腾冲城南来凤山上再建，成为全国唯一的白玉真人祖师殿。如同木坊供奉鲁班，酒坊供奉杜康，纸坊供奉蔡伦等一样，对卞和的供奉也是一种行业崇拜。

李本仁　腾越绮罗人。民国四年（1915 年）春，从他和刘宝臣的洞子中挖出一块翡翠巨璞，重约 8000 千克，人称“象玉”，因有沙皮黄护，很难猜测其中内容。当时有一广东人愿出 6000 大洋买此石。因大玉极难解涨，伙计们都劝他尽快脱手。李本仁凭着多年场上包岗相玉的经验，力排众议，坚持自理，经解剖后，晶莹剔透，质地匀细，色彩俏丽，是少有的稀世珍宝。此石后来运至北京，由著名的玉雕师依其形色用 10 年时间雕琢成 1.2 米高的翡翠宝塔和 49.2 厘米高的翡翠牌坊各一座。这两件工艺品，无丝毫偏差、倾斜，雄浑壮观，是玉雕史上的大气之作。曾送巴黎世界博览会展出轰动一时，为祖国争光。李本仁因此名声大振，被誉为“翡翠大王”。

3. 传统翡翠俗语的含义

（1）“种、水、地、色、工”

“种、水、地、色、工”等对翡翠的评判标准，是腾冲人多年来行业流传下的俗语。选翡翠先看“种”，即翡翠的质地是否致密、细腻；如果结晶颗粒大、质地疏松即种不够好。一件高质量的翡翠，必须具备 5 个条件：

①“种”——要好，光泽度高，乃至有荧光。种好也就是指翡翠的玉质好。

②“水”——要长，即透光度要高，是对翡翠通透程度的一种评价标准，水头越好就说明通透程度越好。

③“地”——致密、细腻，看不见晶粒结构的为佳。根据颜色、质地的致密细腻坚韧程度、透明度及其他工艺美术特征的差异，工艺美术界划分和确立出了如下翡翠地子品种：玻璃地、水地、蛋清地、鼻涕地、青水地、灰

水地、紫水地、浑水地、藕粉地、豆青地、细白地、白沙地、灰沙地、紫花地、青花地、白花地、瓷地、干白地、糙白地、糙灰地、糙豆青地、石灰地。

④“色”——要浓度高，而且要正绿色。关于色，是四个天然指标中最容易鉴定的指标了。色的鉴定主要从色是否均匀、是否纯正、是否鲜艳等角度判断。

⑤“工”——做工要好。“工”就是工艺，工艺有2个步骤：雕刻与抛光。工艺的优劣，通过大众的审美观即可分辨。

（2）翡翠A、B、C货的含义

翡翠A、B、C货是近年才兴起的翡翠鉴别分类，渐渐成为人们必备常识。

①A货——天然产翡翠，无任何人工处理痕迹，这种翡翠能长期存放和佩戴，无褪色和变色现象。

②B货——是天然有污点的翡翠经人工酸蚀去除污点后，高压灌胶制成的，它颜色鲜艳无杂质，又通透漂亮，价格便宜，畅销已有10年之久。然而B货也有它的缺点，即B货的灌胶年深日久老化而发生龟裂，就失去了它的耀眼光辉，相对也就失去了它的保值价值。

③C货——是用无色翡翠浸色而成。如果原翡翠有点翠绿，然后又染上浓绿，则这种翡翠称为B+C货。C货的绿色容易褪，其质地也和B货一样不能延年。

4. 翡翠传说与故事

（1）翡翠名字的来源

在我国玉文化及汉字系统中，有关于玉的词汇，几乎均从“玉”旁或“斜王”旁，唯独翡翠一词两字均从“羽”字。作为一种玉石的名称，“翡翠”的这一文字命名的现象就显得极为特殊，故而人们对翡翠名称的起源说法有两种。

①“鸟名”说

翡翠最初是一种鸟的名字。东汉许慎《说文解字》中对翡翠的解释：“翡，赤羽雀也；翠，青羽雀也。”又《异物志》中记载：“翠雀形如燕。赤而雄曰翡，青而雌曰翠。其羽可以饰帷帐。”从这些记载中可以看出，有一种鸟，因其颜色（及性别）而命名，红色羽毛的（雄鸟）叫翡，而绿色羽毛（雌鸟）的叫翠。相传，翡翠鸟常在云南腾冲一带栖息。云南人在与缅甸贸易往来过程中带回了缅甸的“玉石”（即后来的翡翠），经人切开，后发现石头外皮红色，石肉呈绿色，这与当地的翡翠鸟颜色一样，于是就将这种“玉石”称为翡翠。

②“非翠”说

在翡翠玉传入中国之前，中国已经有了名为“翠玉”的玉石，即绿色的和阗玉。而当以翠绿、红等玉色为主色的翡翠流传至中国以后，为了区别其与绿色和阗玉（翠玉），故而称其为“非翠”，即，不是中国翠玉的意思。随着时间的流逝，慢慢地“非翠”就演变成了“翡翠”。海内外知名的宝石学家及矿物学家，亦是国际知名的翡翠专家，有“翡翠皇后”之称的欧阳秋眉女士就支持“非翠”说成翡翠玉名的观点。

（2）腾冲“四大名玉”

腾冲号称“翡翠城”，素有“四大名玉”的说法，分别是“绮罗玉”“段家玉”“振坤玉”“官四玉”，每个玉种都有一段传奇的故事。

①马蹄踏出的“绮罗玉”

相传，清朝嘉庆年间，绮罗人尹文达跟平时一样，吃了午饭就到马厩里牵马准备去驮东西。时值正午，一线阳光透过瓦缝，直射在马厩里的一块大石头上，石头闪烁着奇异的光彩。见此景象，凭着腾冲人对翡翠的认识，尹文达惊喜异常。于是，他顾不得再去驮东西，即刻动手将石块从马厩中挖出，运去解磨。这一解磨，才发现是一块上等的翡翠料。原来，尹文达的祖辈是做翡翠生意的，从玉石场驮来了这一块玉石毛料，因为这个玉石太黑太沉，没人愿意打价购买，这块无人问津的玉石毛料，就被随便丢在了院子里。后来，他家的马厩由于挖马粪挖深了，马出进极为不便。便将这块碍手碍脚的毛料，当作一块普通的大石头镶在了马厩里。多年中，马进进出出都要踏在这块石头上，天长日久，这“石头”就被马蹄蹬踏掉了部分外皮，想不到被马蹄踏出奇迹来，解开是最好的绿玉。

②马蹄踏出的“段家玉”

无独有偶，绮罗地区还有一件马蹄踏出美玉的故事。绮罗人段盛才祖辈历代侨居缅甸，据说他家从缅甸猛拱玉石厂发回腾冲的一个毛料玉石，约300斤，当时并不显眼，没有人“打价”。他家只好把这个玉石随意乱放在门外，供来客在那里拴马。时间长了，这块石头表皮被马蹄踏去一片，显出色点，才引起重视，经请人解磨，竟是一件水色出众的上等翠玉。它的特点是玻璃水、渣草绿带松花，做出手镯，相当好看，也符合当时的“庄口”。当时每对手镯价值3000多龙元。从此，“段家玉”的名声传扬四方，至今不衰。

③被周恩来留作国宝的“振坤玉”

王振坤是当时腾属莲山太平街人。1910年他在猛拱老厂挖得一个大玉，将它解成单桌面大小的八大片。他将其中一片做成手镯卖出，缴纳了“岗税”

及其他费用，其余七片则运往上海销售。在上海，因王振坤要价高达百万龙元，而买者只还价二三十万龙元，王振坤不愿随便出手。可后来，王振坤由于急需钱用，只好将此七片玉抵押于云南商号“天顺祥”家，押出了20万龙元。可到期后，王振坤没有去赎回，这七片玉就归“天顺祥”所有。这些玉片满绿夹丝，丝放亮，底是花马洒，无杂质，无瑕疵，像化学烧料一样，是玉中的极品。

据玉石商人龚子俊老人说，他从小经营玉石到90余岁，也只见过四只振坤玉手镯。·他说，1982年腾冲县供销社玉石收购门市部门，曾调给广东珠宝玉器公司一只支振坤玉手镯，当时调价为1300元。手镯调到广东后，该公司将这只手镯在广交会上陈列，即日被一外商以8万元买去，这个外商买到后，还夸赞不绝：“太好了，很便宜！”据说，当年抵押于“天顺祥”的七片玉石，几经辗转，于解放后到了广州，且身价倍增，风传全国。当这七片玉石要出售给香港人时，周恩来总理得知，当即指示：“卖它做什么，留做国宝好了！”于是，珍宝被运往北京，委玉雕大师制成了精美绝伦的巨型艺术品，永为国宝。

④撒泡尿冲出来的“官四玉”

腾冲城关五街的官占吉，从20岁起就到玉石厂挖玉，在玉石场挖玉50年，连一块像样的玉石也未挖到。一天，70多岁的官占吉坐在山头上遥望家乡，想到自己一生的坎坷，不禁悲从中来，大哭一场。哭罢，他挽起宽裤裆撒了一泡尿，就在这时，奇迹出现了，他的尿竟冲刷出一块带绿色的石头。官占吉仔细一看，竟是整块的“淡水绿”大玉石。此玉的整体都是艳夹淡水绿，质量极好。时来运转的官占吉将玉运回腾冲，荣归故里。因他排行官家老四，也称“官四”，人们便将这块玉命名为“官四玉”。为了纪念他晚年才圆的翡翠之梦，感谢腾冲“白玉真人”的佑护，官占吉特意制作了一块“有美于斯”的匾额，悬挂在祖师殿内。

（3）琥珀牌坊玉石桥

①琥珀牌坊的来历

几百年来，腾冲都是红蓝宝石、珍珠、玛瑙、翡翠、琥珀等名贵珠宝的集散地。据说，在清代有一家皇上册封的节妇，在立贞节牌坊时，她的孝子贤孙们就将琥珀镶在上面，因为琥珀是松香或其他树脂经百万年之后形成的化石，含有不变和恒久之意。

②玉石桥的来历

玉石桥是指腾冲上千年来解磨的翡翠太多，剩下了堆积如山的玉石边角料，人们就用这些石料修了一座桥，在一些人的眼里，这些当年废弃的玉石边角料中有些也是上好的玉石，就将这桥称作“玉石桥”。

### （二）黄龙玉文化研究

黄龙玉是继新疆和田玉、缅甸翡翠之后发现的优质玉种，是一种品质极高的翠玉。黄龙玉的品质已臻完美，但由于其发现时间较短，文化积淀不够浓厚。但文化需要一定的时间才能形成，随着消费者和投资者的热情不断高涨，学者的关注日益增多，相信黄龙玉将形成一种新的玉石文化。

1.“石”与“玉”之争

黄龙玉在作为玉石开发之前，只作为观赏石被人收藏和买卖，被称作“云南黄蜡石”。在公元2000年前后，广西石商在云南龙陵与芒市交界一带的苏帕河中发现了“云南黄蜡石”。因其石质细润，色泽金黄，块形硕大，有很高的观赏价值。2004年，云南奇石观赏石界将其俗称为黄龙玉，云南珠宝玉石鉴定机构将其鉴定为玉髓。这就在学术理论界引起了“玉”与“石”的争论。

黄龙玉的名分之争，其实质是对于玉的定义。目前有两种主要观点：

第一种，泛玉观。以东汉《说文解字》作者许慎为代表。他书中说“石之美者为玉”，只要美丽珍稀，达到一定硬度，都称玉。如玛瑙，水晶，珊瑚，甚至珍珠，琥珀，都称玉，相当宽泛。

第二种，真玉观，标准最严苛。以100多年前法国矿物学家穆德尔为代表。他研究了清代宫廷藏玉后得出结论，认为仅和田玉、翡翠等不多的几种玉石是所谓“真玉”。

准确地说，应该一分为二地来看待龙陵产的黄蜡石和黄龙玉。达到玉髓玛瑙级的则是宝玉石范畴的玉；没有达到玉髓玛瑙级的则是观赏石范畴的黄蜡石。将黄蜡石、黄龙石统称为黄龙玉是误称。很明显龙陵产的黄龙玉中有草花的，有条纹的，已明显的有玉髓玛瑙的外观特征和矿物学特征。玉髓玛瑙当然是宝玉石范畴的玉。

2011年2月，最新一版的国家标准《珠宝玉石 名称》（GB/T 16552—2010）正式发布实施，黄龙玉被国家正式收录进入《国家珠宝玉石名录》，成为与翡翠、和田玉同等位置的天然玉石。

2.黄龙玉的命名

黄龙玉最早被称为“黄蜡石”，当人们切开黄蜡石，发现其玉化程度非常高，有人提出“既然龙陵‘黄蜡石’玉化度如此之高，那就参照树化石改称树化玉的惯例，应该更其名为黄蜡玉。”这样，黄蜡玉的名称就出来了。时过不久，随着黄蜡玉市场的不断扩大，又因其所呈现的优异的色彩和质地，有些人觉得黄蜡玉的名头还不够响亮，就给黄蜡玉重新命名为“龙陵玉”和“龙陵黄玉”。

在相关各界人士对“龙陵黄蜡石”名称争论不休的时候，龙陵县委、政府及各界藏友经多方讨论，并对提案名称的不断审定，最终确立了“云南龙陵黄蜡石”的命名——“黄龙玉”。“黄”取其以黄、红色系为主色调，“龙”指其产地龙陵。同时，作为一种优秀玉石，黄龙玉的主色调——黄、红与国家标志色相契合，更是中国玉文化寻找了万年的色彩，中国龙又象征着一种国人的精神文化，黄龙玉之名与其本身的综合特性相得益彰。

3. 珠宝玉石界新宠

云南龙陵黄龙玉是一个新的宝玉石品种，它以黄色和红色为主色调，其颜色“黄如金、红如血、白如冰、乌如墨”，黄色寓意“富贵”，红色寓意“吉祥”。我国上古即有“黄为帝王之色”的认识，《汉书》中说：“黄者，中之色，君之服也。”黄龙玉的出现不仅弥补了以往国产玉种缺乏暖色系列的不足，还拥有丰富多彩、备受人们青睐的优异玉色。据业内人士分析，黄龙玉已具备了成为“国玉”的独特条件。

与和田玉和其他玉石相比，其硬度高、透度好、色彩鲜艳丰富的特性更为鲜明。近几年，黄龙玉价格一路飙升，目前已到了几千元乃至上万元每千克，其涨价速度之快，创下了玉石史上的奇迹。无论是在收藏投资领域还是在玉雕艺术领域，它都成了玉石界的一位新宠。

4. 黄龙玉的分类

根据不同的标准，黄龙玉有不同的分类（见表 2.2.1）。从宝玉石学角度，龙陵黄龙玉可分为山料、山流水、籽料三大类。

山料，顾名思义是矿脉产出的岩石块料。

山流水，又被称作半山半水料，是指黄龙玉山料经过风化、雨水冲刷、泥石流等作用自然剥落，又被搬运到河流上游，形成明显有别于山料外观的黄龙玉石料。山流水料距离原生矿脉很近，体积较大，棱角稍被磨圆，质地比山料更油润、细腻。

籽料，比前两种玉料经历更多自然力的磨砺雕琢，可以说是山料、山流水的更高级阶段。玉料被流水搬运至溪流河道中，经过千百年冲刷剥蚀和滚动磨砺，去粗取精，留下料质最细腻最致密的部分，形成籽料。籽料外观一般为卵石形，体积较小。因长期水冲磨圆和成分优化，不仅表面光滑圆润，内部也大多通透纯净。籽料的形成，过程最漫长、形成条件最苛刻，是黄龙玉中的精华品种。

表 2.2.1 黄龙玉的分类

| 分类标准 | 类别 | 特点 |
|---|---|---|
| 原石 | 山料 | 表面新鲜，无风化皮壳，为新种，多呈带棱角的块状 |
| | 草皮料 | 由山上滚落到草间 |
| | 山流水料 | 由山上滚落未能落入水中，磨圆度强于山料但不如籽料 |
| | 籽料 | 为老种玉，磨圆度好，表面一般具有天然的石肤、玉肤 |
| 质地 | 冻蜡 | 黄龙玉中品质最高、有很好的透光性 |
| | 胶蜡 | 透光度较弱，但蜡质感强，呈典型的蜡状光泽 |
| | 晶蜡 | 一般带有角锥状晶簇或肉眼可看见的结晶颗粒，结构不够均匀致密 |
| | 粗蜡 | 品质低，石化严重，晶粒最粗 |
| 色彩 | 单色类 | 只有一种颜色 |
| | 混色类 | 有两种及两种以上的颜色 |
| | 间色类 | 指黄龙玉料由两种以上的颜色呈较规则的相互平行纹带共生者 |
| | 俏色类 | 指在主色的局部出现较显眼的艳丽或底色反差强的色块 |
| | 水草花类 | 氧化锰结晶作用形成“水草花”，具有中国画特殊意境 |
| 品级 | 珍品 | 珍品石细腻通透，结晶颗粒 0.05mm 左右，半透明——透明，油脂光泽，杂质少，块度大于 40cm × 20cm × 10cm，裂纹少，色泽为白、黄中呈现块块红或丝丝红，可制作手镯、挂件、手玩件等品种 |
| | 特级品 | 特级品质地温润光滑，结晶颗粒 0.05~0.1mm，半透明，腊状光泽，杂质少，颜色为蜜腊黄色，块度大于 30cm × 15cm × 8cm，裂纹少，可制作手镯、挂件、手玩件等品种饰品 |
| | 一级品 | 一级品石质粗细相间，结构不均一，同块石料上透明程度不同，裂纹较多，块度大于 30cm × 15cm × 8cm，但颜色丰富，可作摆件 |
| | 二级品 | 二级品石质粗，块度大于 30cm × 15cm × 8cm，颜色丰富，造型奇特，可作观赏石 |

5. 黄龙玉的品质特征

（1）感官特性

从产状上看，黄龙玉的原石和软玉、翡翠等玉石一样，从原生到次生，从矿脉到坡地、沟谷，直到河流，依此可分为：山料、草皮料、山流水、籽料。

从颜色上看，黄龙玉雕色调主要是黄色、红色、橘红色等鲜明柔和色调，以及这些主要颜色的混合色、过渡色，并含有锰质、铁质氧化物沉淀的黑色、褐色花纹。黄龙玉特有的色系、色调，形成了独特、炫目的珠光宝气，在所有带黄色调的玉石品种中，黄龙玉色彩的纯正、鲜艳、亮丽、饱和是其他玉石（玉种）无与伦比的，成为黄龙玉最优异的特质。

从解理和断口上看，黄龙玉各项力学性质均匀而无解理，黄龙玉结构细腻，断口呈幼弱的参差状。

从透明度和光泽上看，黄龙玉从亚透明、半透明、微透明、不透明各级别都有。光泽主要有凝胶状光泽、蜡状光泽、油脂光泽、玻璃光泽。

（2）物理特性

黄龙玉是隐晶质到微晶质集合体，其折射率点测为 1.53~1.54，密度稳定在 2.60（+0.10，−0.05）g/cm$^3$，摩氏硬度 6.5~7，与翡翠相当，比水晶略低，比和田玉高。韧性很好，略低于和田玉，而略高于翡翠，比同样化学成分的水晶高得多。经云南省疾控中心检验，黄龙玉无放射性。

（3）成分及化学特性

经过检测，龙陵黄龙玉的矿物成分主要为石英、黄铁矿、绿脱石、高岭土、白云母等 5 种；主要成分为二氧化硅，在 82.8%~97.75%。还含有三氧化铝、铁氧化物、二氧化钛、氧化锰、氧化钙、氧化镁、氧化钠、氧化钾、五氧化磷等；黄龙玉中含有 40 多种微量元素和稀土元素，其中铬、钡、锂、钛、锰、钼、砷、锶、铯、钨等元素相对含量较高。

## （三）玛瑙文化研究

我国古书有关玛瑙的记载很多，汉代以前的史书，玛瑙被称作“琼玉”或“赤玉”。据说，玛瑙一语来源于佛经，梵语本名“阿斯玛加波”，意为“玛瑙”。佛教传入我国后，“琼玉”或“赤玉”才在我国改称为“玛瑙”。因而玛瑙也是佛教“七宝”之一，历来被人们视为装饰和佩戴的珍品，也被当作辟邪物、护身符使用。也有记载说由于玛瑙的原石外形和马脑相似，因此称它为“玛瑙”。

1. 玛瑙

（1）简介

玛瑙是玉髓类矿物的一个类别，其整体混有蛋白石和隐晶石英的纹带块体，有红、黑、黄、绿、蓝、紫、灰等各种颜色，而且一般都会具有各种不同颜色的层状及圆形条纹环带，类似于树木的年轮。蓝、紫、绿玛瑙又名

“玉髓”。玛瑙是水晶的基床，很多水晶是生长在玛瑙矿石身上，它同水晶一样也是一种硅矿石，化学成分为二氧化硅。

玛瑙一般为半透明到不透明，硬度6.5~7度，比重2.55~2.91，折光率1.535~1.539，玛瑙的历史十分悠久，它是人类最早利用的宝石材料之一。在地质历史的各个地层中，无论是火山岩还是沉积岩都能形成玛瑙。世界上玛瑙著名产地有：印度、巴西、美国、埃及、澳大利亚、墨西哥等国。墨西哥、美国和纳米比亚还产有花边状纹带的玛瑙，称为“花边玛瑙”。美国黄石公园、怀俄明州及蒙大拿州还产有“风景玛瑙”。我国玛瑙产地分布也很广泛，几乎各省都有，著名产地有：云南、黑龙江、辽宁、河北、新疆、宁夏、内蒙古等。

（2）玛瑙历史

玛瑙文化源远流长。在山西侯马乔村的战国时代墓葬中，就曾发现过一件玛瑙制作的圆环，直径约4厘米，黄色上有红斑，断面略呈三角形。而晋朝王嘉在《拾遗记》中记载：“当黄帝时，玛瑙瓮至，尧时犹存，甘露在其中，盈而不渴。”北朝诗人庾信的《杨柳歌》：“衔云酒杯赤玛瑙，煦日食螺紫琉璃。”李时珍《本草纲目·玛瑙》记载：“赤斓红色，似马之脑，故名。”

阜新玛瑙采掘及加工历史源远流长，阜新先民早在8000年前就已经从事玛瑙采掘加工了，辽代和清代乾隆年间已相当繁荣。2004年开采出的“玛瑙王”和2005年发掘出的“玛瑙长城”，轰动一时。2006年，作为民间美术的“阜新玛瑙雕”被正式列入国家首批非物质文化遗产名录。

（3）玛瑙分类

由于玛瑙的花纹和颜色变化丰富、品种很多，故有“千样玛瑙”的说法。根据不同的分类标准，玛瑙有各种不同的类别（见表2.2.2）。

**表2.2.2 玛瑙分类**

| 分类标准 | 类别 | 特征 |
|---|---|---|
| 颜色 | 红玛瑙 | 红色的玛瑙，即古代的赤玉。红玛瑙是各色玛瑙中的上品，故在《格古要论》中有“玛瑙无红一世穷”之说 |
| | 蓝玛瑙 | 蓝色或蓝白相间的玛瑙。这是一种颜色十分美丽的玛瑙，瑰度大者是玉雕的好原料。优质者颜色深蓝，次者颜色浅淡 |
| | 紫玛瑙 | 紫色玛瑙。多呈单一的紫色，优质者颜色如同紫晶，而且光亮。次者色淡，或者不够光亮，俗称“闷” |

续表

| 分类标准 | 类别 | 特征 |
|---|---|---|
| 颜色 | 绿玛瑙 | 绿色的玛瑙。自然界不见绿玛瑙，目前中国珠宝市场上的绿玛瑙几乎都是人工着色而成，其色浓绿，有的色似翡翠。绿玛瑙颜色“单薄”，质地无翠性，性脆 |
| | 黑玛瑙 | 黑色的玛瑙。自然界少见黑玛瑙，目前中国珠宝市场上的黑玛瑙都是人工着色而成，其色浓黑，易与其他黑色玉石相混 |
| | 白玛瑙 | 以白色调为主或无色的玛瑙，其实有的属于白玉髓，多用于制作珠子，然后进行人工着色，可以着色成蓝，绿，黑等色 |
| | 其他颜色的玛瑙 | 除上述各色玛瑙外，其他玛瑙均可按不同颜色加以命名 |
| 纹理构造 | 缠丝玛瑙 | 具有细纹带构造的玛瑙，亦称“缟玛瑙”。有时细纹带可细得像蚕丝一样，而且颜色有许多种变化 |
| | 带状玛瑙 | 纹带较宽的玛瑙。呈单色出现者，即前述的红玛瑙，蓝玛瑙之类 |
| 透明度 | 透明玛瑙 | 透明如水的玛瑙。在所有品种的玛瑙中，透明度越高质量越佳。完全透明如水的玛瑙比较罕见，通常半透明者就是佳口 |
| | 不透明玛瑙 | 光线透不过玛瑙的称为不透明玛瑙 |
| | 半透明玛瑙 | 介于透明和不透明玛瑙之间，这一品种在玛瑙中最为常见 |
| 质地 | 城棱玛瑙 | 在缠丝玛瑙或带状玛瑙中，如果出现形似“城郭”的棱角状构造，则称为城棱玛瑙 |
| | 苔藓玛瑙 | 当玛瑙中混入绿泥石矿物时，有时形成苔藓状或树枝状花纹，则称苔藓玛瑙 |
| | 云玛瑙 | 质地有云雾感的玛瑙 |
| | 火玛瑙 | 是一种在玛瑙条带中含有氧化铁板状晶体的玛瑙，因所含矿物在阳光下闪灼火红的光泽，故而取名火玛瑙 |
| | 闪光玛瑙 | 由玛瑙条带相互干扰，出现许多条黑色或暗色条带的玛瑙 |
| | 水胆玛瑙 | 玛瑙中包含有天然液体的品种。液体通常包裹在球状玛瑙的中心，因形态常似动物的胆囊，故而得名 |

（4）神话传说

玛瑙是吉祥、幸福、爱情的象征。传说爱和美的女神阿佛洛狄，躺在树荫下熟睡时，她的儿子爱神厄洛斯，偷偷地把她闪闪发光的指甲剪下来，并欢天喜地拿着指甲飞上了天空。飞到空中的厄洛斯，一不小心把指甲弄掉了，而掉落到地上的指甲变成了石头，就是玛瑙。因此有人认为拥有玛瑙，可以强化爱情，调整自己与爱人之间的感情。

在日本的神话中，玉祖栉明玉命献给天照大神的，就是一块月牙形的绿玛瑙，这也是日本三种神器之一。《太平广记》中亦有“玛瑙，鬼血所化也”。

给玛瑙增添了几分奇诡之色。此外，还存在玛瑙能使人隐身的传说。

（5）养生保健

玛瑙自古以来一直被当为辟邪物、护身符使用，象征友善的爱心和希望，有助于消除压力、疲劳、浊气等负性能量。将适量的玛瑙放置于枕头下，有助于安稳睡眠，并带来夜夜好梦。玛瑙可改善内分泌，加强血液循环，让气色变好，消除性方面的障碍，避免性无能与不孕产生，偏橘色的红玛瑙则可对直肠、胃肠都有效用，可活化内脏，预防便秘，帮助排出毒素，对肝病、风湿、神经痛、静脉曲张等都有舒缓的功用，对于女性，长期佩戴玛瑙可以使皮肤润滑，心情开朗，血液循环增强，使嘴唇红润，眼珠明亮有神。

2. 南红玛瑙

玛瑙颜色丰富，种类繁多，不过红色是玛瑙中的主要颜色。因为天然红色的玛瑙较少，且又色层不深，故玛瑙中的红色多为烧红玛瑙。其红色有正红、紫红、深红、褐红、酱红、黄红等。此外，色红艳如锦的称锦红玛瑙，红白相参的称锦花玛瑙或红花玛瑙。“玛瑙无红一世穷”——红是体现玛瑙品质的主色，特别是玛瑙中的精品——南红玛瑙，其色犹如彩色落霞，优雅安详，象征吉祥和幸福。南红玛瑙颜色红艳，质地温润，生于深山大泽之中，实乃天地之灵物。

（1）简介

南红玛瑙质地细腻，是我国独有的品种，产量稀少。南红玛瑙古人用之入药，养心养血。信仰佛教的人认为它有特殊的功效。佛家七宝中的“赤珠”（真珠）即是指南红玛瑙。其特性鉴定要点就是把南红玛瑙贴近强光，对着强光看能够看出南红玛瑙的红色是由无数个朱砂点聚集形成的红色，这个特点是其他玛瑙所不具备的。

（2）主要产地

按玉器行的传统说法是没有南红玛瑙这个名字的。红玛瑙分类为东红玛瑙和西红玛瑙两种：东红是指用烧红的方法对玛瑙进行增色以后得到的红玛瑙；西红玛瑙则是则是指未经任何人工增色而自然呈现红色的红玛瑙。只是由于近30年以来在云南保山地区开采的红玛瑙被称为云南红玛瑙，简称“南红”，所以现在也约定俗成地有了南红玛瑙这一称谓。随着地质勘探的发展和新的矿脉被发现，市面上的南红玛瑙主要为云南保山、甘肃迭部和四川凉山的新矿。

①云南保山

典型的南红产地主要是云南，最具代表性区域为保山市的玛瑙山。当年徐霞客所记“上多危崖，藤树倒罨，凿崖迸石，则玛瑙嵌其中焉。其色月白有红，皆不甚大，仅如拳，此其蔓也。随之深入，间得结瓜之处，大如升，圆如球，中悬为宕，而不粘于石，宕中有水养之，其晶莹紧致，异于常蔓，此玛瑙之上品，不可猝遇，其常积而市于人者，皆凿蔓所得也”，其中所记载的就是我国云南保山所出产的南红玛瑙。

②甘肃迭部南红

简称甘南红，甘南红色彩纯正，颜色偏鲜亮，色域较窄，通常都在橘红色和大红色之间，也有少量偏深红的颜色。其中的雾状结构出现的概率较少。无论是红色部分还是白芯，都具有更好的厚重感和浑厚感，相对类似于水彩颜料。一般认为甘南红的质量是南红中最好的。

③四川凉山州美姑南红玛瑙

凉山州玛瑙是近年新发现的南红玛瑙矿石。美姑玛瑙成了奇石玩家们追逐的对象，保值收藏的奇货。远在上海、北京、深圳，近到成都、西昌及周边县市的奇石大户，不畏路途之遥云集美姑，争相前来洽谈购买，还有的奇石大户怕与当地的收藏玩家发生冲突，索性就在邻近的西昌市、昭觉县城租房进行收购，打起了持久战。凉山州玛瑙是近年新发现的南红玛瑙矿石，目前美姑玛瑙成了奇石玩家们追逐的对象，保值收藏的奇货。

（3）南红玛瑙分类

南红原料因地质环境不同，质地、矿态也不相同，不同地质环境下呈现出不同的外观。根据南红原料的天然形状，一般可分为：水料南红、山料南红、火山南红。而综合目前已知的南红材料及以往业内的常规说法，我们按颜色可将南红分为：锦红、玫瑰红、朱砂红、红白料、缟红料等。

①锦红——南红中，锦红最为珍贵。最佳者红艳如锦，其特点：红、糯、细、润、匀。颜色以正红、大红色为主体，其中也包含大家所熟知的柿子红。

②玫瑰红——颜色相对锦红偏紫，整体为紫红色，如绽放的玫瑰，史上较为罕见，在凉山南红矿中有一定量的出现。

③朱砂红——红色主体可以明显看见由朱砂点聚集而成，也有的呈现出近似火焰的纹理。有的朱砂红的火焰纹甚是妖娆，有一种独特的美感。

④红白料——红颜色与白色相伴生，比如常见的红白蚕丝料，其中红白分明者罕见，通过巧妙的设计雕刻，可达到意想不到的艺术效果。

⑤缟红料——是有着以红色系为主体的缤纷纹理的南红材料，因其纹理类似红缟纹理，故被玩家们称为缟红纹南红。

## 三、珠宝产业链分析与设计

产业链是指在一种最终产品的生产加工过程中，从最初的自然资源到最终产品到达消费者手中所包含的各个环节所构成的整个的生产链条。通过对保山市珠宝产业链的分析，可以了解地区和企业在产业链中的地位和作用，分析各产业部门之间的链条式关联关系，探讨区域之间、企业之间的分工合作、互补互动、协调运行等问题，也为构建与延伸保山市珠宝产业链提供借鉴。

### （一）产业链概念与内涵

1. 产业链的概念

产业链是产业经济学中的一个概念，是对产业部门间基于技术经济联系，而表现出的环环相扣的关联关系的形象描述。杨公朴、夏大慰（2002）认为：产业依据前、后向的关联关系组成的一种网络结构称为产业链。产业链的实质就是产业关联，而产业关联的实质就是各产业相互之间的供给与需求、投人与产出的关系；[①]龚勤林（2004）认为：产业链是各个产业部门之间基于一定的技术经济关联并依据特定的逻辑关系和时空布局关系客观形成的链条式关联形态。[②]

从定义可以看出，产业链是同一产业或不同产业的企业，以产品为对象，以投入产出为纽带，以价值增值为导向，以满足用户需求为目标，依据特定的逻辑联系和时空布局形成的上下关联的、动态的链式中间组织。

2. 产业链的内涵

（1）产业链的含义

产业链即从一种或几种资源通过若干产业层次不断向下游产业转移直至到达消费者的路径，它包含四层含义：

一是产业链是产业层次的表达，多层次的开发有利于扩大市场份额；

二是产业链是产业关联程度的表达，产业关联性越强，链条越紧密，资源的配置效率也越高；

三是产业链是资源加工深度的表达，产业链越长，表明加工可以达到的深度越深，附加值越高；

四是产业链是满足需求程度的表达，产业链始于自然资源、止于消费市场，但起点和终点并非固定不变。

---

① 场公朴．夏大慰．现代产业经济学 [M]. 上海：上海财经大学出版社，2002：50–80.

② 龚勤林．论形业链构建与统筹发展 [J]. 经济学家，2004（3）：121–123.

（2）产业链的分类

采用刘贵富教授（2006）对产业链的分类方法[①]，包括：

①行业分类法。可分为农业产业链、林业产业链、汽车产业链、IT 产业链、旅游产业链、金融产业链等。

②层次分类法。可分为宏观产业链、中观产业链、微观产业链。宏观产业链是指全球产业链或全国范围内某行业产业链。中观产业链是指区域内部或区际之间的产业链。微观产业链是指区域内某个经济主体或行业的产业链。

③形成方式分类法。产业链按形成过程中企业与企业之间的关系可分为技术推动型（图 2.3.1）、资源带动型（图 2.3.2）、需求拉动型（图 2.3.3）、综合联动型（图 2.3.4）四种。

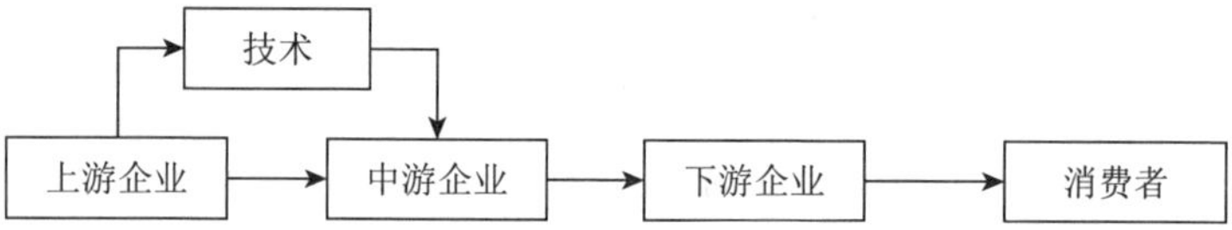


**图 2.3.1　技术推动型产业链**

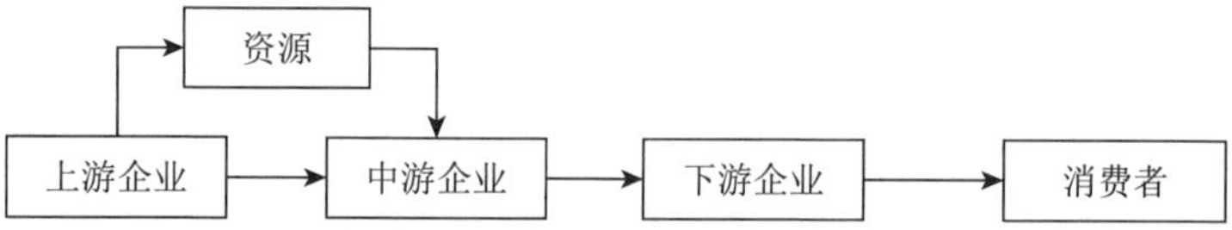


**图 2.3.2　资源带动型产业链**

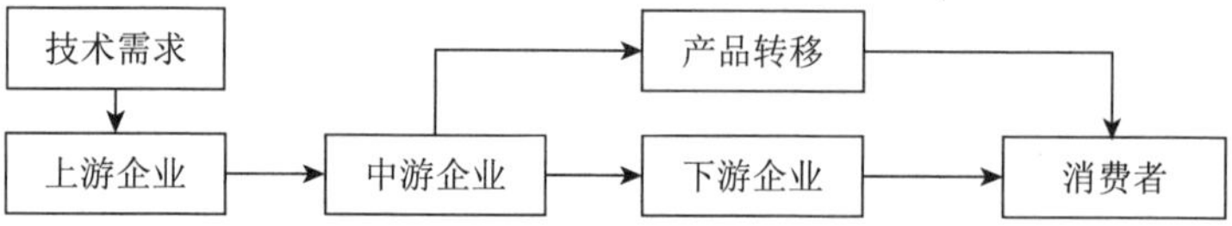


**图 2.3.3　需求拉动型产业链**

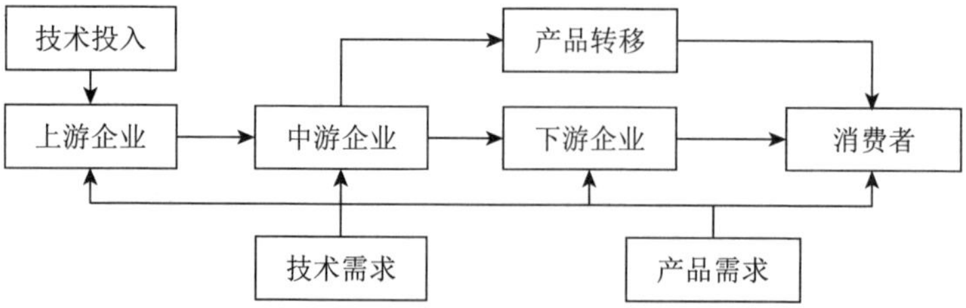


**图 2.3.4　综合联动型产业链**

① 刘贵富，赵英才．产业链的分类研究 [J]. 学术交流，2006（8）：102-106.

④方向分类法。可分为垂直的供需链和横向的协作链，垂直关系是产业链的主要结构，也有人把这种垂直分工划分为产业的上、中、下游关系。横向协作关系则是我们经常提到的产业配套问题。

### （二）珠宝产业链分析

1. 珠宝产业链的概念

从珠宝产业自身的产业结构和产品特点出发，将珠宝产业链定义为：众多生产主体围绕珠宝产品（包括首饰、工艺品、大件雕刻作品等）在垂直方向上形成了前后关联的一体化链条，珠宝产业链的交易既含有产业链内各生产主体间的交易，也包括珠宝产业链内外生产主体间的交易。具体来说，珠宝产业链包括资源开采、原料交易、生产加工、批发销售等阶段。

2. 珠宝产业链的结构

珠宝产业虽然没有像汽车、家电等行业的激烈白热化竞争，但产业链竞争亦成为珠宝行业在市场竞争中相当重要的一个环节。珠宝行业产业链的长短、是否完善，直接影响着市场竞争的优劣。谁能够在市场竞争激烈的今天掌握产业链优势，谁就能在市场竞争中掌握主动。

我国是世界上最大的玉石和翡翠消费市场，下面以翡翠为例来分析珠宝产业链的结构。翡翠的原料产于缅甸，由于政策、税收等原因，目前高档翡翠毛料 80% 进入广东，中低端翡翠毛料 90% 由德宏进入国内，而中低端的翡翠毛料绝大部分都只是过境德宏，过境云南，直接拉到平洲进行二次公盘，或者拉到广州、揭阳等地直接加工；内地的翡翠加工集中在广东，高档的在揭阳，中低档的在四会和佛山的平州，云南也有部分中低端翡翠加工地点；翡翠的销售遍布全国各地，环渤海、珠三角、长三角以及香港、澳门等地，云南因为旅游业的迅速发展，也成为重要的销售地之一。

### （三）中国珠宝产业现状

1. 珠宝市场需求

改革开放以来，人们生活水平不断提高，对文化艺术的关注与崇尚为珠宝业的持续发展带来了广阔的市场。2016 年，我国奢侈品消费高达 300 亿美元，取代日本成为全球第二大奢侈品消费国，而我国城镇人均可支配收入约为 3000 美元，处于美国 20 世纪 70 年代水平。在这一可支配收入水平下，奢侈品的消费大多处于炫耀、从众和追求社会地位的阶段。人们通过购买稀缺、昂贵、高品质的珠宝首饰来体现身份、财富、地位和优越感，使珠宝消费需求日益旺盛。在通货膨胀背景下，珠宝也因其保值增值功能备受消费者青睐。

2002年我国珠宝首饰类商品零售总额首次突破1000亿元，2009年达到2200亿元，2010年突破2500亿元。中国珠宝玉石首饰行业协会公布的数据显示，截至2011年，我国珠宝首饰行业销售总额为3800亿元，同比增长了52%，10年来年均复合增长率达28%，增长率领先于欧、美、日等其他市场。受全球经济大环境影响，在过去一年传统珠宝行业的日子并不好过：结束了30多年的高增长期，一头扎进了产能过剩、品牌同质化严重的尴尬期。据分析，珠宝首饰行业预计2019—2021年可以达到11000亿元的市场空间。

2. 珠宝产业集群

珠宝产业集群化发展现成为中国珠宝产业提高综合竞争力，促进区域珠宝特色产业链的延伸与升级的重要方向。目前，中国19个珠宝玉石首饰特色产地，特色鲜明，优势突出，无论是珍珠养殖、玉石雕刻还是首饰加工等，都为所在的城市增添了魅力，也为珠宝产业的繁荣带来了生机。深圳罗湖、广州番禺等珠宝特色产业基地，主要是贵金属首饰镶嵌加工、钻石切磨以及配套产品集聚地区，形成了一些骨干龙头企业和众多中小企业，同时在当地政府的大力支持下，物流服务、信息服务、技术服务等配套支撑体系不断得以完善。内蒙古赤峰、辽宁阜新、辽宁岫岩、浙江青田、福州晋安、山东昌乐、江苏东海依托特色的资源优势，发展玉石雕刻加工产业，成为当地农民就业、致富的重要渠道。河南镇平、广东四会、广东平洲虽然没有玉石资源，但在当地政府的支持下，也形成了规模巨大享誉国内外的玉石雕刻加工和贸易基地。

3. 珠宝销售趋势

（1）市场规模呈现扩大趋势。2016年市场销售额约3100亿元，占我国珠宝零售总额的近60%。其他贵金属市场销售约400亿元。其中，白银首饰及器皿用银4000吨左右，首饰用铂金消费约35吨。钻石品类终端市场销售约450亿元。珍珠年产量约800吨，其中一半被国内市场消费，销售额约150亿元。彩色宝石、半宝石消费约200亿元。翡翠、玉石市场则是见底平稳的迹象。市场销售额约400亿元。个性化产品及智能化首饰等消费呈现快速发展的态势。仿首饰、智能化首饰等产品消费超过200亿元。

（2）三线城市成为热点。根据Frost & Sullivan发布的报告，2016年中国内地一线和二线城市的销售额占中国珠宝首饰市场零售额的66.3%，预计2017—2020年，一线、二线城市的销售额年均增长率达34.7%，但增长趋势逐渐减缓，预计到2019年，销售额所占比例将降至57.3%。相对而言，三线城市及其他次级城市的销售增势明显，2017年销售额所占比例为33.7%，预计到2015年将达到42.7%，2017—2020年年复合增长率为45.3%。由于三线城市及其他次级城市的营运成本较低，许多大型珠宝首饰零售商开始把市场拓展的重点定位在这些城市，以争取更大的市场占有率。

（3）电商模式发展迅速。推进珠宝企业持续发展面对电子商务的蓬勃发展，珠宝企业纷纷试水电子商务，开拓商业营销的新模式、新路径和新市场，抢占商品销售的新高地。入驻淘宝网的珠宝资源与产业店铺已达3000多家，其中包含300多家天猫商城品牌店铺，人们已经可以通过品牌自营网站或者天猫旗舰店等信用、保障较高的渠道购买到喜爱的珠宝。然而，消费者对贵重物品的购买较为慎重，在珠宝行业电子商务优势还不明显，所占市场份额还比较小，大部分利润由体验店获得。珠宝行业电子商务发展需要建立在较完善的诚信体系之上，比如BlueNile的成功和美国完善的诚信体系是分不开的，并且它本身就具有非常强的品牌优势。珠宝行业电子商务的发展宜选择可量化的产品，如黄金、钻石，通过重量、成色、颜色、净度等指标的衡量使消费者更了解产品。同时，发展电子商务还需要不断创新，将电子商务作为一种销售渠道和塑造企业品牌的重要平台。电子商务的发展应和企业的整体发展战略紧密结合，不能以短期盈利为主导。

（4）品牌化发展成为重点。目前，珠宝市场已从卖方市场转为买方市场，珠宝企业之品牌优势对于扩大客户群体和市场影响力，增加顾客的信任度，提高产品的附加值有着重要作用。因此，近年来各大珠宝公司加快品牌建设，提高品牌创新能力和市场竞争力。从近几年世界品牌实验室（World Brand Lab）编制的“中国500最具价值品牌排行榜”来看，主要珠宝公司的品牌价值均有较大提高。目前国内高端市场主要被蒂凡尼、卡地亚等国际珠宝巨头所垄断，国内品牌在中端市场占主要份额，主要竞争品牌有香港的周大福、周生生、谢瑞麟、六福珠宝和内地的老凤祥、老庙黄金、亚一金店、潮宏基、明牌珠宝等。从销售品类上看，高端市场的主要产品为毛利率较高的镶嵌饰品和钻石饰品，而中端市场的主要产品则是毛利率相对较低的黄金和铂金饰品。

## （四）深圳珠宝产业链

1. 深圳珠宝产业现状

1981年12月，深圳成立了首家“三来一补”企业——东方首饰来料加工厂，投资总额180万元，职工50余人，生产加工足金饰品。1982年的产值15万元。1984年12月，经原轻工部和中国人民银行总行批准，深圳首家定点生产经营金饰品的国有内联企业——艺华公司成立。从1981年至今，深圳黄金珠宝首饰产业的发展，可以分为三个时期：1981—1988年为起步阶段；1989—1996年，是深圳黄金珠宝首饰行业的迅速发展时期；1997年至今，是深圳黄金珠宝首饰行业的规模化、集约化发展时期。

（1）第一个时期（1981—1988年）：企业规模小、数量少，产品以足金饰品为主，生产技术较落后，而且以"三来一补"企业为主。

（2）第二个时期（1989—1996年）：企业数量增加、规模迅速扩大，生产的工艺和技术大幅度地提高。1989年5月，市政府把金银珠宝首饰业定位为出口创汇支柱行业，加强了支持。同时，拥有《金银经营许可证》的国有、内联企业迅速增加，占据了市场的主导地位，而且民营企业异军突起，给行业发展增添了活力。1993年，有的公司率先引进了铂金铸造设备，率先开始了铂金饰品的生产。

（3）第三个时期（1997年至今）：上规模的企业迅速成长，著名和驰名品牌大量涌现，生产技术进一步提高。电脑设计、快速成型、激光焊接、激光铸模、网络技术及计算机管理的普及，使深圳市的黄金珠宝首饰业的生产技术达到了国内先进水平，并奠定了其在国内黄金珠宝首饰业的龙头地位。

2. 深圳珠宝产业链现状

（1）素金首饰产业链。从产业链的角度分析，我国的金矿主要集中在山东、河南等省，2003年全国生产黄金200.06吨，上海黄金交易所2003年的交易量为210吨。深圳黄金首饰企业的黄金用量占上海黄金交易所总交易量的90%。我国年消费黄金首饰200吨左右，是世界上第四大黄金消费国。深圳的黄金首饰生产企业，都是把黄金原料直接加工制造成黄金首饰。从黄金首饰供应链分析，除了黄金原料以外，在生产纯金链条时所用的织链机主要来自国外，而且集中在意大利和日本，其他生产所用的工具、包装材料、辅料等，深圳可以自己配套，而且黄金首饰的生产主要由深圳完成。黄金首饰的批发绝大部分由深圳的企业自己完成，零售环节也可以完成相当大的部分。

（2）镶嵌首饰的产业链。我国是一个钻石资源稀缺的国家，生产的毛坯还不能满足一个小型加工厂的需要。国际上的钻石是被戴比尔斯垄断的，戴比尔斯的下属机构——DTC，是一个专门从事钻石市场营销的机构，DTC对全球大部分钻石进行分类、评价，并向看货商提供钻石毛坯。全球一共有60个看货商可以从DTC拿到配货，香港有一家，印度占了看货商的大部分。据统计，印度可以得到全球配货量的67%，而中国内地还没有一家看货商，因此内地需要的钻石都依赖进口。我国内地已经有了一支近3万人的钻石加工队伍，其中广东约1万人，山东有8000人。中国的钻石加工技术已被国际上接受，称为“中国工”。由于我国的税收政策对钻石的进口综合税率较高，所以经加工的钻石无法在国内销售，只能是通过来料加工后再出口，与中国的珠宝首饰行业没有直接的联系。我国是世界第二大钻石消费国。2004年上半年钻石的交易额为1.74亿美元，与上年同期相比，增长49%。深圳的镶嵌首饰企业有300多家，镶嵌所需的宝石绝大部分来自国外，但各种宝石的情况又有不同，下面以钻石和翡翠为例。深圳镶嵌首饰所需的钻石全部依赖进口。如何使我国的钻石首饰产业链延长，需要有政策环境的改善，还需要在钻石加工和首饰加工业之间建立联系，加强联合，钻石镶嵌首饰的制造全部由深圳企业完成。

3. 深圳珠宝产业集聚的原因

（1）深圳是我国率先建立社会主义市场经济体制的地区，为企业的成立和发展，尤其是民营企业的发展奠定了基础。

（2）创业和创新的文化。这种创新文化表现在开拓、创新、永不言败上。在创新文化的培育下，深圳成为创业的沃土，也是创业家的乐园。在这里涌现出了许多创业者，包括黄金珠宝首饰行业中的创业者，他们经过艰苦的创业，成为成功的企业家。他们的创业精神和创业活动，提高了企业的竞争能力，也使大批珠宝首饰企业落户深圳。

（3）比较宽松的融资环境。对于资金密集型的珠宝首饰行业来说，宽松的融资环境，为行业发展提供了外部环境。深圳还有比较完善的中介机构和各种社会化的服务机构，企业能很快在深圳找到配套和服务，这能支持企业的发展与壮大。

（4）政府政策的支持。能够在政府和行业之间达成共识，从而加快行业的发展。深圳市政府把黄金珠宝首饰行业定为重点支持的传统行业之一，政府支持建立行业的集聚基地和研发中心，为行业的发展和提高提供新的平台。

（5）已经培养出大批珠宝首饰行业的劳动大军，他们掌握了珠宝首饰加工的工艺和技术，也培养了一批行业发展需要的设计人才和管理人才，他们可以在行业内自由流动，成为行业发展的基础。

（6）特殊的地理位置，紧靠香港这个国际上著名的黄金珠宝首饰的集散地，可以从香港学到国际流行的设计风格，学到新的工艺和技术，还可以通过每年香港的国际珠宝展，了解国际上珠宝首饰的新潮流。

## 四、保税区研究

### （一）保税区简介

综合保税区是指在国务院的批准下，设立在内陆地区具有保税港区功能的海关特殊监管区域，综合保税区由海关参照有关规定进行管理，执行保税港区的税收和外汇政策，集保税区、出口加工区、保税物流区、港口的功能于一身，可以发展国际中转、配送、采购、转口贸易和出口加工等业务。简而言之，就是集保税库房以及工厂于一体的综合管理地区。通过资源整合、制度创新、国际合作和产业集聚，打造全国一流、世界知名的航空产业园区。一是通过产业集聚，形成完整的航空产业链条；二是通过资源整合，加快实施国家航空战略；三是通过制度创新，创造良好的产业发展环境；四是通过国际合作，拓展航空产业发展空间。

综合保税区可以说是在国家层面上开放范畴最大、给予的优惠最齐全、功用最多、程序最精简的特别开放地区。通过现有的条文法规，海关部门为综合保税区进行封闭式的管制，国外的产品一旦到了保税区，进行保税方面的管制；国内任何区域的产品到了保税区，也等同于到了境外；另外，外国经济贸易、外汇管理相关部门同时要对综合保税区进行同等优惠的条文和政策。公司在综合保税区进行港口作业贸易，海关等相关部门在区域内确认货物过关后，可以到任何港口转关后直接进行出口贸易，不用再进行二次开箱开柜检查。关于税收的主要条例有：国外产品进入园区后的保税政策；货物出区进入国内销售按货物进口的有关规定办理报关，并按货物实际状态征税；国内的产品进入区域后等同于出口贸易，进行退税；园区内的公司之间在产品贸易时不用再次征收相关的增值以及消费等税收。

### （二）保税区管理模式

1. 企业运营模式

企业化运营管理模式由专门的一个独立自主公司运营，在这一管理模式下，政府不设立具体机构进行管理，由专业的管理公司按照法律授权开展相关的建设与管理工作。关于管理方面的投资成本监控层面，企业管理方式的优势可以得到完全发挥，它管理的灵动性以及效率性是政府方面无法企及的。对于那些市场化运作成熟的综合保税区，适合采用此种管理模式。

2. 管委会模式

管委会模式不是单纯的政府方面的管制，也不是单调的公司化的经营，它是有效地把两者相结合，完全融合两者的优势并消除其中的劣势。两者都需要法律的保护，通过订立合同的形式来让双方权责分明，在事关一些关键对策、计划和审批方面的事务时，需要运用海关监督管理的手续来进行协调。开拓发展的企业的职责是经营事务，利用公司化的手续进行管理。

3. 管委会——开发公司模式

管委会的职责是规划未来发展的计划、目标以及执行行政管理的职能，一般来说，投资建设公司的职责是承担综合保税区及周边服务区域的建设工作，包括土地开拓发展、前期工程设备建立及后期工程运营服务等。公司是综合保税区在建设过程中的代表法人，负责综合保税区进行总体上的计划创设、基本的设备维护与构建、公共场所和厂房、库房等项目的建造工作。作为保税区建设的融资平台，负责综合保税区和周围的一些配套设施的土地开拓发展、基本设备的创建以及海关围网工程、综合型行政楼和一些厂房的创建融合资金工作；它是综合保税区经营方面的主要管理者，在进行基本配备的工作完成后，能够建立合格的厂房、库房等设备，建立后还可以承租给其他企业使用，另外还可以给承租的企业以物业方面、信息方面、咨询方面等的服务，让保税区有条不紊地进行运作。

## （三）我国保税区基本情况

1. 我国保税区发展现状

我国兴建保税区的时间，始于 1987 年深圳市自建的沙头角保税工业区，而国家正式认可的，则始于 1990 年国务院批准的上海外高桥保税区。自从 1990 年第一个保税区设立后，经过 24 年的发展，我国目前已经有 15 个保税区，14 个保税港区，18 个综合保税区，5 个保税物流园区。保税区的各项功能也得到了不同程度的发展，在国际贸易、吸引外商投资和拉动地方经济发展方面发挥了重要作用。数据显示，2012 年全国综合保税区进出口 1712.9 亿美元，同比增长 50.7%。其中出口 1042.3 亿美元，同比增长 52.4%；进口 670.6 亿美元，同比增长 48.2%。

随着中国融入全球步伐的加快，中国保税区逐步形成沿中国黄金海岸线的区域性开放格局：南有以广州、深圳为主的珠江三角洲区域，东南有以福州、厦门为主的海峡西岸区域，中有以上海、宁波为主的长江三角洲区域，北有以天津、大连、青岛为主的渤海湾区域。四个区域的保税区成为中国与世界进行对接交流的重要口岸，形成独特的“境内关外”物流运作模式。

2. 云南省保税区情况

云南省地处祖国边疆，独特的地理区位在一定程度上阻碍了全省的经济发展，因此在云南建立保税区的任务至关重要。

2012 年 12 月，云南省第一个也是目前唯一一个综合保税区红河州综合保税区获得国务院批准，并于 2014 年 4 月 19 日在蒙自红河州工业园区正式启动该项目。据悉，该项目建设在红河工业园区，保税区围网范围规划面积 2.69 平方千米，设置口岸操作配套区、保税物流区、保税加工区、综合服务区等功能区。计划按照“统筹规划、分步实施、满足园区、兼顾发展”的理念，分二期规划建设。一期规划面积 1.97 平方千米，总投资 17.25 亿元，计划 2015 年建成并封关运行。二期为产业用地拓展延伸，将按照保税区内的产业发展现状及需求进行配套扩建。在跨合区构建以进出口加工、跨境和旅游、国际金融、国际会展为主体，重点发展燃料乙醇、变性淀粉等特色加工产业以及高原特色农业，加快红河进出口加工特色工业园区路网、电网等基础设施，为招商引资、企业入驻提供基础条件。待保税区建成后，红河州借助国家综合保税区的优惠政策，充分发挥红河州的生产技术和产能优势，发展加工贸易扩大双方经济合作与交流，促进地方加快结构调整，促进产业升级，实现做大做强红河工业。

此外，猴桥边境经济合作区和昆明综合保税区被列入《政府工作报告》，目前昆明综合保税区的申报工作还在进行中，猴桥边境经济合作区正在上报商务部审定。

### （四）我国保税区面临的问题

1. 区内企业难以开拓国内市场

综合保税区内的企业，或许在设立之初只是打算利用中国廉价的劳动力和各种自然资源完成其产品中的加工组装环节，最终的成品是销售到国外去的，对中国的国内市场并不太关心。但随着近年世界经济的持续走软和国际市场的萎靡不振及中国经济的快速增长，区内越来越多的企业把目光投向了广阔的中国市场。不过在这个时候，这些人醒悟一旦商品要进行内部销售会有许许多多的实际难处：第一是在产品的税收里面，因为综保区一般被等同于国家境内的关外世界，所以在这里的产品都是需要报海关的，由区内企业报关“出口”（出口给区外的国内普通区域的企业，区外企业报关进口，同时，区外企业需要缴纳进口关税和增值税。正是在缴纳关税和增值税这个环节上，综合保税区内企业所售产品的关税和增值税是按照出区状态征税的，亦即按照产品的销售价格来计算应纳税款；但同样的产品由处于综合保税区外普通区域的企业通过加工贸易手册进行保税加工后内销国内市场的话，在销售环节虽然也同样要补缴关税和增值税，但税款的计算依据则是按照产品折算原材料后的金额来缴税，这就会导致综合保税区内的企业相对区企业而言在内销时会多缴税款。其次，区内企业在产品内销报关时，因为报关费用是固定的，企业每销售一单产品，不管数量多少，都要承担一票报关费用，增加了销售成本，如果是在区外进行加工销售的企业在进行保税商品内部销售的时候就不会产生这种难题。最后，由于综合保税区内的企业没有资格开具增值税发票，只能开具外销发票报关出口货物，这就对区外客户有了资质上的要求，即区外客户必须是在海关注册登记过的有进出口资质的企业，这样其才能进口报关。据笔者调查，正是由于上述几个产品内销上的困难，我国已经有多个综合保税区的内销数量比较大的企业，在与原企业相距不远但位于综合保税区外的普通区域又重新设立了工厂，主要从事内销产品的生产销售。甚至有企业，其新设立的区外内销工厂与原综合保税区内的工厂仅一综合保税区围墙之隔。说到底，这些重复设厂的企业虽然有重复投资、资源浪费之嫌，但也都是碍于综合保税区的限制，又为了开拓国内市场不得已而为之的行为。

2. 区内企业较高物流成本阻碍了发展

从综合保税区内企业国际进出口货物的物流运输方面来看，综合保税区不像保税港区那样都位于沿海城市，而是位于没有港口的内陆城市，撇除部分紧邻机场的综保区之后，别的地方都不可以和保税港区一样把产品装箱立即运往外国，它们都是需要至少几十千米的路程才能把产品转关后进行运送，把货物从综合保税区所在地海关施加关封后通过转关运输运往口岸海关再最终装上货轮或是飞机运往国外，承担这段内陆转关运输的车辆必须是在海关注册登记过的标有“海关监管”标识的车辆，也就是俗称的“白卡”车（白卡两个字来源于这种车辆的海关登记簿封面颜色最早是白色的）。出口同样的货物到国外，如果是从位于综合保税区外面的企业出口，只要用普通车辆把货物运输至口岸海关清关就可以了。由于白卡车辆的特殊性其比普通车辆一天的费用一般要高出百分之一二十。如果是海运拼箱货的话，按照目前的海关操作流程，白卡车辆的海关登记簿需要在货物被送进海关监管仓库后就押在口岸海关，直到报关完成后才能寄回给车主继续使用，这一过程一般快则两三天，慢则四五天，这就意味着在这段时间里白卡车辆就不能被用于其他货物的转关运输。

3. 双重监督管制降低综保区运营效率

目前海关对综合保税区内企业的双重监管主要体现在以下两个方面：一是在企业的电子账册核销方面，综合保税区内的企业人员和货物都要通过专用卡口进出，受到海关全天候24小时的监管。但同时，海关还通过电子账册对区内企业进行保税物料的管理。二是在企业零散货物样品进出区方面，综合保税区内的企业，除了正常的批量买进原材料和批量销售成品外，和其他所有企业一样，也会有供应商的新产品打样、提供给客户的免费样品、与客户或供应商之间的不良品退换货等。因此，双重监管降低了保税区运营效率。

4. 信息不通畅导致问题堆积

我国海关对从事加工贸易的企业在进出口通关、料件成品备案、单损耗核定及账册核销等方面有着专门的信息化管理系统进行管理和监督，从20世纪80年代的系统到本世纪初的系统再到现在的系统，这些系统的升级换代都是在经历了大量的前期准备工作之后进行的，时间间隔也都在10年左右，系统的运行表现也十分成熟稳定，这对企业的正常使用影响较小。然而与综合保税区外的众多企业所不同的是，我国各个综合保税区内的企业还被海关要求使用着综合保税区内特有的企业关务和物流信息化管理系统。客观来说，该系统的确为综合保税区海关对区内企业的监管带来了便利，在一定程度上减轻了海关人员的工作量。

### （五）保山珠宝保税区可行性

1. 保山市建立珠宝保税区的必要性

（1）市场购买力增强

从2009年到2014年，保山市GDP从221.7亿元增加到449.7亿元，增加了102.8%，平均增长率为20.56%。据统计，2013年保山市人均珠宝消费额为300元，这预示着保山市珠宝销售市场尚有很大前景。

（2）旅游接待人数以及旅游业总收入的增长

从2005年到2013年，旅游接待人数从383万人次增长到805.4万人次，9年的增长了110.2%，平均年增长率为12.24%；旅游总收入从12.7亿元到65.6亿元，增长了416.5%。旅游业的强劲发展可以为珠宝产业带来可观的消费市场。

（3）社会价值观、消费结构转型

“爱美之心人皆有之”，每个有购买力的人都渴望有一块属于自己的珠宝；现代人注重养生、健身，珠宝可以满足部分需求；某些珠宝是财富、地位、形象的象征，保山市的黄龙玉、玛瑙、翡翠都拥有自己的高端产品、高端品牌。

（4）打造珠宝产业增长极

未来保山市计划打造以珠宝产业为中心的产业增长极，通过设立保税区控制上游原材料尤为迫切。

总之，保山市要尽快建立自己的珠宝保税区，与周边国家建立起跨境合作区，加大开放力度和自由度，在保税仓储、出口加工、转口贸易、进口加工、国际贸易、商品展示等方面实现突破，促进保山市产业结构的转型升级，加快保山“十二五”规划进度。

2. 保山市建立南亚珠宝保税区的条件

（1）地理区位优势。保山市是“南方丝绸之路”的重要通商口岸、抗日战争时期“史迪威公路”的重要枢纽，同时也是孟中印缅国际通道的枢纽；《保山市城市总体规划修改（2013—2030）》是以保山市为中心，致力于辐射密支那、瑞丽、腾冲、昆明的内圈层，缅甸曼德拉中圈层，泰国仰光、孟加拉国加尔各答的外圈层。

（2）政策优势。国家以及政府相关珠宝产业、石产业规划和政策的实施。如提出“桥头堡”战略、“南方丝绸之路”等，猴桥国家一级口岸的建立、将保山打造为“走向南亚第一市”等。

（3）品牌优势。“云南珠宝”“腾越翡翠”“龙陵黄龙玉”等珠宝品牌已经深入人心。“买翡翠到腾冲”“腾冲翡翠无假货”的宣传口号为保山建立珠宝保税区奠定了品牌基础。

（4）基础优势。猴桥口岸边境经济合作区；2014 年 3 月 12 日腾冲猴桥口岸免税店正式开业；保税区建设（国家一级口岸一般可获批 10 平方千米的保税区）2014 年年底前要完成猴桥保税区扩容的申请，批准后立即开展首批三处，即开始大小堡子保税仓库区、小永保税仓库区和义乌国际商贸城保税仓库区的建设（《保山中心城市商贸物流发展规划》）。

3. 保山市珠宝保税区建设方向——打造南亚珠宝保税区

成熟的珠宝品牌、打造珠宝支柱产业的目标、优越的地理区位以及建立保山市腾冲保税区的良好趋势，为保山申请建立“南亚珠宝保税区”奠定了先决条件。保税区的建立将立足于孟中印缅国际通道枢纽，与保山隆阳区合作申报“南亚珠宝保税区”，扩容腾冲猴桥保税区。

隆阳是保山市市中心，规划要建立以隆阳珠宝产业为中心的核心层、发展层、辐射层，带动周围区域珠宝联动发展，而且还要打造隆阳珠宝产业极核。因此，规划建议保山隆阳和猴桥口岸合作申报“南亚珠宝保税区”，扩容腾冲猴桥保税区规模，在隆阳区也要兴建各种保税区。降低珠宝原料进出口税收成本、吸引各国内外大招商企业投资、从实际意义上解决“保山珠宝原料难”的问题，打造保山独具特色的产业发展优势，这将成为带动云南珠宝走向南亚的一项重要举措。

## 五、实践案例与经验借鉴

### （一）国际珠宝产业城经验模式

1. 维琴察模式：意大利“黄金之城”“金饰之都”

（1）建设现状

维琴察（Vicenzaoro）位于威尼斯附近，是意大利著名的珠宝制造产地。意大利金银珠宝首饰业在世界上享有极高的声望，维琴察则被国际业内人士誉为“金城”“黄金之城”“金饰之都”。意大利是世界金饰领域的佼佼者，其黄金首饰工艺在全世界屈指可数，而意大利最重要的金饰产业区就集中在维琴察，聚集了有近千家大小不一的首饰公司；意大利维琴察国际珠宝展览会，与瑞士巴塞尔和美国拉斯维加斯珠宝展并称为世界三大珠宝展，领导着欧洲乃至全球的黄金珠宝首饰潮流；维琴察的珠宝设计师有丰富的设计经验和制作工艺，当地的黄金首饰设计学校培养了很多优秀的设计师。

（2）发展经验

①以国际珠宝展作为黄金产业发展的突破口

维琴察每年举办三次金银首饰展：1 月举办维琴察黄金 1 展、6 月举办维琴察黄金 2 展、9 月举办黄金珠宝展，展品非常丰富，包括金银首饰、铂金首饰、银器、钟表、宝石和半宝石、天然和养殖珍珠、珊瑚等，珠宝首饰相关用品和设备，珠宝首饰包装和配件，以及专业刊物媒体软件等。展览会期间还组织一系列报告会、介绍会和座谈会，讨论意大利国内外金银制造业遇到的各种问题，为业内人士更新知识、增长见识创造了有利条件。据该展会统计资料：平均每届云集了世界各地的参展商约 1500 家，接待来自 100 多个国家和地区的 16000~23000 余名专业人士观展。

②注重珠宝产品的原创设计

珠宝的原创设计、工艺以及新的艺术创作思潮，是意大利维琴察珠宝展作为全球知名珠宝展会之一的主要优势。每年三次的维琴察珠宝展期间，很多珠宝设计师带着自己精心绘制的设计图到展览现场与各珠宝企业和品牌洽谈，推销自己的设计，这其中有许多专业的自由珠宝设计师。“魅力渲染”（Glam room）展区和“珠宝世界”厅，汇聚了意大利本土珠宝商和其他地区珠宝企业最新的原创设计，淋漓尽致地展现了意大利在黄金首饰创意设计方面的传统优势。

2. 伊达尔—奥伯斯坦模式：德国“宝石之都”

（1）建设现状

伊达尔—奥伯斯坦（Idar-Oberstein）是位于德国南部莱因兰—法耳次州的一座小城，已有450多年磨制宝石历史。星罗棋布在纳厄河狭窄拥挤的河谷里的600多家宝石工厂，每年可研磨和抛光来自53个国家的数千吨原宝石，有“宝石之都”的美称。伊达尔—奥伯斯坦人口仅有3.8万人，而宝石业工人竟达1万人之多，所产宝石80%用于出口，远销130多个国家和地区。此外，该市还生产用于工业设备的金刚石、用于精密仪器（如水平仪、钟表、测量仪等）的宝石、用于唱机的蓝宝石。在城市中心，有世界上独一无二的宝石交易所，为各种钻石、宝石和次等天然宝石定价、购销，拥有世界上最大的宝石仓库，存放着数千吨原宝石，当地还建有鉴别宝石真伪的宝石研究所、宝石制造学校等。

（2）发展经验

①依托传统优势继承和发展珠宝产业

奥伯斯坦原本是一个默默无闻的小村庄。500多年前，人们在附近的山里发现了丰富的玛瑙、紫水晶、碧玉等宝矿，于是村民都以从事宝石开采为生。最初，这里的人们把开采出来未经加工的各种宝石直接卖给商人。从1540年起，奥伯斯坦陆续出现了当地人开办的宝石作坊，推动了这里的兴荣和繁华。虽然1870年前后，当地的玛瑙采尽，但加工业没有停止，利用巴西的玛瑙和其他宝石，同时首饰制造业和钻石切磨业也开始发展。如今，为了不负“宝石之都”的盛名，奥伯斯坦建立了宝石加工技术专科学校、宝石交易所等。奥伯斯坦人还建立了连接世界宝石主要生产国和交易市场的信息网络。现在，世界上开采出价值较高的宝石的消息几个小时后就可通过信息网传到奥伯斯坦。

②建立世界级的宝石博物馆

位于伊达尔—奥伯斯坦的德国宝石博物馆（Deutsches Edelstein Museum）

展示了世界各地独具特色的迷人宝石。博物馆拥有 9000 件展品，令人眼花缭乱，包括未经加工和已雕琢打磨的宝石、宝石矿以及无数奇珍异宝，除了宝石和钻石，还有经过艺术加工的雕刻品和雕塑以及精选的矿石，亮点包括巴西的 12.555 克拉黄金，参观者在其常设展览中几乎能够观赏到世界上所有类型的宝石。1973 年以来，这座博物馆被列入德国文物保护对象。除了德国宝石博物馆以外，再没有第二家机构对宝石这个主题探究得如此广阔和精深。

3. 安特卫普模式：比利时"钻石之都"

（1）建设现状

安特卫普（Antwerp）位于比利时西北部斯海尔德河畔，是比利时最大港口和重要工业城市。550 多年的历史沉淀，让安特卫普成为国际公认无疑的"钻石之都"。钻石作为安特卫普声望和形象的名片，为这座城市赢得了全球重要钻石交易中心的地位。安特卫普的未切割钻石交易量占全球比重的 80%，切割钻石交易量占世界交易量的 50%。每年的交易额接近 520 亿美元。安特卫普的帕里克大街，是世界主要天然钻石的集散地，而且云集着世界上最好的钻石切割大师。安特卫普钻石博物馆应用最先进的多媒体技术，参观者通过多感官的互动展示，获得更多有关钻石的信息。同时，安特卫普也是魅力时尚之都，一年一度的钻石游行吸引来自世界各地几十万热爱珠宝的时尚人士前来观摩，这也是世界上独一无二的珠宝游行。

（2）发展经验

①政府推行完善的制度和优惠的税收政策支持钻石业发展

比利时与钻石贸易、工业相关的法律制度等已非常完备，如与海关、进出口、外汇、税收等有关的法律、制度等，有力地推动着安特卫普钻石交易和加工业的发展。在安特卫普，所有钻石的进出口都是免税的，只有当钻石在比利时国内销售时，才缴纳 21% 的增值税。安全的投资环境和"放水养鱼"的免税政策吸引了全球钻石商前来。

②重视手艺、质量和技术的强有力支撑

安特卫普钻石工匠的手艺被公认为是全世界最优秀的，在安特卫普，每天有上千名工人为获得著名质量标记 Antwerp Cut，即"安特卫普切工"而全力以赴。当今钻石业的竞争在一定程度上已经演化成为一场"技术比拼"，安特卫普正在技术层面上拓展它的竞争力，其技术标准仍在全球钻石加工业中起着标杆作用，安特卫普的"HRD 认证"，是少数几张全球通行的"钻石护照"之一。比利时还拥有为数众多的钻石设计师，并经常举行钻石设计比赛，如两年一次的钻石高阶层议会奖大赛等，激励着钻石设计新作源源不断地问世。

③构筑多重钻石交易平台

构建贸易平台。虽然保留了部分高端生产功能，但从整体发展趋势来看，安特卫普钻石业对自身的定位为一项高端服务业。安特卫普将自己定位为一个国际钻石贸易平台，而非加工中心；

构建服务平台。保险公司、安保公司、运输和物流服务公司、宝石实验室、技术和设备供应公司、商业顾问、管理咨询者等种类繁多的专业服务发挥密切配合，比利时政府对钻石业提供一系列专业化服务；

构建金融平台。直接在贸易市场中设立机构，以专业化的钻石银行使金融与钻石业形成良好互动。全球最大的专业钻石银行 ABN AMRO 以及安特卫普钻石银行的总部，都坐落在著名的安特卫普“三条街”区域；

构建信息交流平台。利用现有的交易平台，HRD 正在为安特卫普搭建另一个行业信息交流的“软平台”。自 2002 年起，由 HRD 主办的安特卫普钻石会议（Antwerp Diamond Conference）成为每年度国际钻石业最重要的高层会晤之一。数百名政策制定者会聚一堂，安特卫普顺势占据了最靠近行业核心的位置。

4. 曼谷模式：泰国“世界珠宝加工中心”

（1）建设现状

泰国是久负盛名的珠宝产地。在短短的十几年内，泰国已成为世界上珠宝及其饰物加工方面数一数二的国家，并致力于将曼谷打造为“世界宝石首饰中心”。首先，泰国有丰富宝石资源，尤其是盛产红、蓝、绿宝石和紫水晶。最有名的当数泰国东部尖竹汶府产的名贵红宝石——暹罗石，以耀眼的色泽和神秘的气息成为世界宝石的极品之一。其次，有大量专业性能工巧匠和首饰设计高手，加上劳工和管理方面的成本较低，以及泰国对珠宝原料免收进出口税，使各类高贵的珠宝原料大量地从世界各地送入泰国来加工。并且泰国的珠宝加工工艺是世界一流的，与美国、印度、以色列和比利时并列为全球五大珠宝加工中心。“在泰国加工”，已成为珠宝行业工艺优良的代名词。

（2）发展经验

①携手旅游业在全球拓展商机

泰国珠宝首饰协会正在通过“曼谷国际珠宝首饰展”平台，全力夯实“泰国，世界宝石首饰中心”的概念。曼谷珠宝展每年举办两次，分别是 2 月和 9 月，使之成为泰国“国家旅游局”在海外市场的宣传推广泰国大旅游资源项目的新亮点。泰国政府还将在世界各地推介“泰国珠宝选购黄金季”。

②政府财政支持泰国珠宝业发展

为配合政府“打造国家品牌”的珠宝工业发展战略，泰国进出口银行（Exim Bank）对本国珠宝商出口海外的首饰给予高等级信誉担保。此外，该银行还利用丰富的外贸经验和海外资源，帮助调查外国客户的信誉情况，评估是否值得信任，何种渠道发货更稳妥等。此外，为本国珠宝商提供利率极低的优惠贷款。银行业提供30亿泰铢贷款，政府又增资20亿泰铢，使用于振兴珠宝行业的可支配资金高达50亿泰铢。

③建设大型珠宝交易中心

泰国政府为了统一管理宝石的销售，以免私人造假和漫天要价，所以全泰国只有在政府经营的两家珠宝店才能买到宝石.，这两家店一家就是位于曼谷的皇家珠宝中心，另一家是位于芭堤雅的世界宝石博物馆。其中皇家珠宝中心（Royal Gems International Company Limited）位于泰国的首都曼谷，是世界最大的珠宝店，也是从中国、日本及韩国出发的观光旅游团的热门购物观光点。

5. 清迈模式：南亚“珠宝之都”

（1）建设现状

清迈是泰国北部的一座小城，因具有毗邻缅甸的优势，近千多年来大力发展翡翠贸易及珠宝加工业，获得了巨额利润，成为举世闻名的翡翠交易中心。首先由于缅甸的90%翡翠原料都流入了清迈，打造的翡翠成品、半成品及红蓝宝石，每年价值高达12亿美元，因而使泰国一跃成为世界瞩目的珠宝生产大国；其次泰国的珠宝业历史悠久，由于境内宝石蕴藏量丰富，故而早就有了切割磨制宝石的技术与经验，清迈现在已经形成了开采、原料交易、加工首饰、镶嵌制作、批发零售的明确分工，各个项目之间的紧密合作，形成任何一个实体只做单项的一个工作，产品达到完整的统一流水作业，因此清迈的翡翠产量不断提高。加之依靠周边国家的翡翠和宝石资源，依靠政府的全力扶持和优惠政策，劳动力充裕，工资水平低，外销渠道通畅的有力条件，清迈珠宝产业快速发展。

（2）发展经验

①政府全力扶持和优惠政策的实施

政府实行“放水养鱼”的政策，对镶嵌珠宝首饰的黄金，准许自由进出口，且把旅游和珠宝产业联结并行，豁免了一切珠宝原料及机械进口税收，出口税收也只在2%~3%，解决了发展制作首饰的根本问题。

②找准优势，发挥特色

泰国的珠宝业历史悠久，由于境内宝石蕴藏量丰富，故而早就有了切割磨制宝石的技术与经验，清迈利用这一优势已经形成了开采、原料交易、加工首饰、镶嵌制作、批发零售的明确分工，各个项目之间的紧密合作。清迈的崛起，因有了缅甸的翡翠原材料，最重要的是有熟练的技工，传统的精湛设计，因此自然就能迅速发展。

③规模化生产模式

清迈现今已具有繁华的城市规模，道路畅通，机场宽敞，十大珠宝公司高楼拔地而起，一排排首饰店，一间间交易展馆，旅店和餐厅更是无处不有。缅甸 90% 的翡翠都运往清迈，加上红蓝宝石以及清迈地区丰富的宝石资源，使清迈可以规模化生产，提高产量，降低生产成本。

6. 御木本模式：日本“珍珠岛”

（1）建设现状

御木本珍珠岛原称相岛，位于日本三重县鸟羽市海湾，是御木本珍珠的故乡。1893 年，御木本幸吉在这座小岛上首次成功进行人工养殖珍珠，成为日本在世界上引以自豪的发明之一，标志着人类第一颗养殖天然珍珠诞生于世，并为今日举世闻名的御木本珍珠 Mikimoto 品牌奠定了深厚的基石。现在整个岛屿都归御木本珍珠博物馆有限责任公司（Mikimoto Pearl Museum Co., Ltd）管辖。御木本的珍珠岛，不仅有 Mikimoto 珍珠养殖场，还有全球独一无二的“珍珠博物馆”以及“御木本幸吉纪念馆”。

（2）发展经验

①充分重视品牌效应

御木本幸吉先生（Mr. Kokichi Mikimoto）在三重县的小岛上成功培育出了人类历史上第一颗养殖天然珍珠，结束了只有“野生天然”珍珠的历史，开启了近代珍珠发展的新篇章，这个小岛因此也名震四方被更名为“珍珠岛”，举世闻名的珍珠珠宝品牌 Mikimoto 在这里诞生。Mikimoto 自 1996 年起，历来都是瑞士巴塞尔国际钟表珠宝展的座上宾客，并借此推出其最新的高级珠宝系列。

②发挥本地的资源优势

珍珠岛附近的一片海域都是 Mikimoto 珍珠养殖场，是日本养殖珍珠业的大本营。从培育母贝幼苗到珍珠成形，生长，采收，往往要经历 4~5 年的时间，成功采收上来的珍珠还要经过层层筛选，只有其中品质最好的 5%~10% 才能被选出作为 Mikimoto 的珍珠原料被制作成完美珍贵的珠宝首饰。

③与旅游开发紧密结合

自1951年开岛至今，观光客超过4000万人次，珍珠岛已成为三重县观光旅游的胜地，连英国女王伊丽莎白也曾慕名登岛。御木本珍珠岛是一个关于珍珠的王国，从珍珠博物馆大量的收藏中，游客可了解有关珍珠的生成原理、珍珠的养殖介绍、古董珍宝和美术工艺品等的知识；在御木本幸吉纪念馆中，通过御木本幸吉的各种逸闻趣事、照片、生前用品等展出的物品，游客可了解御木本幸吉的生涯并探索这位被称为“珍珠之王”的人格形象。

7. 其他地区

（1）迪拜模式

迪拜素有“黄金之城”的美誉，是“财富和梦想相结合的地方”，30多年前，阿联酋还是一片沙漠。迪拜也仅是一个靠波斯湾打鱼谋生的小渔村。自从20世纪70年代发现石油以来，阿联酋发生了翻天覆地的变化。迪拜也从小渔村一跃而成为世界著名的国际大都市。与世界其他钻石交易中心不同，迪拜钻石交易中心成立至今只有短短几年多时间。但是，在阿联酋王室和迪拜市政府的大力支持下，迪拜钻石交易中心在中东地区迅速崛起。钻石交易中心由阿联酋经济商业部和迪拜市政府、迪拜多种商品中心（DMCC）、迪拜钻石交易所、钻石大厦、金伯利办公室、零售场所、展览场所、鉴定机构、培训机构等方面组成。其中，DMCC由迪拜全额投资。2006年，其毛钻交易量达到39亿美元，成品钻交易量达到34亿美元。迪拜已成为中东地区最大的黄金、珠宝、钻石等高档消费品市场。

（2）印度模式

在过去5~10年间，印度珠宝摇身一变，从默默无闻的黑屋子手工作坊走上了国际珠宝竞技场的中心舞台。这种地位上的迅速提升，原因有二：首先，它将重点从黄金向钻石转移，即以钻石为点缀转为以黄金为衬托，虽然80%的印度珠宝市场仍被黄金占据，但这种细微的转变却意义深远。其次，印度人的购买心理，已从纯粹的保值转向了对设计价值的认同以及对宝石质地、稀有程度的了解。印度珠宝行业在过去三年中快速发展，如今其钻石切割工艺已成为行业翘楚，现在市面上用于珠宝首饰的钻石，十之八九是在印度切割和抛光的。

（3）香港模式

中国香港是全世界最重要的珠宝集散地之一，每年举办的大型珠宝展就有4次，分别于3月、6月、9月和12月举行，珠光宝气贯穿全年。香港珠宝业起步较早，现已具备相当规模，约有1000家珠宝制造公司，其中25家为中大型企业，从业人员几万人。目前，香港已成为亚洲主要的珠宝首饰加工地，世界第三大钻石出口地。香港的珠宝零售业十分发达，珠宝店可谓星罗棋布。除谢瑞麟、周生生、周大福、六福、景福等香港著名的金饰连锁店外，一批个性化的珠宝首饰小店也不断崛起，将香港这颗“东方之珠”装点得璀璨多姿。时尚、创新、多变的设计，精湛的工艺和优质的服务，是香港珠宝业能够在世界珠宝市场占有重要地位的原因之一。

### （二）国内珠宝城建设经验模式

1. 广东深圳模式：“珠宝之都”“中国珠宝品牌之都”

（1）建设现状

深圳是中国珠宝首饰最大的制造中心和交易中心。深圳珠宝首饰产品以款式精美、工艺精湛、质量优异等特点受到消费者喜爱。目前深圳拥有珠宝企业约 2300 家、自有品牌约 2200 个，其中中国名牌 26 家、中国驰名商标 9 家。深圳共有珠宝首饰生产从业人员约 12 万人。深圳珠宝制造加工产值已连续多年占国内珠宝市场份额的 70% 以上，2008 年深圳珠宝制造加工产值超过 600 亿元。与世界发达国家和地区相比，深圳珠宝真正知名的品牌并不多，在设计、款式及品牌认可度等方面仍有差距。

（2）发展经验

①制定区域品牌发展规划

2008 年，深圳市贸工局、深圳市黄金珠宝首饰行业协会联合北京金必德经济管理研究院，共同组成“深圳市珠宝产业区域品牌课题组”制定了《深圳市珠宝产业区域品牌 2008 年至 2012 年发展总体规划》，以此作为深圳建设珠宝区域品牌、打造“深圳·中国珠宝品牌之都”的指导性文件。根据规划，深圳在珠宝区域品牌建设方面，将用 5~10 年的时间继续巩固深圳作为“中国珠宝制造之都”的地位，打造“中国珠宝品牌之都”，并用更长时间逐步发展成为“中国珠宝设计之都”“亚太珠宝产业中心”，进而成为“世界级珠宝产业中心”。

②组建品牌领导小组

深圳已经组建了“深圳珠宝区域品牌促进委员会”，从产业导向上引导企业创品牌、上档次、上规模。选择 36 家以上的优势品牌企业组成首批深圳珠宝成员企业，通过深圳市品牌发展专项资金进行扶持，深圳珠宝区域品牌促进委员会具体指导，深宝协具体执行，在大众媒介进行持续推广，在专业媒体上进行广泛而长久的宣传，并组织成员企业进行声势浩大的“中国巡展”，大力鼓励品牌企业在全国开设自营店、大卖场、新品发布会、产品订货会等等，鼓励品牌企业进行商业模式的创新。

③加强环境改造，吸引知名企业入驻

为给珠宝企业营造良好的营商环境，深圳市委、市政府积极进行聚集地环境改造。根据美国易道公司对聚集地所做的“水贝项链”概念规划，在聚集地核心区内建立一个“水贝项链街区”。黄金步道、水晶广场、翡翠里、洪湖公园的婚庆阁、庆典坡等主要景观已完工并投入使用。

2. 广东番禺模式：“国际珠宝经济总部”

（1）建设现状

珠宝首饰产业是广州市番禺区的传统特色产业之一，20 世纪 80 年代，番禺珠宝产业以“原料加工”的形式率先与香港形成“前店后厂”的发展模式。番禺珠宝业已发展 20 多年。目前全区集聚了近 400 家珠宝首饰企业、1600 家彩宝加工作坊，10 多个集聚发展区，7 万从业人员，涵盖珠宝加工、首饰镶嵌、配套服务等领域。经过多年来的发展逐步形成比较完善的珠宝生产、加工体系。目前番禺已成为中国金银珠宝首饰出口量最大的地区之一，并在 2006 年成为“中国珠宝玉石首饰特色产业基地”之一。

（2）发展经验

①依托香港市场，与香港形成区域合作

番禺是香港珠宝厂商进入内地的重要地区之一。依托邻近香港的特殊位置优势及产业历史渊源，番禺几乎承包了香港所有的品牌珠宝的加工业务，包括在国内享有广泛市场影响力的知名企业，如六福、谢瑞麟、喜利、欧特尔、元艺、一钻等一大批港资企业都在番禺设立工厂，香港知名珠宝品牌超过 80% 的产品都在番禺加工制造。

②促进产业链的完善

一直以来，制约番禺珠宝行业发展的“瓶颈”之一就是原材料的采购。厂商只能从香港购买或在国际市场购买经香港转运到番禺进行加工生产，在原材料的购买、运输等方面造成了一些不必要的环节，增加了成本，浪费了时间，也制约了番禺整个珠宝产业链的完善。为此，政府支持建立了原材料采购中心——广州市钻汇珠宝采购博览有限公司（以下简称“钻汇”），“钻汇”运行后，能够有效降低企业的生产成本和独自采购的风险，推动珠宝行业向着更高层次发展。

③建设大型产业园

政府支持香港新信集团建立了广州威乐珠宝产业园有限公司，园区成为番禺发展境外黄金来料加工区。园区配套设施完善，海关、外经、银行、检测、押运、报关公司等机构和职能部门已驻园提供服务。从企业成立公司的报批、海关合同备案、核销以至货物的通关、查验、押运等均可在园区综合办公楼内完成，真正为客户提供“一站式”的服务，也降低了进驻企业的经营成本。

3. 辽宁岫岩模式：“中国玉都”

（1）建设现状

岫岩因产岫岩玉而得名，是中国最大的玉石产地。2009 年岫岩玉产业在县委、县政府的高度重视下得到长足发展，2009 年岫岩玉产业实现产值 25 亿元，销售额 3.8 亿元，利税 1.6 亿元。全县对岫岩玉资源进行整合，严格执行《岫岩满族自治县玉资源保护条例》及《实施办法》，矿山企业由原来的 8 家整合后剩余 3 家，对集体所有的县玉石矿进行了停产改制，采矿人员进行分流。全县七大玉器市场有经营业户 3050 户，有市级玉雕大师 135 人，省级玉雕大师 26 人，国家级玉雕大师 3 人，中青年玉雕技工 5000 多人，玉雕加工企业 1200 户，其中龙头骨干企业 36 户，现正在组建玉雕加工园区，产业集群将进一步显现。

（2）发展经验

①保护矿山资源，加快矿山改制和整合

岫岩县委、县政府将岫岩玉管理纳入法制轨道，制定了宝玉石资源的地方性法规《岫岩玉资源保护条例》及《岫岩玉资源保护条例实施办法》。为了节约和保护资源，对小玉矿进行了整合关闭，对矿山企业实行限量开采，为岫岩玉行业的进一步发展壮大奠定了坚实的基础。

②建立中国宝玉石原料大市场

岫岩为玉雕产业提供充足的原料。整顿现有岫岩玉销售市场，规划建设精品市场，以实现经济效益、社会效益、环境效益同步提高，大力整顿和规范市场秩序，保持岫岩玉产业持续、快速、健康发展。在岫岩玉全行业开展诚信教育，开展“信用工程”“放心店工程”，提高行业服务水平，树立“诚信为本，操守为重”的经营风尚。

4. 江苏东海模式：“中国水晶之都”

（1）建设现状

东海素有“中国水晶之都”的称号，约 1/2 地下蕴藏水晶及其伴生矿石英，总储量达 3 亿吨，其中水晶储量约 14.6 万吨，储量和开采量均居全国之首。位于城内的中国水晶工艺城已成为全世界水晶和水晶制品集散地，水晶城内各种各样的水晶制品丰富多彩，与来自世界各地的客商游人进行着热烈的交易。每年成交 18 亿元人民币以上，进出口总额 1 亿多美元。东海共有 20 万人从事水晶加工销售，各乡镇村都可以听到八角磨盘的磨声。水晶文化带动了全县水晶石收藏经营及水晶文化研讨，进而扩展为一种社会现象和地方特色。应运而生的水晶产业如雨后春笋。东海还举办了以奇石神水、魅力晶都为主题的第八届中国东海水晶节，以水晶为桥梁，让东海走向世界。目前，东海有两个大型国际性水晶展销交易市场、国家 4A 级旅游购物中心——“中国水晶城”。

（2）发展经验

①打造节会平台，展示晶都形象

2009 年是第十届中国·东海国际水晶节举办之年，东海成功举办了千名客商看东海、第三届江苏省“晶城杯”水晶工艺品大奖赛暨第二届“东海之子”新人新作东海水晶工艺品大赛、第十届中国·东海国际水晶节走进北京及“东海水晶日”活动，“千年叹水晶书画名家邀请展”“东海情·水晶心”十佳水晶商户评选、精品水晶藏品拍卖会、中国（世界）首枚“东海水晶”邮票发行仪式等活动。

②规范水晶交易市场

东海水晶市场占地面积 30000 平方米，建筑面积 45000 平方米，包括水晶城、晶饰大检查及集贸市场等。现已成为全国最大的水晶专业市场和世界水晶的重要集散中转地。买水晶到东海水晶市场，已成为客商和游客的首选和习惯。东海水晶市场多次获得“全国文明市场”“全国供销社系统先进集体”“省供销社十大市场”“省五星级文明诚信市场”“中国水晶工艺礼品城”等荣誉称号，为东海县荣获“中国水晶之都”的美誉立下了汗马功劳。

5. 广东揭阳模式：“亚洲玉都”

（1）建设现状

阳美村享有“中国玉都”“亚洲玉都”的美誉，但却是一个不产玉的村庄，自 1905 年起，村民就从事玉器加工生产贸易，已有近百年的历史。如今是一个集玉器生产加工、贸易于一体的玉器专业村。国内的中、高档翡翠玉器 90% 出自阳美。每年，从缅甸开采出来的中高档翡翠原料 75% 以上流向阳美。目前为止，阳美村共有 400 多家大小玉器在加工贸易，相当于全村总户数 550 户的近八成；专业从事玉器加工贸易的人员达到 1500 多人，占全村总人口 2500 人的六成。已拥有大型油锯玉机、中型夹钻抛光机、小型雕刻机等 3000 多套先进的加工生产设备，拥有一大批玉器琢磨及贸易术人才。阳美村现建成了24幢集加工生产、贸易和住宅于一体的“亚洲玉都”将更好配套和服务玉器专业村的繁荣和发展。

（2）发展经验

①精湛的玉雕工艺

揭阳阳美翡翠玉雕入选为第二批国家级非物质文化遗产，是我国民间传统雕刻艺术的一朵奇葩，蕴含着深厚的民俗价值、文化价值和审美价值。玉雕品件取自缅甸产翡翠原料，经过百年传承和不断创新，融合了我国南北精湛的玉雕风格和潮汕木雕、石雕、潮绣、陶瓷等工艺之精华，并在精湛的传统工艺上不断推陈出新的揭阳翡翠玉雕，在我国玉雕界独具一格，使得揭阳玉器以“奇、巧、精、特”取胜，在国内外珠宝玉器市场享有独特声誉。

②以“亚洲玉都”为代表的城市综合区

为做大做强做优揭阳玉器产业，揭阳市在全面规划的基础上，划出4平方千米的土地作为“亚洲玉都”的工商业用地，以文化广场为中心，按照“资源集约化、经营规模化、运作产业化、衔接链式化”的理念，将亚洲玉都分为加工区、经营区、拍卖展览区、科研区和生活区，规划建设成为包括生产、加工、贸易、博览、鉴赏、休闲和娱乐等多种功能，并集产、销、研和住于一体的城市综合区。规划建设内容包括玉器展销中心、阳美新村、外商休闲娱乐中心、16层四星级阳美国际大酒店、珠宝商会楼、会展中心、豪华展销中心以及分别采用不同国家建筑风格建设的缅甸街、印度街、日本街、泰国街、马来西亚街、老挝街等。

6. 其他地区

（1）浙江诸暨：“世界珍珠之都”

诸暨被誉为“世界珍珠之都”，拥有世界最大的珍珠市场，是世界上最大的淡水珍珠原珠集散地，是我国淡水珍珠养殖产量最高的养殖地区，也是我国珍珠加工技术最先进的地区之一。市场辐射世界50多个国家和地区，年生产珍珠650吨，占中国淡水珍珠交易量的80%。诸暨依托丰富发原材料、先进的加工技术、强大的市场辐射力在世界珠宝首饰产业大举转移我国的客观条件下，已然成为这一产业中心聚集的最佳选地。

（2）辽宁阜新：“中国玛瑙之都”

阜新是中国玛瑙主要产地之一，玛瑙资源储量占全国总量的50%。目前全市玛瑙产品年销售额已达2.5亿元，占全国玛瑙产品销售总额一半以上，成为全国最大的玛瑙文易中心和玛瑙产品集散地。为实现全力打造“中国玛瑙之都”的目标，阜新将建立2000亩的产业园区，以玛瑙加工业为主导培训教学、科研文化、旅游观光、现代服务为附属的综合产业园区。

（3）山东昌乐：“蓝宝石之乡”

昌乐蓝宝石自1984年发现开采以来，是中国目前探明的蓝宝石矿床最为丰富的地区，因此这里有中国“蓝宝石之乡”的美称。昌乐蓝宝石主要有颜色深、颗粒大、晶体完整、特异宝石多、艳色宝石多等特点，颇受国内外消费者青睐。这也是昌乐蓝宝石区别于缅甸、斯里兰卡等其他刚玉宝石矿区的主要特点。目前全县珠宝行业从业人员达4万余人。从事珠宝饰品加工、销售的企业有300多家，形成了全国最大的珠宝首饰专业批发市场——中国宝石城。

（4）河南镇平：“玉雕之乡”

镇平是一个没有任何玉料而玉雕产业发展相对发达的县份。然而，镇平是中国唯一的玉雕之乡。其玉雕加工历史之悠久，玉文化积淀之丰厚。玉雕产业规模之宏大，在中国乃至世界均为首屈一指。“中国玉雕之乡”的金字招牌，锻造出了独具特色的中国独山玉文化。同时也锻造出了一大批玉雕创作的能工巧匠和工艺美术大师。在玉雕产业的带动下，石雕、骨雕等相关产业也逐步兴起。

## （三）对保山珠宝之都经验借鉴

通过对意大利维琴察、德国伊达尔—奥伯斯坦、比利时安特卫普、泰国曼谷、清迈、日本御木本等国际“珠宝之都”，以及深圳、番禺、辽宁岫岩、江苏东海等国内知名珠宝产业基地建设现状及经验模式的系统总结，认为保山加快建设“珠宝之都”需要借鉴以下经验。

1. 质量为本，走品牌效应之路

面对国内激烈的珠宝竞争局面，强化品牌意识，提升保山珠宝影响力，才能可持续地创造巨大的经济效益和社会效益。同时质量是品牌生存的第一要素，对于原料的选择要严格把关，不符合要求的需全部淘汰。保山“珠宝之都”的建设，腾冲翡翠、龙陵黄龙玉、隆阳区南红玛瑙在品牌建设方面有一定基础，需加强扩大品牌宣传推广，实现品牌效应，对品牌进行不断的自我维护和提升，直到能够进行品牌授权，真正形成一种资产。

2. 突出特色，优化完善产业链

“珠宝之都”的打造，对整合资源，规范市场有着重要的意义，包含了对珠宝原材料的开采、采购、粗加工、精加工、销售一体化过程，其中还需要人才培养、加工标准、法律法规的保障。优化完善珠宝产业链有助于拓展保山珠宝产业的广度和深度，带动保险公司、安保公司、运输和物流服务公司的发展，推动珠宝产业经济发展，做大珠宝生产加工基地，做强珠宝区域品牌。但同时还要根据自身条件，如在原材料出口、珠宝加工、珠宝设计、会展贸易等其中的一方面做强做精，形成核心竞争力，在业界具有较高知名度，突出产业的优势特色。

3. 优惠政策，改善环境

改善投资环境有助于吸引外来企业，在本地区内形成产业聚集，增加市场活力。可从以下两方面改善：第一，低息贷款、政府补助、税收政策、信誉担保等政策的优惠；第二，完善现有的公共服务资源，例如构建产业园，或综合性公共服务平台，不仅包括设计研发、检验检测、人才培训、网络信息等功能，还将吸引国内、国际珠宝首饰行业知名机构在公共服务平台内设立总部或办事处，产品展示中心，为中外珠宝界提供交流合作的平台。

4. 以购促旅，实现珠宝业和旅游业的共赢

保山四季气候温暖湿润，冬无严寒，夏无酷暑，特别是腾冲旅游业的异军突起，珠宝购物和旅游的结合，有助于实现保山珠宝业和旅游业的共赢。例如通过珠宝会展的打造，会展期内可吸引大量参展商、买家、游客等，间接拉动了酒店、餐饮、旅游业的增长。还可通过打造主题、复合型珠宝商业街区，涵盖珠宝博物馆、五星级酒店、餐饮、特色购物街、大型珠宝购物中心，作为旅游吸引物，促进珠宝的销售。

5. 区域合作，打造信息网络平台

目前国内主要的玉器市场大多集中在广东，如肇庆的四会、揭阳的阳美、南海的平洲等地，而省内的德宏珠宝玉器市场也发展迅速，对保山打造“珠宝之都”构成了挑战。为避免玉器市场的恶性竞争，实现专业化分工，区域合作是今后保山市发展珠宝市场的必然趋势。吸取广东番禺与香港的合作经验，保山市“珠宝之都”的打造在短期内应与德宏形成区域合作联盟，成为区域经济合作新的热点，在全国范围内形成广东、云南两大珠宝玉器市场。在长期内，应凸显临近东南亚盛产宝石国家的地理优势，打造为东南亚珠宝信息中心，建立了连接东南亚主要生产国和交易市场的信息网络平台。

6. 挖掘文化，提升保山珠宝品位

德国的伊达尔—奥伯斯坦、比利时安特卫普以及日本御木本等国际“珠宝之都”都是传统的珠宝生产、加工地，具有悠久的珠宝贸易历史和浓厚的珠宝文化氛围，珠宝俨然已成为当地的一张重要名片。而保山与广东相比，无论是马帮之路上的“腾越翡翠”，还是清朝上贡的“南红玛瑙”，民间都流

传着众多名人趣事，珠宝文化历史悠久。保山应深入挖掘当地的珠宝文化，作为今后营销亮点，将珠宝烙上当地的文化印记，提升珠宝品位。

## 六、保山珠宝产业贡献率研究

### （一）研究背景

珠宝行业被称为“古老的朝阳产业”，国内经济学家预计继房地产、汽车行业之后的第三大热点行业。2013 年，保山市珠宝产业值估计在 65 亿元左右，占云南省珠宝玉石产业产值的 17.6%，其中腾冲翡翠产业产值约占全省珠宝玉石产业产值 16.2%。长期以来，保山市珠宝产业在云南省占有重要地位，随着政府打造“珠宝之都”，保山市将是云南省“玉回云南”战略的重要产业基地。

珠宝产业属于第二、第三产业的范畴，在保山市产业结构向“三二一”调整的过程中有重大意义，发展珠宝产业是是促进经济结构调整的现实选择。珠宝产业是一个带动性强、关联度高、覆盖面广、消费潜力大并对多个重要领域都可发挥促进作用的优势产业。当前大力发展珠宝业的条件具备，时机成熟，意义非同寻常。如果加以积极引导和扶持，通过珠宝产业对二、三产业全方位的“催化效应”，珠宝产业将会成为引领保山市国民经济可持续、稳定、快速发展的引爆点。

### （二）研究过程

珠宝产业与第二产业的关联表现在采矿业、制造业、加工业、建筑业等，与第三产业的关联表现在旅游业、交通运输业、仓储业、金融业、物流业行业。为了研究珠宝产业对区域经济的贡献，对二、三产业的拉动系数，采用线性方程组来描述珠宝产业对国民生产总值、第二产业、第三产业的贡献率。

1. 确定变量

为分析保山市珠宝产业对区域经济的贡献，选取二产产值（EC）、三产产值（SC）、国内生产总值（GDP）作为衡量指标，将其设为被解释变量；选取珠宝产业值（JC）作为衡量指标，将其设为解释变量。

2. 数据采集

二产、三产及国内生产总值数据来源于《保山市统计年鉴》(2009—2013)，珠宝产业值由于政府没有统一和准确的统计路径，本分析采用估算的方法得出大致数据。腾冲县翡翠产业历史悠久，但由于龙陵县黄龙玉产业至 2009 年后快速发展，本分析选取代表性的近 5 年数据进行分析，通过公布的腾冲县翡翠、龙陵县黄龙玉产值及相关数据进行估算。特需要指出，珠宝产业值根据公布相关数据估算得来，只用于分析，不作为统计数据（见图 2.6.1）。

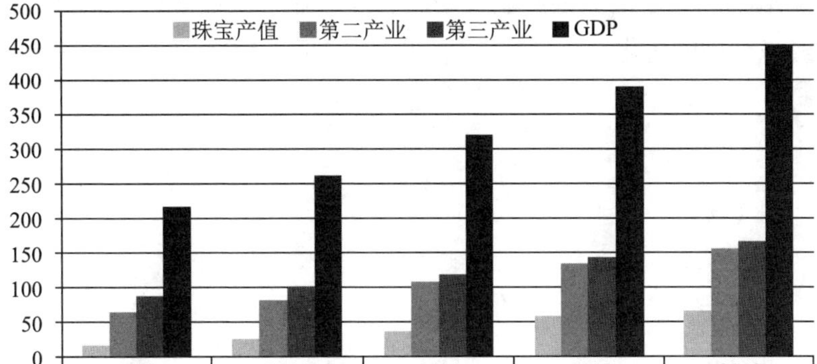


| | 2009 | 2010 | 2011 | 2012 | 2013 |
|---|---|---|---|---|---|
| 珠宝产值 | 15 | 25 | 36 | 58 | 65 |
| 第二产业 | 63.3 | 80.5 | 107.1 | 133.9 | 155.3 |
| 第三产业 | 86.1 | 101.4 | 117.9 | 143.1 | 165.9 |
| GDP | 217.2 | 260.9 | 319.6 | 390 | 449.7 |

**图 2.6.1　2009—2013 年保山市相关统计数据**

备注：单位为亿元。

3. 确定模型

建立三个回归模型：

$$LNJC=\beta_1+\beta_2 LNEC+\mu$$

$$LNJC=\beta_1+\beta_2 LNSC+\mu$$

$$LNJC=\beta_1+\beta_2 LNGDP+\mu$$

## （三）研究结论

1. 计算过程

使用 Eviews 经济分析工具，得出回归线性方程：

$$LNJC=2.5946+0.5695\,LNEC+\mu$$

$$LNJC=3.4201+0.3778\,LNSC+\mu$$

$$LNJC=4.1736+0.4409\,LNGDP+\mu$$

2. 结论

回归方程表明，珠宝产业对第二、第三及国内生产总值有明显拉动作用。珠宝产业每增长 1%，将拉动第二产业增长 0.5695%，拉动第三产业增长 0.3778%，增涨 0.4409%。可以看出，珠宝产业对第二产业的贡献率要大于第三产业，对国民经济贡献也比较大。因此，保山市提出加快珠宝产业的策略是高瞻远瞩的，通过珠宝产业拉动二、三产业，继而能带动整个经济水平提高和经济结构的优化。

# 第三部分　经营规范

## 一、翡翠饰品质量等级评价

### 1. 范围

本标准规定了翡翠饰品的质量等级评价的术语和定义、质量等级评价方法及要求 。

本标准适用于对翡翠饰品进行质量等级评价。本标准不适用于“人工处理”的翡翠饰品分级，也不适用于翡翠原材料和未经抛光的翡翠饰品。

### 2. 规范性引用文件

下列文件中的条款通过本标准的引用而成为本标准的条款。凡是注日期的引用文件，其随后所有的修改单（不包括勘误的内容）或修订版均不适用于本标准，然而，根据本标准达成协议的各方研究是否可使用这些文件的最新版本。凡是不注日期的引用文件，其最新版本适用于本标准。

GB/T 16552 珠宝玉石 名称

GB/T 16553 珠宝玉石 鉴定

DB53/T 102 翡翠饰品分级

### 3. 术语和定义

GB/T 16552、GB/T 16553、DB53/T 102 中确立的以及下列术语和定义适用于本标准。

3.1 翡翠

为主要由硬玉或由硬玉及与其呈类质同像的其他钠质（钠钙质）辉石组成的、具工艺价值的矿物集合体（可含闪石、长石等矿物）。摩氏硬度 6.5~7，密度 3.34（+0.06，−0.09）$g/cm^3$，折射率 1.668~1.680（±0.008），点测 1.65~1.67。

3.2 翡翠饰品质量等级评价

从颜色、透明度、净度、质地、工艺及综合印象六个方面对翡翠饰品质量等级进行评价。

3.3 标准光源

4500~5500K 指色温在围内的日光灯。

3.4 颜色（色）

指翡翠饰品颜色的艳丽纯正和色度的深浅浓淡程度。

3.5 颜色标样

指一套由 15~20 粒已标定颜色级别，规格基本上符合 1∶0.618 比例的翡翠界面样品组成，依次代表由高至低的不同颜色等级。

3.6 比色灯

指现采用色温 5 000 K 三基色光管 27 W 日光灯作为标准光源。用标准光源作为比色灯

3.7 比色板、比色纸

指用作翡翠比色背景的无荧光、无明显定向反射作用的白色板或白色纸。

3.8 色谱

指根据翡翠的主色调，利用色彩学原理，应用黄、红（品红）、蓝（青）、黑四色，按不同网眼密度制作的一套适用于翡翠饰品颜色比对的图谱，该标准中所用色谱为 DB53/T 102 规定的色谱。

3.9 透明度（水）

指翡翠饰品对光的透过能力。

3.10 透明度标样

指一套已标定透明度级别的椭圆弧面形翡翠戒面（无色）样品，依次代表由高到低的不同透明度级别。

3.11 质地（种）

指翡翠矿物颗粒的大小、颗粒均匀程度及其相互之间关系。

3.12 净度（瑕）

指翡翠饰品内部和外部的瑕疵含量多少、种类及分布状态。

3.13 工艺（工）

指翡翠饰品的款式设计、造型、雕工精细度、抛光程度等。

3.14 综合印象

指从翡翠饰品的颜色、透明度、净度、质地、工艺等方面结合其历史文

化内涵、制作者、体积、稀有性、创新性等综合评价的总体印象。

3.15 翠性

指硬玉的解理面所表现出的片状闪光点。

## 4. 评价方法及评分权重构成

4.1 根据翡翠光学特征和历史文化内涵，按千分制对翡翠饰品的颜色（色）、透明度（水）、净度（瑕）、质地（种）、工艺（工）及综合印象六个方面对翡翠饰品进行质量等级评价。

4.2 评价因子权重构成见表 3.1.1。

表 3.1.1 翡翠饰品质量等级评价评分权重构成

| 项 目 | 颜色（色） | 透明度（水） | 净度（瑕） | 质地（种） | 工艺（工） | 综合印象 | 总计 |
|---|---|---|---|---|---|---|---|
| 权重（%） | 40 | 26 | 12 | 6 | 6 | 10 | 100 |
| 分值（分） | 400 | 260 | 120 | 60 | 60 | 100 | 1000 |

## 5. 颜色评价

5.1 颜色级别划分

5.1.1 根据翡翠饰品颜色的色调、纯正程度、均匀程度、浓淡程度、色泽划分级别。

5.1.2 翡翠饰品的颜色划分为正色、近正色、优良色、较好色、一般色五个等级，由高到低依次表示为 S1、S2、S3、S4、S5。

5.2 评价方法

5.2.1 颜色的总分值为 400 分，各级别评价表示方法见表 3.1.2。

表 3.1.2 翡翠饰品颜色分级及评价表示方法

| 级别 | | 民间俗称 | 评分值/分 |
|---|---|---|---|
| S1 | 正色，包括：深正绿色、略带黄色调的正绿色 | 翠绿、艳绿色、葱心绿、金丝绿、鹦哥绿、阳绿、黄秧绿、阳俏绿、苹果绿等豆青绿、 | 400~281 |
| S2 | 近正色，包括：浅淡正绿色、浓深正绿色、艳紫 | 淡绿、浅绿、浅水绿、匀水绿、江水绿、浅阳绿、绿晴水、艳紫罗兰色等菠菜绿、豆苗 | 280~101 |

续表

| 级别 | | 民间俗称 | 评分值/分 |
| --- | --- | --- | --- |
| S3 | 优良色,包括:偏蓝或偏黄的绿色、鲜艳红色、艳黄色、紫色、墨翠(透射光下绿色)、无色、艳翡 | 绿、瓜青绿、瓜皮绿、丝瓜绿、墨绿、油绿、血红色、大红色、橙黄色、金黄色、紫罗兰色、透绿墨翠、蓝晴水等 | 100~21 |
| S4 | 较好色,包括:淡蓝绿、深蓝绿、灰蓝绿色、淡红色、淡黄绿色、淡黄色、淡紫、墨翠(透射光下蓝绿色)、黄绿、褐绿、青绿、白色、浅灰绿、灰绿 | 蓝花、绿油青色、油黑色、橙红色、粉红色、浅黄色、深黄色、浅紫罗兰色、瓷白、乳白、雪白、羊脂白等 | 20~11 |
| S5 | 一般色,包括:青色、浅青色、灰色、灰白色、褐色、黑色 | 暗绿、油青、灰色、灰白、浅灰白、黑褐、褐、浅褐、深褐、浅灰黑、灰黑等 | 10~0 |

5.2.2 翡翠饰品的颜色与翡翠比色谱中某一种颜色相同，则该比色谱的颜色即为该饰品的颜色级别。

5.2.3 翡翠饰品的颜色介于相邻两粒连续的翡翠比色谱之间，应以较低等级来表示该饰品的颜色级别。

5.2.4 翡翠饰品的颜色高于翡翠比色谱的最高级别，仍用最高级别表示该饰品的颜色级别。

5.2.5 翡翠饰品颜色不均匀时，根据其所含颜色的种类、分布面积计算颜色得分，以各颜色所处级别的得分乘以其所占面积的百分比，分数相加的总和为该饰品的颜色分数。

5.2.6 白色或其他颜色的翡翠饰品上，分布有散点状、条带状、斑块状、斑点状正绿色、蓝绿色的，评价时视绿色的多少、大小、厚薄或绿色所占饰品体积的百分比来决定升降等级。若散点状、条带状、斑块状、斑点状的绿色在饰品上分布均匀美观可以加 10~20 分。

5.2.7 若带绿色的翡翠饰品同时又带有紫色、翡色中的一种至两种颜色时，可根据它们的颜色、分布的形状、整体美观度予以适当加或减 10~20 分。

### 6. 透明度评价

6.1 透明度级别划分

6.1.1 根据翡翠饰品透明度的变化划分级别。

6.1.2 翡翠饰品的透明度划分为透明、亚透明、半透明、微透明和不透明五个等级，由高到低依次表示为 M1、M2、M3、M4、M5。

6.2 透明度级别评价

6.2.1 透明度的总分值为 260 分，各级别评价表示方法见表 3.1.3。

**表 3.1.3 翡翠饰品透明度分级及评价表示方法**

| 级别 | | 划分要求 | 民间俗称 | 评分值 |
|---|---|---|---|---|
| M1 | 透明 | 绝大多数光线可透过样品，样品内部特征清晰，可见样品底部放置的印刷文字，字体较清晰。 | 玻璃地 | 260~209 |
| M2 | 亚透明 | 大多数光线可以透过样品，样品内部特征清楚，样品底部放置的印刷文字，可见模糊字体。 | 蛋清地、冰地 | 208~79 |
| M3 | 半透明 | 部分光线可透过样品，样品内部特征较清楚，样品底部放置的印刷文字，字体不可见。 | 糯化地 | 78~27 |
| M4 | 微透明 | 少量光线可透过样品，样品内部特征模糊不可辨。 | 米汤地 | 26~8 |
| M5 | 不透明 | 微量或无光线可以透过样品，样品内部特征不可见。 | 瓷地或石灰地 | 7~0 |

6.2.2 翡翠饰品与翡翠透明度标样的透明度相同，则该标样的透明度级别为该饰品的透明度级别。

6.2.3 翡翠饰品透明度介于相邻两粒连续的标样之间，则以其中较低级别表示该饰品透明度级别。

6.2.4 翡翠饰品透明度高于标样的最高级别，仍用最高级别表示该饰品的透明度级别。

6.2.5 当样品透明度不均匀时，将透明度不同的部位分别进行分级，并各部分得分乘以其所占面积百分比，最后分数相加的总和为该饰品的透明度分数。

## 7. 净度评价

7.1 净度级别划分

7.1.1 根据翡翠饰品净度的变化划分级别。

7.1.2 翡翠饰品的净度划分为极微瑕、微瑕、中瑕、重瑕四个等级，由高到低依次表示为 J1、J2、J3、J4。

7.2 净度级别评价

净度的总分值为 120 分，各级别评价表示方法见表 3.1.4。

表 3.1.4 翡翠饰品净度分级及评价表示方法

| 级别 | | 划分标准 | 评分值 |
|---|---|---|---|
| J1 | 极微瑕 | 肉眼观察很难见裂绺、明显黑点，可见少量白棉、黑丝、灰点、灰丝等。 | 120~85 |
| J2 | 微瑕 | 肉眼观察不易见到小裂绺，和少量黑点，白棉及灰黑丝等。 | 84~61 |
| J3 | 中瑕 | 肉眼可见裂绺、黑点、灰黑丝等。 | 60~7 |
| J4 | 重瑕 | 肉眼可见大量或较大的明显裂绺及较多白棉、黑点、灰黑丝等。 | 6~0 |

## 8. 质地评价

8.1 质地级别划分

8.1.1 根据翡翠饰品质地的变化划分级别。

8.1.2 翡翠饰品质地划分为极细粒、细粒、中粒、粗粒四个等级，由高到低依次表示为 Z1、Z2、Z3、Z4。

8.2 质地级别评价

8.2.1 质地的总分值为 60 分，各级别评价表示方法见表 3.1.5。

表 3.1.5 翡翠饰品质地分级及评价表示方法

| 级别 | | 划分标准 | 民间俗称 | 评分值 |
|---|---|---|---|---|
| Z1 | 极细粒 | 结构非常细腻致密，粒度均匀微小。10 倍放大镜下不见晶粒大小及复合的原生裂隙，次生矿物充填的裂隙等。粒径小于 0.1mm，多为纤维状结构，难见“翠性”。 | 玻璃地、冰地、蛋清地 | 60~19 |
| Z2 | 细粒 | 结构致密，粒度细小均匀。10 倍放大镜下可见极少细小复合原生裂隙和晶粒粒度大小，不见次生矿物充填裂隙。粒径在 0.1~1mm 之间，呈纤维状结构、粒状结构，偶见“翠性”。 | 冰地、蛋清地、芙蓉地、细白地 | 18~7 |
| Z3 | 中粒 | 结构不够致密，粒度大小不均匀。10 倍放大镜下局部见细小裂隙，复合原生裂隙及次生矿物充填裂隙，粒径在 1~3mm 之间，呈柱粒状结构，“翠性”明显。 | 藕粉地、水豆地、砂地 | 6~3 |
| Z4 | 粗粒 | 结构疏松，粒度大小悬殊。肉眼可见裂隙，复合原生裂隙及次生矿物充填裂隙，粒径大于 3mm 以上，呈柱粒状碎裂结构，“翠性”非常明显。 | 豆地、粗砂地、石地、香灰地、石灰地 | 2~0 |

8.2.2 当翡翠饰品质地不均匀时，将质地不同的部位分别进行分级，并将其得分乘以所占面积百分比，最后分数相加的总和为该饰品的质地分数。

## 9. 工艺评价

9.1 工艺级别划分

9.1.1 根据翡翠饰品工艺的变化划分级别。

9.1.2 翡翠饰品工艺级别划分为很好、好、中等、一般、差五个等级。由高到低依次表示为Q1、Q2、Q3、Q4、Q5。

9.2 工艺级别评价

9.2.1 按工艺的复杂程度将翡翠饰品分为素身翡翠饰品和雕花翡翠饰品两类。

9.2.2 素身翡翠饰品工艺级别评价指标如下：a）轮廓优美；b）对称性好；c）比例适当；d）大小合适；e）抛光精美，光泽强。

9.2.3 雕花翡翠饰品工艺级别评价指标如下：a）掩盖了瑕疵；b）突出美的色彩和质地；c）造型设计巧妙，层次清晰，和谐美观；d）线条、弧面、平面要流畅，不呆滞，不断线；e）抛光要精细到位，能突出饰品光泽温润透亮。

9.2.4 工艺的总分值为60分，各级别评价表示方法见表3.1.6。

**表3.1.6　翡翠饰品工艺分级及评价表示方法**

| 级别 | | 划分标准 | | 评分值 |
|---|---|---|---|---|
| | | 素身翡翠饰品 | 雕花翡翠饰品 | |
| Q1 | 非常好 | 满足本标准9.2.2中规定的五项评价指标 | 满足本标准9.2.3中规定的四项评价指标 | 60~49 |
| Q2 | 很好 | 仅能满足本标准9.2.2中规定的五项评价指标中的任意四项 | 仅能满足本标准9.2.3中规定的四项评价指标中的任意三项 | 48~23 |
| Q3 | 好 | 仅能满足本标准9.2.2中规定的五项评价指标中的任意三项 | 仅能满足本标准9.2.3中规定的四项评价指标中的任意二项 | 22~16 |
| Q4 | 一般 | 仅能满足本标准9.2.2中规定的五项评价指标中的任意一项至二项 | 仅能满足本标准9.2.3中规定的四项评价指标中的任意一项 | 15~8 |
| Q5 | 差 | 不能满足本标准9.2.2中规定的五项评价指标中的任意一项 | 不能满足本标准9.2.3中规定的四项评价指标中的任意一项 | 7~0 |

## 10. 综合印象

10.1 综合印象级别划分

10.1.1 根据翡翠饰品各项质量要素的总分情况，并结合历史文化内涵、制作者、来源、体积、稀有性、创新性等对综合印象进行评价。

10.1.2 翡翠饰品的综合印象级别划分为非常好、很好、好、一般四个等级，由高到低依次表示为 Q1、Q2、Q3、Q4、Q5。

10.2 综合印象级别评价

10.2.1 翡翠饰品综合印象评价指标如下：a）历史文化内涵深厚；b）工艺精美或由著名的工艺美术大师雕刻；c）体积在同类别的饰品中占优势；d）同类型的翡翠饰品数量稀少；e）题材造型的创新性。

10.2.2 综合印象的总分值为 100 分，各级别评价表示方法见表 3.1.7。

**表 3.1.7　翡翠饰品综合印象分级及评价表示方法**

| 级别 | | 划分标准 | 评分值 |
|---|---|---|---|
| H1 | 非常好 | 满足本标准 10.2.1 中规定的五项评价指标中的任意四项至五项 | 100~71 |
| H2 | 很好 | 满足本标准 10.2.1 中规定的五项评价指标中的任意二项至三项 | 70~41 |
| H3 | 好 | 满足本标准 10.2.1 中规定的五项评价指标中的任意一项 | 40~11 |
| H4 | 一般 | 不能满足本标准 10.2.1 中规定的五项评价指标中的任意一项 | 10~0 |

## 11. 质量等级评价

11.1 质量级别划分

11.1.1 根据翡翠饰品各项评价因子的总得分划分级别。

11.1.2 根据翡翠饰品质量等级划分为上品、珍品、精品、佳品、合格品五个档次。其中上品（划分 为 TG1、TG2、TG3）、珍品（划分为 T1、T2、T3）、精品（划分为 VG1、VG2、VG3）、佳品（划分为 G1、G2、G3）分别分为三个等级，合格品不分级。

11.2 质量级别评价

质量等级的总分值为 1000 分，各质量等级评价及表示方法见表 3.1.8。

**表 3.1.8　翡翠饰品质量分级及表示方法**

| 质量等级（Quality grade） | | 等级代号 | 对应分值，分 |
|---|---|---|---|
| 上品（Top Grade） | 一级 | TG1 | 900~1000 |
| | 二级 | TG2 | 800~899 |
| | 三级 | TG3 | 700~799 |
| 珍品（Treasure） | 一级 | T1 | 650~699 |
| | 二级 | T2 | 600~649 |
| | 三级 | T3 | 550~599 |

续表

| 质量等级（Quality grade） | | 等级代号 | 对应分值（分） |
|---|---|---|---|
| 精品（Very Good） | 一级 | VG1 | 500~549 |
| | 二级 | VG2 | 450~499 |
| | 三级 | VG3 | 400~449 |
| 佳品（Good） | 一级 | G1 | 350~399 |
| | 二级 | G2 | 300~349 |
| | 三级 | G3 | 250~299 |
| 合格品（Qualified Feicui） | 不分级 | —— | —— |

## 12. 评价要求

12.1 环境要求

12.1.1 翡翠的颜色、透明度分级应在无阳光直射的室内进行，分级环境色调应为白色。

12.1.2 分级评价应在标准光源下，利用肉眼和 10 倍放大镜进行，并可选用无荧光、无明显定向反射 作用的白色纸（板）作为观测背景。

12.2 人员要求

12.2.1 从事质量等级评价的技术人员应受过省级及省级以上专业技术部门的专业技能培训，并获得相应资格。

12.2.2 进行质量等级评价时，应由不少于 5 名技术人员独立完成同一样品的各项质量要素的分级评分。

12.3 颜色分级操作要求

12.3.1 反射光观察

照明光束垂直样品表面，观察方向与照明方向成 45° 角，样品距光源、人眼均为 20~25 cm。

12.3.2 透射光观察

样品放置于人眼与光源之间，三者成一直线，样品距光源、人眼均为 20~25 cm。

12.4 透明度分级操作要求

12.4.1 反射光观察

照明光束垂直样品表面，观察方向与照明方向成 45° 角，样品距光源、人眼均为 20~25cm。

12.4.2 透射光观察

样品放置于人眼与光源之间，三者成一直线，样品距光源、人眼均为 20~25cm。

12.5 评分要求

取所有参与评分的技术人员所得总分的平均分为样品的最终得分，并根据分数划分档次和级别，即为该样品的质量等级评价结论。

## 二、珠宝玉石饰品经营服务规范

### 1. 范围

本标准规定了珠宝玉石饰品的经营服务基本条件、经营服务环境条件、服务人员要求、经营饰品条件、售后服务等内容。

本标准适用于保山市珠宝玉石饰品的经营服务管理。

### 2. 规范性引用文件

下列文件对于本文件的应用是必不可少的。凡是注日期的引用文件，仅所注日期的版本适用于本文件。凡是不注日期的引用文件，其最新版本（包括所有的修改单）适用于本文件。

GB/T 16552　珠宝玉石　名称

GB/T 16553　珠宝玉石　鉴定

GB/T 18973　旅游厕所质量等级的划分与评定

DB53/68　珠宝玉石、贵金属饰品标签标识

### 3. 经营服务基本要求

3.1 经营者，应当按照《中华人民共和国产品质量法》和《中华人民共和国消费者权益保护法》履行法定义务。

3.2 经营者必须持有合法有效营业执照，在规定的地点亮照（证）经营。

3.3 经营者按照工商行政管理机关核准的经营范围、经营方式，依法经营。

3.4 销售商品应向消费者开具商品信誉卡，并按规定开具发票。

3.5 经营者应当自觉遵守市场管理，服从行政机关的监督管理，依法交纳税费。

3.6 经营者进货应当索取有关证明和票据，保障商品质量。

3.7 经营者应按相关管理部门要求诚信经营承诺书，对销售的商品质量、服务质量及违规违约责任等有关内容进行承诺，并将承诺书公示在门店（摊位）醒目位置。

3.8 经营者不得强买强卖、骗买骗卖、哄抬物价，所销售产品均应为A货产品。

3.9 商品价格应按价格行政主管部门实行明码标价，旅游企业和旅游定点购物市场建立健全佣金返还“公对公”制度，佣金提取比例不超过商品销售价的10%。

### 4. 经营服务环境条件

4.1 营业厅（店）应利用自然采光，采光系数不小于1/6。

4.2 店内应清洁整齐，采用湿式清扫，垃圾日产日清。

4.3 店内禁止吸烟，大型商场应设顾客休息室。

4.4 大中型商场须设公共卫生间，卫生间应符合GB/T 18973规定的一星级旅游卫生间质量要求。

### 5. 服务人员要求

5.1 遵守热情友好、顾客至上，真诚公道、信誉第一，礼貌待客、优质服务，爱岗敬业、遵纪守法，团结协作、共同发展的职业道德。

5.2 以主动热情、真诚友好的态度接待每一位顾客，在服务过程中始终将顾客放在第一位，让顾客感受到宾至如归的真情服务。

5.3 在宣传和向顾客介绍饰品时应做到实事求是，不误导顾客；在出售饰品时要按质论价，明码标价，标识正确齐全。

5.4 仪表仪容应端庄整洁，持证、挂牌上岗，微笑服务；在接待顾客时应使用恰当的称谓和规范的礼貌用语，在服务过程中使用普通话，用语得当，语言文明，做到顾客进店有“迎声”，顾客询问有“答声”，顾客帮助有“谢声”，服务不周有“歉声”，顾客离店有“送声”。为顾客提供快捷、完整、准确的服务。

5.5 有高度的工作责任感，爱岗敬业，钻研业务，不断提高服务技能和掌握相关知识，做好本职工作；自觉遵守法律、法规，遵守各项职业纪律，服从管理，保证经营工作的正常运行，维护企业形象和声誉。

5.6 发扬团结协作、互相尊重、互相配合、互相监督，开展公平竞争，寻求共同发展。

### 6. 经营饰品条件

6.1 经营者经营的饰品应送具备相关资质的珠宝玉石饰品质量检验机构鉴定，所销售的饰品应符合 GB/T 16553 的要求。单件标价超过 1000 元的珠宝玉石饰品，经营者应当向消费者提供质量保证卡、有效发票、珠宝玉石饰品质量检验机构出具的附有饰品彩色图片的质量检验合格证书（或鉴定证书）；单件标价 1000 元以下的珠宝玉石饰品，经营者应当向消费者提供有效发票及质量证明。

6.2 经营者经营的饰品标签应符合 DB53/68 要求。镶嵌玉石饰品标签至少应标注以下内容：

a）饰品名称（含坯体材料品质及镶嵌物名称）；

b）规格或质量（重量）；

c）价格；

d）生产或经销单位；

e）企业或质检机构检验编号。

6.3 经营者不得经营下列饰品：

a）使用注胶、镀膜或者染色处理的饰品冒充天然珠宝玉石饰品；

b）使用人造宝石、合成宝石、再造宝石、仿宝石饰品冒充天然珠宝玉石饰品；

c）拼合珠宝玉石饰品冒充单体珠宝玉石饰品；

d）冒用其他经营者的品牌；

e）其他以假充真、以次充好的行为。

### 7. 售后服务

7.1 经营者应有负责售后服务的机构或人员。

7.2 建立饰品销售台账，内容便于售后服务检索。

7.3 建立饰品质量维护信誉卡。

7.4 建立经营者责任赔偿制度。

7.5 消费者购买后，在规定的时限内（需在购货成交前明示或向消费者说明），在不影响第二次销售的情况下，可以等值调换。

## 三、翡翠经营场所服务规范

### 1. 范围

本标准规定了翡翠原石毛料、饰品的经营场所服务基本要求、经营服务条件、经营服务规范、售后服务、投诉处理等内容。

本标准适用于翡翠原石毛料、饰品的经营场所服务管理。

### 2. 规范性引用文件

下列文件对于本文件的应用是必不可少的。凡是注日期的引用文件，仅所注日期的版本适用于本文件。凡是不注日期的引用文件，其最新版本（包括所有的修改单）适用于本文件。

GB/T 16552—2010 珠宝玉石 名称

GB/T 16553—2010 珠宝玉石 鉴定

GB/T 26356—2010 旅游购物场所服务质量要求

GB/T 23885—2009 翡翠分级

DB53/T 302—2011 翡翠饰品质量等级评价

GB/T 18973—2003 旅游厕所质量等级的划分与评定

DB53/T 309—2000 旅游购物场所等级划分与评定

DB53/68—2008 珠宝玉石、贵金属饰品标签标识

JGJ 50—2001 城市道路和建筑物无障碍设计规范

GB 15630—1995 消防安全标志设置要求

GB/T 16766—2010 旅游业基础术语

### 3. 术语和定义

下列术语和定义适用于本文件。

3.1 *翡翠*

是一种以硬玉为主，由多种矿物组成的矿物非均质集合体，属辉石族钠铝硅酸盐。通过物理加工和雕琢的饰品，俗称“A 货”。

3.2 *赌石*

是指未经人工打磨、切割或雕琢过的纯天然玉石毛料，因其不能直观地甄别它内在的质地与成色，只能凭购买者的经验和胆识进行判断，称之为赌石。

3.3 A 货

天然翡翠饰品。

3.4 B 货

注胶、镀膜或者染色处理的翡翠饰品冒充天然翡翠的饰品。

3.5 C 货

使用人造宝石、合成宝石、再造宝石、仿宝石饰品冒充天然翡翠的饰品。

**4. 经营服务基本要求**

4.1 经营场所须经获得相关部门的批准，办理相关合法手续，依法、依规经营。

4.2 经营场所须保证所经营翡翠全部为 A 货，并服从行政机关的监督管理。

4.2 经营者在买卖翡翠及饰品过程中，须索取或开具与货品相对应的票据或证明，以保障商品质量。

4.3 经营者应与按相关管理部门签订《诚信经营承诺书》，并在承诺书中对商品质量、服务质量及违规违约责任等有关内容进行承诺，《诚信经营承诺书》应放置在经营场所醒目位置。

4.4 经营场所内应有醒目的保护商品安全责任的提示牌。

4.5 经营者不得强买强卖、骗买骗卖、哄抬物价，保证所销售的翡翠产品为“A 货”产品。

4.6 商品价格应按价格行政主管部门的规定实行明码标价。

**5. 经营服务条件**

5.1 经营场所的设置应符合 DB/T 309《旅游购物场所等级划分与星级评定》的要求。

5.2 经营场所应利用自然采光，自然采光系数不小于 1/6，并配备有与正常阳光相当的照明设施。

5.3 经营场所的经营管理与服务质量应符合 GB/T 26356《旅游购物场所服务质量要求》的规定。

5.4 经营场所应加强环保、控塑意识，必须使用环保袋，控制白色污染。

5.5 经营场所的从业人员应经过培训并取得相应资格证书。

5.6 经营场所应备有专用的绒布、电筒、标尺（纸卡、油标卡）等服务工具。

5.7 经营场所经营赌石业务的，还应配备有解石机或切石机等专用机械。

## 6. 经营服务规范

6.1 饰品经营

6.1.1 所经营的翡翠饰品应配送具备相关资质的质量检验机构的鉴定证书，所销售的饰品应符合 GB/T 16553 的要求。单件标价超过 1000 元以上（含 1000 元）的翡翠饰品，经营者应当向消费者提供质量保证卡、有效发票、翡翠饰品质量检验机构出具的附有饰品彩色图片的质量检验合格证书（或鉴定证书）；单件标价 1000 元以下（不含 1000 元）的翡翠饰品，经营者应当向消费者提供有效发票及质量证明，若顾客需要鉴定证书，经营者应及时提供。

6.1.2 所经营的饰品标签应符合 DB53/68 要求，镶嵌玉石饰品标签至少应标注以下内容：

a）饰品名称（含坯体材料品质及镶嵌物名称）；

b）规格或质量（重量）；

c）价格；

d）生产或经销单位；

e）企业或质检机构检验编号。

6.1.3 经营场所不得经营下列饰品：

a）使用注胶、镀膜或者染色处理的 B 货饰品；

b）使用人造宝石、合成宝石、再造宝石、仿宝石的 C 货饰品；

c）拼合珠宝玉石饰品冒充单体翡翠饰品；

f）冒用其他经营者的品牌；

d）其他以假乱真、以次充好的行为。

6.1.4 经营场所翡翠饰品柜台内，应放置注满纯净水的玻璃杯，且每周应更换一次。

6.1.5 当游客光临柜台时，应主动邀请客人坐下仔细看货，及时递水留客，开启专用照明灯具，观察、询问客人想要购买的货品类型，提供给客人必要的参考意见或建议。

6.1.6 当顾客选看商品时，应先铺好看货需要的绒布，拿出货台、灯具、标尺等相应的看货工具，推荐介绍相应货品的质地、价位，然后将取出货品轻放于绒布或货台之上，提醒客人拿放方法和注意事项。

6.1.7 在顾客选看商品的过程中，主动介绍相关翡翠的基本知识，货品特点，佩戴方法及保养常识。并讲解货品的种、水、色、工等方面的知识，根据客人喜好帮助客人选货。

6.1.8 销货后，应主动提供相关票据、证书、包装物（盒、袋子等），客人离店热情道别。

6.2 赌石经营

6.2.1 经营场所应设有玉石毛料相关知识的简介，提供相应的专用工具（如：电筒或灯具等）。

6.2.2 经营场所应设有赌石风险的提示标牌和赌石须知的告示牌。

6.2.3 经营场所应标明赌石的重量和价格。

6.2.4 应主动向游客介绍玉石毛料的场口及相关知识。

6.2.5 若顾客选购成交后，应主动提供相关票据，并根据顾客需要提供有偿的解（切）石或加工服务。

6.2.6 经营场所提供加工服务时，应与购买者签订加工协议，并为其提供安全的邮寄服务。

6.2.7 对成交后已经切开或解开后的赌石，若经双方再次达成成交协议时，可由经营场所进行回购。

**7. 售后服务**

7.1 经营场所应设有负责售后服务的机构或人员。

7.2 经营场所应建立饰品销售台账，内容需包括售后服务检索信息。

7.3 经营场所应建立责任赔偿制度，提供饰品质量保证信誉卡。

7.5 经营场所应向消费者承诺，在购买货品 6 个月之内（以销售发票日期为据），在确保无任何损伤、损坏的前提下，可以退货或等值调换货品。

**8. 投诉处理**

8.1 游客投诉时，应积极主动并及时地进行调解，对难以达成调解的应报职能部门进行调解。

8.2 经营场所投诉处理流程：

8.2.1 认真倾听，保持冷静，在任何情况下都不顶撞游客。

8.2.2 做好客人的安慰工作，向客人致歉。

8.2.3 做好询问记录。

8.2.4 提出解决问题的具体建议和办法。

8.2.5 追踪、督促调处措施的落实情况，做好善后工作。

8.3 若企业无法调处的，应及时向县旅游质量监督部门报告，由县旅游质量监督部门依法进行解决。

8.4 若遇恶意投诉，扰乱公共秩序或危及他人生命财产安全的，应及时报警。

## 四、旅游购物管理规范

### 1. 范围

本标准规定了腾冲县范围内旅游购物点职责、基本要求、购物交通、购物环境卫生、经营资格、员工素质、经营设施设备、商品质量、管理和服务质量要求。

本标准适用于腾冲县旅游购物管理工作。

### 2. 规范性引用文件

下列文件对于本文件的应用是必不可少的。凡是注日期的引用文件，仅所注日期的版本适用于本文件。凡是不注日期的引用文件，其最新版本（包括所有的修改单）适用于本文件。

GB 3096 声环境质量标准

GB 7718 预包装食品标签通则

GB/T 10001.1 标志用公共信息图形符号 第 1 部分：通用符号

GB/T 10001.2 标志用公共信息图形符号 第 2 部分：旅游休闲符号

GB 15630 消防安全标志设置要求

GB/T 18883 室内空气质量标准

GB/T 18973 旅游厕所质量等级的划分与评定

GB 50034 建筑照明设计标准

JGJ 48 商店建筑设计规范

JGJ 50 城市道路和建筑物无障碍设计规范

### 3. 术语和定义

下列术语和定义适用于本文件。

3.1 旅游购物点

是指腾冲县范围内设立于旅游路线沿线或游客集散地，以游客为主要服务对象，可供参观及购物的旅游商品销售场所。

3.2 旅游商品

旅游者因其旅游活动或在旅游活动过程中所购买的具有收藏、纪念、欣赏、馈赠意义和实用价值的实物商品，以下简称商品。

## 4. 职责

4.1 腾冲县旅游局是腾冲县旅游购物点管理的主管部门。

4.2 腾冲县物价局、腾冲县工商局、腾冲县质监局、腾冲县税务局、腾冲县卫生局、腾冲县消防等管理部门是腾冲旅游购物点管理的监管部门。各相关部门应根据各自的职责，加强对旅游购物点的监督管理。

4.3 旅游购物点内的经营者应当自觉遵守市场开办者市场管理相关规定和约定。

4.4 旅游购物点从业人员应遵守国家法律、法规，遵守职业道德，具备良好的服务意识。

## 5. 基本要求

5.1 旅游购物点应具备由旅游、物价、工商、质监、税务、卫生、消防等管理部门颁发的相应有效证照，并严格按照许可范围经营。

5.2 旅游购物点应具备基本的经营场地、经营设施设备以及经营范围许可的商品。

5.3 旅游购物点应诚信经营，店内所售商品应符合国家质量和卫生安全的相关规定并能充分体现本地特色和地域文化特点。

5.4 旅游购物点的设计应符合国家消防安全的相关规定。

5.5 旅游购物点应具有完善的服务、安全、防盗管理制度，鼓励建立、实行符合国家相关规定的环保、节能制度和措施。

5.6 旅游购物点应保持空气流通、清新，并符合 GB/T 18883 的规定。

5.7 旅游购物点应保持适宜的温度条件、湿度条件，符合 JGJ 48 的规定。

5.8 旅游购物点应控制店内顾客数量，确保客流畅通，保障购物安全。

5.9 旅游购物点内噪声控制应符合 GB 3096 的要求。

5.10 旅游购物点建筑、装饰材料应符合有关环保、节能的要求。

5.11 旅游购物点对促销活动等大型活动应当建立大型活动风险管理制度，制定相应的安全工作方案和应急预案，保证良好的购物秩序，防止因活动造成交通拥堵、秩序混乱、疾病传播、人身伤害和财产损失。安全技术防范设备、设施应与举办活动的要求相适应。

5.12 在所有的旅游企业和旅游定点购物市场建立健全佣金返还“公对公”制度，佣金提取比例不超过商品销售价的 10%。

5.13 旅游购物点应按 DB53/T 309《旅游购物场所的星级划分与评定》的要求积极申报评级。

**6. 购物通道及交通设施**

6.1 出入口应有明显的指示标志，区分出口和入口，便于人员疏散。

6.2 出入口、通道、电梯、卫生间、停车场等处应设无障碍通道，保持畅通。

6.3 应有符合 GB 15630 要求的、明显的应急通道。

6.4 旅游购物点设有台阶的出入口，坡度应缓和，并设有适用于残疾人的坡道，其设计应符合 JGJ 50。阴雨天气，出入口醒目位置应设有防滑提示标识。

6.5 旅游购物点内顾客入口应与商品进口区分（营业面积小于 200 平方米的折扣店和便利店除外）。

6.6 旅游购物点可进入性好，交通路况好，交通设施完善，进出方便，路口明显，有醒目的指示牌。

6.7 旅游购物点内车辆行驶路线布局合理，安全畅通，停车场面积与购物点规模相适应，停车位充足，有绿化。

6.8 停车场设有分区，停车场的分区、出入口有明显标志。

**7. 购物环境卫生要求**

7.1 整体布局有特色，树木花草整齐、茂盛、美观，绿荫效果显著，环境、舒适。

7.2 场地 25 米范围内无污染源。场地整洁，全场无污水，无污物，建筑物及各种设施无剥落和污垢。环保垃圾箱配备充足、布局合理，使用方便。空气清新，无异味。

7.3 店堂整洁明亮，场地及所有用具用品保持干净。各种设备设施清新，明亮。

7.4 卫生间达到符合 GB/T 18973 规定的一星级旅游卫生间质量要求。

7.5 每天产生的垃圾应在专门垃圾处理区域内定点暂放，并及时清理。

7.6 存放垃圾时，应在垃圾桶内套垃圾袋，并加盖密闭，防止招引飞虫。

7.7 垃圾暂存地周围应保持清洁，定期做好清洁和消毒。

**8. 经营资格要求**

8.1 申办旅游购物点采取自愿原则，经营户应向当地旅游主管部门提出申请，旅游主管部门会同有关部门初审，初审合格的报送上级旅游主管部门会同有关部门审批。

8.2 取得旅游购物点资格的经营户，由旅游主管部门发放统一制作的旅游购物点经营标志牌和证书。

8.3 旅游主管部门对申请户初审作出不合格意见的，应当及时书面通知申请者，说明理由。

8.4 获得旅游购物点资格的经营户，其取证保持能力和相关资质证件每年必须接受旅游主管部门的年度检查。对未能通过年检的旅游购物点，旅游主管部门将依法吊销相关资质证件并取消其旅游购物点资格，收缴旅游购物点经营标志牌和证书。

**9. 员工素质要求**

9.1 从业人员经过培训并取得相应资格证书的从业人员。

9.2 销售人员须经过专业的学习和培训，能用普通话提供服务。服务语言文明、礼貌、简明、清楚。

9.3 礼貌待客，热情大方，耐心服务，尊重顾客宗教习惯。

9.4 统一着装，仪表端庄，佩戴胸卡。

**10. 经营设施、设备要求**

10.1 有一定的投资规模。建筑造型有地方特色，与周围环境相协调。环境优美、有特色，设备设施齐全，满足接待旅游团队的要求。

10.2 经营面积合适，建立敞开式的展览厅，展示、讲解、销售、收银连通性好，布局大方美观，收银区配有 POS 自动结算系统，能使用境内外信用卡。空调、排气、通风等设施齐全、运转良好。

10.3 专门设立客人及旅游司机休息场所，并能提供本地的旅游交通、景点介绍等读物。店堂内安全通道宽阔畅通，具备完善的防突发事件的应急措施，安全保卫及防盗设施完备到位。

10.4 展台、展板、柜台、货架布局合理、整齐、大方，商品摆放安全性好，图文展示和商品陈列美观，特色突出，设计精美，有较浓的文化气息，有较高的艺术氛围。

10.5 旅游购物点内地面应平整。必须分出高低层次的，高低部分应平缓过渡。台阶式过渡的，应有醒目提示。应选择防滑、防压、承重、耐磨、易清洗的地面铺设物。充分考虑承重要求，保证货架在陈列商品后的稳定性。

10.6 库房应做到商品分类贮存，有清晰的标志。库房内的商品应隔墙离地，食品与非食品分别摆放，并按保质期先进先出、生熟分开的原则存放。库房内应设立专门的残损商品区域，及时清理变质商品和问题商品。库房内部应具有消防、防虫、防鼠设施。

10.7 通道应设有明显的消防疏散、购物导向、商品分类、称重台及收银台等标志。

10.8 配备适当的照明设施，照明标准应符合 GB 50034 的规定。配备电力应急设备，在出入口处、紧急通道、购物主要通道装置应急灯。

10.9 旅游购物点内设置的无障碍设施应符合 JGJ 50 的规定，服务台、收银台、公用电话等设施处应设有低位装置。

10.10 公共信息图形符号的设置合理，设计精美，特色突出，有艺术感和文化气息，符合 GB/T 10001.1、GB/T 10001.2 的规定。

10.11 旅游购物点内在醒目位置应公布当地旅游、工商、价格等相关管理部门的投诉电话。旅游购物点自身应设有顾客服务中心并公布相关投诉电话号码。

10.12 配备称重设备应使用检定合格、未超过检定周期的计量器具。

10.13 打包机、封口机等包装设备应使用获得国家安全认证的设备。包装材料应使用对人体无毒无害的材料。

10.14 为顾客提供未经包装直接入口的散装食品时，应配备适当的保洁容器和专用取食工具。

### 11. 商品质量要求

11.1 建立健全索证索票、进货检查验收和商品销售台账登记制度，手续齐全。

11.2 质量有保证，不得经营任何假冒伪劣、走私和其他国家禁售商品。

11.3 所销售的食品应采购获得生产许可证企业生产的食品，不得购销无证食品。

11.4 经营金银珠宝首饰等贵重物品的，所售商品须配有法定检测机构出具的鉴定证书。

11.5 预包装食品标签应符合 GB 7718 的要求，其他商品标识应符合相应产品标识标注规定。

11.6 商品宣传不得误导、夸大商品使用功能行为。

11.7 价格合理，计量准确，明码标价，无价格欺诈。

11.8 商品包装容器和销售的包装物应符合国家相关规定。向消费者提供塑料购物袋应符合国家有关规定，积极引导、鼓励消费者使用环保购物袋。

### 12. 经营管理和服务要求

12.1 建立科学、严格的质量管理体系，有健全的管理机构，职责明确。

12.2 商品质量、售后服务、市场营销、统计等各项经营管理制度先进、完善、有效，贯彻实施得力，能定期进行监督检查，有完整的书面记录、存档和总结。

12.3 不得强买强卖、骗买骗卖、哄抬物价。不得假冒其他旅游经营者的注册商标、品牌和质量认证标志；不得擅自使用其他旅游经营者的名称；不得串通其他单位和个人制定垄断价格，损害旅游者和其他旅游经营者的利益；不得制造和散布有损于其他经营者名誉的虚假信息；不得以低于成本价格参与竞销等破坏市场秩序的恶性竞争行为。

12.4 受理投诉制度健全，落实机构和人员，设置投诉箱，投诉处理及时、妥善。

12.5 严格遵守行业诚信自律规定。

12.6 严格按相关规定为顾客开具正规发票，有完善的收银结算系统。

12.7 诚信经营、诚信服务。经营者签订诚信经营承诺书，对销售的商品质量、服务质量及违规违约责任等有关内容进行承诺，并将承诺书公示在门店（摊位）醒目位置。

12.8 售后服务体系完善，售出商品按国家有关规定实行三包，实行质量跟踪服务。

12.9 根据顾客购物需求及人性化管理要求，能提供咨询服务、包装服务、订货服务、邮寄服务、短途送货服务、外语导购服务及顾客小件物品寄存服务。

## 五、旅游投诉处理规范

### 1. 范围

本规范规定了旅游投诉的基本原则、基本要求、受理要求、处理程序和处理结果等方面的要求。

本规范主要适用于旅游投诉服务工作。

## 2. 规范性引用文件

下列文件对于本文件的应用是必不可少的。凡是注日期的引用文件，仅所注日期的版本适用于本文件。凡是不注日期的引用文件，其最新版本（包括所有的修改单）适用于本文件。

GB/T 17242 投诉处理指南

《旅行社管理条例》国务院第 550 号令

《云南省旅游业管理条例》云南省人民代表大会

## 3. 术语和定义

下列术语和定义适用于本规范。

3.1 旅游投诉

指国内外旅游者、旅行商或其他相关人员（以下统称“旅游者”）的合法权益受到旅游经营者或其他有关经营服务单位（以下统称“旅游经营者”）的损害，向旅游、工商行政管理等相关行政管理部门请求维权、寻求保护的行为。

3.2 现场投诉

指旅游者在投诉发生的现场拨打旅游投诉电话向相关行政管理部门进行投诉的行为。

3.3 事后投诉

指旅游者在投诉发生之后，不在投诉发生的现场，拨打旅游投诉电话、发送书面或电子信件，以及直接到相关行政管理部门进行投诉的行为。

3.4 旅游投诉服务部门

依法受理并调解、处理旅游投诉的旅游行政管理部门及工商、公安、物价、卫生、质量技术监督、外事等政府相关职能部门。

## 4. 基本原则

4.1 旅游投诉工作应以事实为根据，以法律、法规为准绳，公正处理。

4.2 旅游投诉工作应坚持调解原则，促使投诉人与被投诉人达成解决纠纷的调解协议。

4.3 处理旅游投诉过程中应避免受任何组织或个人的干涉。

### 5. 受理机关

5.1 工商行政管理部门主管旅游投诉处理工作。旅游行政管理部门下设相关科（股）室或其他机构具体负责本县的旅游投诉受理和查处工作。

5.2 工商、公安、物价、卫生、质量技术监督、外事等政府有关职能部门应按照各自职责和《消费者权益保护法》《云南省保护消费者权益条例》《旅行社管理条例》《云南省旅游业管理条例》的有关规定做好旅游投诉处理工作。

5.3 旅游投诉服务部门应设有固定的旅游投诉服务电话、设有专用的旅游投诉服务办公室、游客休息室，配备充足的旅游投诉服务人员和外出处理旅游投诉案件所需的车辆、相机、录音笔等设备。

### 6. 受理人员要求

6.1 基本要求

受理机关负责处理旅游投诉的工作人员应从事旅游行政管理工作两年以上，品行端正，作风正派，秉公办事。熟练掌握与旅游相关的法律法规，具有一定的组织协调和沟通能力。

6.2 职业素质要求

6.2.1 受理机关负责处理旅游投诉的工作人员在执行公务时，不得少于 2 人，必须出示执法检查证件。

6.2.2 受理机关负责处理旅游投诉的工作人员应当严格依法办事，秉公执法。

6.2.3 受理机关负责处理旅游投诉的工作人员在执行公务时要遵守职业道德，语言文明，态度端正，文明执法；为旅游经营者保守商业秘密。

6.2.4 受理机关负责处理旅游投诉的工作人应同一着装，衣装整洁，胸前佩戴执法检查证。

### 7. 旅游投诉的基本要求

7.1 旅游投诉的条件

旅游投诉应当符合下列条件：

a）投诉者与投诉事项有直接利害关系的旅游者或其代理人；

b）投诉对象是本辖区范围内的旅游经营者或旅游从业人员；

c）有具体的投诉事由、投诉请求和事实根据；

d）属于本规范所列的旅游投诉范围。

7.2 旅游投诉的范围

旅游投诉范围应符合以下要求：

a）旅游经营者违反合同约定，给旅游者造成损害的；

b）旅游经营者提供的服务未达到国家、行业标准或地方规定要求的；

c）旅游经营者因故意或者过失造成旅游者人身伤害或财产损失的；

d）旅游经营者有胁迫或者欺诈行为，损害旅游者合法权益的；

e）旅游经营者或旅游从业人员私收回扣、索取小费的；

f）旅游经营者或旅游从业人员刁难、侮辱、殴打旅游者的；

e）其他损害旅游者合法权益的。

7.3 旅游投诉的时效

投诉者向受理机关请求保护合法权益的时效期间为60日（法律、法规另有规定和不可抗力的除外）。投诉时效从投诉者知道或者应当知道权利被损害之日起计算。

7.4 旅游投诉不予受理

不予受理的情况有：

a）旅游经营者因不可抗力不能履行合同或者约定的；

b）旅游经营者之间的经济纠纷；

c）司法机关、其他行政管理部门或者消费者协会已经受理的；

d）旅游意外事故依照规定已由保险公司赔偿的；

e）超过投诉时效的。

7.5 旅游投诉的方式

7.5.1 投诉人可以用书面或者口头方式（含电话告知）向受理机关提出。书面提出的，应当向被投诉者提供副本；口头提出的，受理机关应当做笔录，填写《旅游投诉登记表》。

7.5.2 投诉人委托代理人进行投诉的，应当按照旅游行政主管部门的要求，提供书面授权委托书及相关材料。

7.5.3 旅游经营者应当在其经营场所显著位置设置醒目的旅游投诉电话等投诉标志。受理旅游投诉的机关应当向社会公布旅游投诉电话。

## 8. 旅游投诉处理程序

8.1 接受投诉

受理机关接到投诉后，应当立即进行审查：

——应第一时间决定是否受理。

——不予受理的，应告知理由。

——属于其他部门职权范围的投诉案件的，应告知旅游者应投诉部门及投诉方式。

——决定受理的案件，投诉服务人员应第一时间出发赶赴现场。

——属于事后投诉的案件，应在24h内做出是否受理的决定，并按照以下规定视情况执行：

· 对符合规定的投诉，应予以受理并通知投诉者；

· 对不符合规定的投诉，应及时告知投诉者不予受理的理由；

· 对属于其他行政管理部门职责内的投诉，相关部门应当在接到投诉之日起3个工作日内，提出转办意见，将投诉材料转送、转交有关部门处理，并及时告知投诉者转送、转交的情况。

8.2 处理投诉

8.2.1 受理机关对已决定受理的投诉，应在5个工作日内将《旅游投诉受理通知书》及相关投诉材料交被投诉者，被投诉者应在收到之日起5个工作日内做出书面答辩，报旅游质量监督管理部门；被投诉者逾期不答辩的，由受理机关直接查清事实后作出处理。

8.2.2 受理机关所应对被投诉者提交的答辩材料进行审核，并可以召集有关当事人进行调查，或者依法自行收集必要的证据。

8.2.3 被投诉的旅游经营者应接受受理机关的调查，如实提供证据，不应妨碍调查工作。

8.2.4 受理机关处理投诉案件，能够调解的，应当进行调解；调解不成的，应当终止调解。

8.2.5 受理机关处理投诉案件，应当依据事实，依照法律、法规，分别做出以下处理意见或者决定：

a）属于投诉者自身过错的原因或者不可抗力因素造成投诉者损失的，决定撤销立案，告知投诉者并说明理由；

b）属于投诉者与被投诉者双方过错的，决定由双方各自承担相应的责任；

c）属于被投诉者的过错，决定由被投诉者承担责任；给投诉者造成经济损失的，可以要求被投诉者赔偿损失；

d）不属于旅游经营者的过错，不予受理或者转送有关部门处理。

8.2.6 受理机关做出的处理意见或者决定，以书面的形式告知双方当事人；

法律、法规要求必须以书面形式的从其规定：

——投诉者与被投诉者对调解结果未达成一致的，可以依照有关规定向人民法院起诉。

——受理机关已经做出处理意见或者决定，投诉者又以同一事实和理由再次向其他受理机关投诉的，不予受理。

8.3 处理结果与管理

8.3.1 受理机关处理旅游投诉案件，应当在决定受理之日起 7 个工作日内有处理结果。特殊情况不超过 15 个工作日内做出处理意见或者决定。对涉及经营者违法的申诉案件，应在决定受理之日起 3 个月内有处理结果，特殊情况可以延长 1 个月。

8.3.2 对旅行社的投诉，需要以旅行社质量保证金赔偿的，按照国家法律、法规的有关规定执行。

8.3.3 旅游投诉服务主管部门应建立分类档案，定期分析旅游投诉状况，定期公告。

8.3.4 旅游投诉服务主管部门应及时、定期向旅游行政主管部门上报旅游投诉分析报告，供决策参考，并提前进行行政干预，努力预防、减少旅游投诉案件的发生。

# 第四部分　附属文件

## 一、中央文件

### 国务院关于加快发展旅游业的意见

国发〔2009〕41 号

各省、自治区、直辖市人民政府，国务院各部委、各直属机构：

旅游业是战略性产业，资源消耗低，带动系数大，就业机会多，综合效益好。改革开放以来，我国旅游业快速发展，产业规模不断扩大，产业体系日趋完善。当前我国正处于工业化、城镇化快速发展时期，日益增长的大众化、多样化消费需求为旅游业发展提供了新的机遇。为充分发挥旅游业在保增长、扩内需、调结构等方面的积极作用，现就加快发展旅游业提出如下意见：

#### 一、总体要求

（一）指导思想。以邓小平理论和“三个代表”重要思想为指导，深入贯彻落实科学发展观，进一步解放思想，深化改革开放，加强统筹协调，转变发展方式，提升发展质量，把旅游业培育成国民经济的战略性支柱产业和人民群众更加满意的现代服务业。

（二）基本原则。坚持改革开放，破除体制机制性障碍，充分发挥市场配置资源的基础性作用，走内涵式发展道路，实现速度、结构、质量、效益相统一；坚持以人为本，安全第一，寓管理于服务之中，不断满足人民群众日益增长的旅游消费需求；坚持以国内旅游为重点，积极发展入境旅游，有序发展出境旅游；坚持因地制宜，突出优势，推动各地旅游业特色化发展；坚持节能环保，合理利用资源，实现旅游业可持续发展。

（三）发展目标。到 2015 年，旅游市场规模进一步扩大，国内旅游人数达 33 亿人次，年均增长 10%；入境过夜游客人数达 9000 万人次，年均增长 8%；出境旅游人数达 8300 万人次，年均增长 9%。旅游消费稳步增长，城乡居民年均出游超过 2 次，旅游消费相当于居民消费总量的 10%。经济社会效益更加明显，旅游业总收入年均增长 12% 以上，旅游业增加值占全国 GDP 的比重提高到 4.5%，占服务业增加值的比重达到 12%。每年新增旅游就业 50 万人。旅游服务质量明显提高，市场秩序明显好转，可持续发展能力明显增强，力争到 2020 年我国旅游产业规模、质量、效益基本达到世界旅游强国水平。

## 二、主要任务

（四）深化旅游业改革开放。放宽旅游市场准入，打破行业、地区壁垒，简化审批手续，鼓励社会资本公平参与旅游业发展，鼓励各种所有制企业依法投资旅游产业。推进国有旅游企业改组改制，支持民营和中小旅游企业发展，支持各类企业跨行业、跨地区、跨所有制兼并重组，培育一批具有竞争力的大型旅游企业集团。积极引进外资旅游企业。在试点的基础上，逐步对外商投资旅行社开放经营中国公民出境旅游业务。支持有条件的旅游企业“走出去”。要按照统筹协调、形成合力的要求，创新体制机制，推进旅游管理体制改革。支持各地开展旅游综合改革和专项改革试点，鼓励有条件的地方探索旅游资源一体化管理。旅游行政管理及相关部门要加快职能转变，把应当由企业、行业协会和中介组织承担的职能和机构转移出去。五年内，各级各类旅游行业协会的人员和财务关系要与旅游行政管理等部门脱钩。

（五）优化旅游消费环境。逐步建立以游客评价为主的旅游目的地评价机制。景区门票价格调整要提前半年向社会公布，所有旅游收费均应按规定向社会公示。全面落实旅游景区对老年人和学生等特殊人群门票优惠政策。增加旅游目的地与主要客源地间的航线航班、旅游列车，完善旅客列车车票的预售和异地购票办法。城市公交服务网络要逐步延伸到周边主要景区和乡村旅游点，公路服务区要拓展旅游服务功能。进一步完善自驾车旅游服务体系。规范引导自发性旅游活动。博物馆、金融服务网点、邮政服务网点等在旅游旺季应适当延长开放和服务时间。各类经营场所的公用厕所要对游客开放。建立健全旅游信息服务平台，促进旅游信息资源共享。广播、电视、报刊、网站等公共媒体要积极开设旅游栏目，加大旅游公益宣传力度。

（六）倡导文明健康的旅游方式。在全社会大力倡导健康旅游、文明旅游、绿色旅游，使城乡居民在旅游活动中增长知识、开阔视野、陶冶情操。景区景点、宾馆饭店和旅行社等旅游企业要通过多种形式，引导每一位旅游者自觉按照《中国公民国内旅游文明行为公约》和《中国公民出境旅游文明行为指南》文明出行、文明消费。旅游者要尊重自然，尊重当地文化，尊重服务者，抵制不良风气，摒弃不文明行为。出境旅游者要维护良好的对外形象，做传播中华文明的使者。

（七）加快旅游基础设施建设。重点建设旅游道路、景区停车场、游客服务中心、旅游安全以及资源环境保护等基础设施。实施旅游厕所改扩建工程。加强主要景区连接交通干线的旅游公路建设。规划建设水路客运码头要充分考虑旅游业发展需求。加快推进中西部支线机场建设，完善旅游航线网络。确保景区和交通沿线通信顺畅。加强重点城市游客集散中心建设。力争通过五年努力，全国所有 A 级景区旅游交通基本畅通，旅游标识系统基本完善，旅游厕所基本达标，景区停车场基本满足需要。

（八）推动旅游产品多样化发展。实施乡村旅游富民工程。开展各具特色的农业观光和体验性旅游活动。在妥善保护自然生态、原居环境和历史文化遗存的前提下，合理利用民族村寨、古村古镇，建设特色景观旅游村镇，规范发展“农家乐”、休闲农庄等旅游产品。依托国家级文化、自然遗产地，打造有代表性的精品景区。积极发展休闲度假旅游，引导城市周边休闲度假带建设。有序推进国家旅游度假区发展。规范发展高尔夫球场、大型主题公园等。继续发展红色旅游。

（九）培育新的旅游消费热点。大力推进旅游与文化、体育、农业、工业、林业、商业、水利、地质、海洋、环保、气象等相关产业和行业的融合发展。支持有条件的地区发展生态旅游、森林旅游、商务旅游、体育旅游、工业旅游、医疗健康旅游、邮轮游艇旅游。把旅游房车、邮轮游艇、景区索道、游乐设施和数字导览设施等旅游装备制造业纳入国家鼓励类产业目录，大力培育发展具有自主知识产权的休闲、登山、滑雪、潜水、露营、探险、高尔夫等各类户外活动用品及宾馆饭店专用产品。大力发展旅游购物，提高旅游商品、旅游纪念品在旅游消费中的比重。以大型国际展会、重要文化活动和体育赛事为平台，培育新的旅游消费热点，特别要抓住举办 2010 年上海世界博览会的机遇，扩大旅游消费。

（十）提高旅游服务水平。以游客满意度为基准，全面实施《旅游服务质量提升纲要》。以人性化服务为方向，提升从业人员服务意识和服务水平。以品牌化为导向，鼓励专业化旅游管理公司推进品牌连锁，促进旅游服务创新。以标准化为手段，健全旅游标准体系，抓紧制定并实施旅游环境卫生、旅游安全、节能环保等标准，重点保障餐饮、住宿、厕所的卫生质量。以信息化为主要途径，提高旅游服务效率。积极开展旅游在线服务、网络营销、网络预订和网上支付，充分利用社会资源构建旅游数据中心、呼叫中心，全面提升旅游企业、景区和重点旅游城市的旅游信息化服务水平。

（十一）丰富旅游文化内涵。把提升文化内涵贯穿到吃住行游购娱各环节和旅游业发展全过程。旅游开发建设要加强自然文化遗产保护，深挖文化内涵，普及科学知识。旅游商品要提高文化创意水平，旅游餐饮要突出文化特色，旅游经营服务要体现人文特质。要发挥文化资源优势，推出具有地方特色和民族特色的演艺、节庆等文化旅游产品。充分利用博物馆、纪念馆、体育场馆等设施，开展多种形式的文体旅游活动。集中力量塑造中国国家旅游整体形象，提升文化软实力。

（十二）推进节能环保。实施旅游节能节水减排工程。支持宾馆饭店、景区景点、乡村旅游经营户和其他旅游经营单位积极利用新能源新材料，广泛运用节能节水减排技术，实行合同能源管理，实施高效照明改造，减少温室气体排放，积极发展循环经济，创建绿色环保企业。五年内将星级饭店、A级景区用水用电量降低20%。合理确定景区游客容量，严格执行旅游项目环境影响评价制度，加强水资源保护和水土保持。倡导低碳旅游方式。

（十三）促进区域旅游协调发展。中西部和边疆民族地区要利用自然、人文旅游资源，培育特色优势产业。东部发达地区、东北等老工业基地要通过经济结构调整，提升旅游发展水平。有序推进香格里拉、丝绸之路、长江三峡、青藏铁路沿线和东北老工业基地、环渤海地区、长江中下游地区、黄河中下游地区、泛珠三角地区、海峡西岸、北部湾地区等区域旅游业发展，完善旅游交通、信息和服务网络。积极推动海南国际旅游岛建设。继续促进内地居民赴香港、澳门旅游。加强海峡两岸旅游交流与合作。

## 三、保障措施

（十四）加强规划和法制建设。制定全国旅游业发展规划。旅游基础设施和重点旅游项目建设要纳入国民经济和社会发展规划。编制和调整城市总体规划、土地利用规划、海洋功能区划、基础设施规划、村镇规划要充分考虑旅游业发展需要。制定国民旅游休闲纲要。设立“中国旅游日”。落实带薪休假制度。抓紧旅游综合立法，加快制定旅游市场监管、资源保护、从业规范等专项法规，不断完善相关法律法规。

（十五）加强旅游市场监管和诚信建设。落实地方政府、经营主体、相关部门的监管责任。健全旅游监管体系，完善旅游质量监管机构，加强旅游服务质量监督管理和旅游投诉处理。旅游、工商、公安、商务、卫生、质检、价格等部门要加强联合执法，开展打击非法从事旅游经营活动，整治“零负团费”、虚假广告、强迫或变相强迫消费等欺诈行为，维护游客合法权益。加强旅游诚信体系建设，开展诚信旅游创建活动，制定旅游从业人员诚信服务准则，建立旅行社、旅游购物店信用等级制度。发挥旅游行业协会的作用，提高行业自律水平。

（十六）加强旅游从业人员素质建设。整合旅游教育资源，加强学科建设，优化专业设置，深化专业教学改革，大力发展旅游职业教育，提高旅游教育水平。建立和完善旅游职业资格和职称制度，健全职业技能鉴定体系，培育职业经理人市场。抓紧改革完善导游等级制度，提高导游人员专业素质和能力，鼓励专业技术人员特别是离退休老专家、老教师从事导游工作。实施全国旅游培训计划，加强对红色旅游、乡村旅游和文化遗产旅游从业人员培训，五年内完成对旅游企业全部中高级管理人员和导游人员的分级分类培训。

（十七）加强旅游安全保障体系建设。以旅游交通、旅游设施、旅游餐饮安全为重点，严格安全标准，完善安全设施，加强安全检查，落实安全责任，消除安全隐患，建立健全旅游安全保障机制。严格执行安全事故报告制度和重大责任追究制度。完善旅游安全提示预警制度，重点旅游地区要建立旅游专业气象、地质灾害、生态环境等监测和预报预警系统。防止重大突发疫情通过旅行途径扩散。推动建立旅游紧急救援体系，完善应急处置机制，健全出境游客紧急救助机制，增强应急处置能力。搞好旅游保险服务，增加保险品种，扩大投保范围，提高理赔效率。

（十八）加大政府投入。地方各级政府要加大对旅游基础设施建设的投入。各级财政要加大对旅游宣传推广、人才培训、公共服务的支持力度。中央政府投资重点支持中西部地区重点景区、红色旅游、乡村旅游等的基础设施建设。国家旅游发展基金重点用于国家旅游形象宣传、规划编制、人才培训、旅游公共服务体系建设等。安排中央财政促进服务业发展专项资金、扶持中小企业发展专项资金、外贸发展基金以及节能减排专项资金时，要对符合条件的旅游企业给予支持。要把旅游促进就业纳入就业发展规划和职业培训计划，落实好相关扶持政策。完善“家电下乡”政策，支持从事“农家乐”

等乡村旅游的农民批量购买家电产品和汽车摩托车。

（十九）加大金融支持。对符合旅游市场准入条件和信贷原则的旅游企业和旅游项目，要加大多种形式的融资授信支持，合理确定贷款期限和贷款利率。符合条件的旅游企业可享受中小企业贷款优惠政策。对有资源优势和市场潜力但暂时经营困难的旅游企业，金融机构要按规定积极给予信贷支持。进一步完善旅游企业融资担保等信用增强体系，加大各类信用担保机构对旅游企业和旅游项目的担保力度。拓宽旅游企业融资渠道，金融机构对商业性开发景区可以开办依托景区经营权和门票收入等质押贷款业务。鼓励中小旅游企业和乡村旅游经营户以互助联保方式实现小额融资。支持符合条件的旅游企业发行短期融资券、企业债券和中期票据，积极鼓励符合条件的旅游企业在中小企业板和创业板上市融资。鼓励消费金融公司在试点过程中积极提供旅游消费信贷服务。积极推进金融机构和旅游企业开展多种方式的业务合作，探索开发适合旅游消费需要的金融产品，增强银行卡的旅游服务功能。

（二十）完善配套政策和措施。落实宾馆饭店与一般工业企业同等的用水、用电、用气价格政策。允许旅行社参与政府采购和服务外包。旅行社按营业收入缴纳的各种收费，计征基数应扣除各类代收服务费。排放污染物达到国家标准或地方标准并已进入城市污水处理管网的旅游企业，缴纳污水处理费后，免征排污费。旅游企业用于宣传促销的费用依法纳入企业经营成本。鼓励银行卡收费对旅行社、景区售票商户参照超市和加油站档次进行计费，进一步研究适当降低对宾馆饭店的收费标准。年度土地供应要适当增加旅游业发展用地。积极支持利用荒地、荒坡、荒滩、垃圾场、废弃矿山、边远海岛和可以开发利用的石漠化土地等开发旅游项目。支持企事业单位利用存量房产、土地资源兴办旅游业。

各地区、各有关部门要提高对加快发展旅游业重要意义的认识，强化大旅游和综合性产业观念，把旅游业作为新兴产业和新的经济增长点加以培育、重点扶持，切实抓好本意见的贯彻落实。国家发展改革委负责综合协调，国家旅游局会同有关部门进行业务指导并对本意见的贯彻执行情况开展督促检查。各级旅游行政管理及相关部门要充分发挥职能优势，加强协调配合，推动旅游业又好又快发展。

国务院

二〇〇九年十二月一日

# 二、部委文件

## 工业和信息化部关于推进黄金行业转型升级的指导意见

工信部原〔2017〕10号

各省、自治区、直辖市工业和信息化主管部门，有关行业协会，有关中央企业：

黄金是重要的战略资源，兼具商品和货币属性，在满足人民生活需要、保障国家金融和经济安全等方面具有重要作用。“十二五”期间，我国黄金行业形成了地质勘查、矿山开采、选冶、深加工、批发零售、交易市场等完整产业体系，产业发展迅速，2015年产量450吨、消费量986吨，年均分别增长5.7%、11.5%，连续多年位居全球第一。我国黄金行业在快速发展的同时也存在一些问题，主要表现在：黄金矿业资源整合进展缓慢，地质勘查工作滞后，深部开采技术亟待突破，企业负债率偏高；黄金饰品附加值不高，加工技术工艺相对落后，设计创意欠缺；黄金市场及保障体系还需进一步完善。为促进黄金行业转型升级，现提出以下意见。

### 一、指导思想、基本原则和主要目标

#### （一）指导思想

深入贯彻落实党的十八大和十八届三中、四中、五中、六中全会精神，坚持创新、协调、绿色、开放、共享的发展理念，以建设黄金强国、满足国内市场需求为目标，以资源勘探开发、技术创新、绿色发展、两化融合、国际合作等为重点，推进供给侧结构性改革，着力构建结构优化、资源节约、环境友好、绿色发展、安全发展的现代化黄金产业。

#### （二）基本原则

坚持创新驱动，优化管理体制机制、产业产品结构，重点突破关键技术并加快成果转化；坚持结构调整，推动生产型制造向服务型制造转变；坚持绿色发展，全面建设绿色矿山，推行清洁生产，提高资源能源利用效率；强化全球布局，依托“一带一路”总体战略，积极参与国际合作；强化智能制造，运用信息化手段、自动化设备、智能化生产体系来改造黄金产业。

### （三）主要目标

1. 产量产能储量持续增长。

“十三五”期间，黄金产量年均增长3%左右，到2020年年末，黄金产量达到500吨（力争达到550吨），新增黄金产能125吨，淘汰落后产能40吨，黄金年生产能力达到600吨（含进口料生产能力100吨）。黄金开采企业数量从600多家减少到450家左右。扣除黄金生产消耗4000吨，全国新增黄金查明资源储量3000吨，到2020年查明黄金资源储量为13000~14000吨。

2. 科技水平明显提高。

复杂及深部矿体开采、低氰提金工艺等多项关键技术研究取得突破，共伴生资源综合利用率达到70%以上。两化融合取得新进展，生产智能化、工艺自动化和管理信息化水平明显提高，基本淘汰落后生产工艺、设备、设施。重点大中型企业建立完善的技术创新体系，研发投入占主营业务收入1.5%以上。

3. 节能环保水平全面提升。

企业“三废”排放达到国家排放标准；固体废物综合利用率达到35%以上，水循环利用率达到90%以上；土地复垦率超过60%，矿区绿化覆盖率达到90%以上；千人伤亡率明显下降。

4. 安全生产和职业危害防治全面改善。

企业安全生产规模化、机械化、信息化水平大幅提高。工作场所职业危害告知率和警示标识设置率达到95%以上，职业健康保障水平全面提升。

5. 改善职工及社区生产条件。

普遍建立社区磋商和协调工作机制；职工工作环境和居住条件进一步改善，职工收入与企业效益协调增长并向采掘一线职工倾斜。

## 二、主要任务

（一）加强地质勘查，促进国际合作。重点开展国内黄金成矿区带的深部、外围地质勘查项目建设，实现地质找矿重大突破。同时加强与“一带一路”沿线国家开展深度合作，通过资源互补、资源共享和资源整合等方式进行强强联合。

（二）加快基地建设，推进资源整合。加强重点勘查开发基地的建设，并在具有良好开发前景的成矿区域设立重点矿区，加快建设大型黄金生产基地。整合资源、统一规划，大力发展集约化开采技术，建设“区域矿山”，走规模化开采之路。

（三）加强科技攻关，促进两化融合。重点加强深井勘查技术，深部矿体开采的提升、岩爆、降温，智能化开采，尾渣膏体充填，低氰提金，复杂难处理多金属选矿，“造锍捕金”等技术的研究工作。积极推广两化融合管理体系，进一步加强两化融合试点及示范企业的智能化矿山建设力度。

（四）突出创新驱动，强化标准建设。围绕共性技术、关键技术和新材料技术展开研发和攻关，完善产学研用相结合的创新体系，大力发展精深加工产品。推进规范化管理，制定深部金矿资源评价标准，开展深井勘查开发相关工艺技术以及安全、环保等标准的制修订工作。建立国际标准化工作联络机制，加大参与国际标准化工作的力度，实现国际国内标准接轨和双向转化。

（五）发展循环经济，强化资源利用。积极开展黄金资源节约与综合利用标准制修订工作。鼓励开展低品位、难处理以及共伴生资源的综合利用，鼓励尾矿综合利用和氰化渣综合回收，提高资源回收利用率。建立健全完善的黄金再生资源利用体系，促进从电子垃圾中提炼黄金产业有序发展。

（六）利用“互联网+”，完善产业链条。充分发挥“互联网+”的作用，加快黄金珠宝交易云商平台、现代珠宝产业服务创意发展平台、珠宝饰品公共服务平台等建设，积极培育黄金珠宝高端制造产业园。积极开展高端键合金丝生产线建设，贵金属提纯、纳米材料生产，黄金精细化工等项目建设，增加高端新材料有效供给。

（七）完善黄金市场，加强风险防范。鼓励黄金金融产品创新，有序发展黄金租赁、远期和期权等业务，建立多层次黄金市场体系，提高我国金融市场的竞争力和应对危机的能力。着力完善黄金交易市场体系，引导更多的金融机构参与黄金市场，提高场外交易市场黄金交易量。进一步加大黄金市场监管力度，切实防范市场风险，保护投资者利益。

（八）提高安全水平，保护生态环境。全面加强风险分级管控和隐患排查治理双重预防性工作机制建设，强化重大灾害和职业危害防治，强化人员定位和监测监控系统配套。依法淘汰黄金采选冶和精炼能源消耗达不到国家强制标准的企业。严格污染源执法监管，加强采矿、选冶和氰化尾渣贮存场所的环境管理。实施行业清洁化改造，建设项目实行主要污染物排放等量或减量置换。新建黄金矿山应符合生态保护红线、自然保护区有关环境保护的规定。

## 三、保障措施

（一）完善产业政策，加强宏观指导。充分发挥市场在资源配置中的决定性作用，将“放、管、服”结合起来，研究采用规范条件、负面清单、企业社会责任等加强事中事后监管；进一步完善黄金生产、进出口等相关政策，建立资源枯竭矿山退出机制；加强黄金标准化体系建设，制定和完善技术、产品、能耗等标准。

（二）引导研发投入，增强创新能力。围绕产品升级、节能减排、安全生产和两化融合等领域，支持具有优势的黄金企业与高等院校、科研院所、社会资本加强合作，加大研发投入，加强科技攻关，加快成果产业化步伐和技术改造力度，并推动重大示范工程实施。

（三）发挥金融属性，拓宽融资渠道。充分发挥黄金的融资功能，降低融资成本。继续发挥金融机构的主渠道作用，探索直接融资的新渠道、新形式，扩大企业直接融资的比重。广泛利用国际国内两个资本市场融资，外引内联、引进国内外的技术和资金。

各地区要遵循本地区主体功能定位和本指导意见，围绕指导意见提出的目标与任务，积极推动本地区黄金行业转型升级，研究出台相应配套政策，加快建设黄金强国。

工业和信息化部

2017 年 1 月 11 日

# 工业和信息化部关于进一步促进产业集群发展的指导意见

工信部企业〔2015〕236 号

各省、自治区、直辖市及计划单列市、新疆生产建设兵团中小企业主管部门：

产业集群是中小企业发展的重要组织形式和载体，对推动企业专业化分工协作、有效配置生产要素、降低创新创业成本、节约社会资源、促进区域经济社会发展都具有重要意义。经过多年的发展，我国产业集群已逐步发展壮大，一些地区产业集群销售收入已达到本地企业销售收入一半以上，产业集群对区域经济的支撑作用日益明显。但目前产业集群发展总体水平还不高，部分产业集群集聚度较低，创新能力弱、信息化水平低、品牌建设不够、公共服务滞后、基础设施不配套，亟待转型升级，提升发展能力。按照国务院促进中小企业发展和《中国制造 2025》的要求，现就推动产业集群转型升级，进一步促进产业集群发展，提出以下意见。

## 一、加强规划引导，促进产业集群科学发展

（一）按照布局合理、产业协同、资源节约、生态环保的原则，对产业集群进行规划布局和功能定位。产业集群发展规划要纳入本地区发展规划，与城乡规划、土地利用总体规划等有机衔接。

（二）鼓励支持在产业集群中建设中小企业产业（工业）园区、小型微型企业创业创新基地、创客空间等中小企业创业创新集聚区，鼓励有条件的产业集群建设多层标准厂房，高效开发利用土地。

（三）加强产业集群基础设施保障，推进产业集群生态文明建设。完善产业集群能源供应、给排水、排污综合治理等基础设施，推广节能减排共性技术，鼓励企业参与节能减排投融资、合同能源管理、开展清洁生产审核，推动建立集群内废旧物回收处理、再制造工程咨询等第三方环境治理方式，加强节能管理和“三废”有效治理，推动绿色低碳循环发展。

## 二、提升龙头骨干企业带动作用，强化专业化协作和配套能力

（四）发挥龙头骨干企业的示范带动效应。每个产业集群应明确 2~3 家龙头骨干企业，并对其重点扶持。鼓励龙头骨干企业将配套中小企业纳入共同的供应链管理、质量管理、标准管理、合作研发管理等，提升专业化协作和配套能力。支持龙头骨干企业建立开放性研发平台向中小配套企业开放，推动协同制造和协同创新。

（五）鼓励和引导中小企业与龙头骨干企业开展多种形式的经济技术合作，建立稳定的供应、生产、销售等协作、配套关系，提高专业化协作水平，完善产业链，打造创新链，提升价值链，推动中小企业“专精特新”发展，培育和发展一批成长性好的企业。

## 三、加强区域品牌建设，推动要素聚集和价值提升

（六）组织开展区域品牌建设工作，发挥行业协会、技术机构、龙头骨干企业和中小企业作用，联合打造区域品牌。鼓励产业集群制定区域品牌发展规划，开展区域品牌策划与设计，申报注册国家地理标志、集体商标、原产地、证明标志等集体品牌，保护区域品牌知识产权，深化区域品牌内涵。建立健全区域品牌评价制度，加强区域品牌信誉和风险管理，确保区域品牌健康发展。

（七）支持建设产业集群展览展示平台、电子商务平台等公共营销渠道，推动线上电子商务与线下专业市场融合发展。支持开展区域品牌宣传推广，鼓励有条件的产业集群发展工业旅游和产业旅游，引导企业参与宣传区域品牌，共同扩大区域品牌和企业品牌的社会影响。

## 四、提高产业集群信息化水平，建设智慧集群

（八）加强产业集群光纤宽带网络和移动通信网络建设，深化移动互联网、云计算、大数据、物联网等新一代信息技术在产业集群中的应用。加快信息技术改造传统产业，支持对企业设计、制造、管理、销售、服务等关键环节的信息化应用能力提升，发展网络制造等新型生产方式，开展网络实时诊断、流程优化再造、云服务等新型服务。

（九）实施互联网＋产业集群建设行动，建设“智慧集群”。选择一批管理规范、产业集聚度高、创新能力强、信息化基础好、引导带动作用大的重点产业集群，开展百家“智慧集群”建设和认定工作，总结推广“智慧集群”发展经验。

## 五、提升创新能力，增强集群竞争优势

（十）鼓励和支持产业集群与高校、科研机构建立产学研用协同创新网络，采取多种形式建立产业集群研发中心、设计中心和工程技术中心等。培育建设一批产业、产品协同研发平台，推动产业集群共性技术研发和推广应用，引导创新资源向集群集聚。鼓励和引导企业间联合组建产业联盟或研发联盟等新型合作模式，强化产业链整合和供应链管理。

（十一）引导企业采用国内外先进技术标准，推进可靠性管理体系建设，强化工艺、质量、节能、环保、卫生等标准化管理。推进产品国际标准认证，支持企业参与行业、国家和国际标准制订和修订。

（十二）建立产业集群知识产权服务机制，保护技术创新成果及知识产权。鼓励建立产业集群知识产权联盟，解决共性问题，推动知识产权共享，增强中小企业的知识产权创造、运用、管理和保护能力。

## 六、提升公共服务能力，支撑产业集群转型升级

（十三）支持产业集群公共服务平台建设，发挥中小企业公共服务平台网络的作用，集聚优质服务资源，采取政府购买服务、无偿资助、业务奖励等形式，鼓励各类服务机构提供服务，扩大公共服务的覆盖面和受益面。加

速先进制造技术的推广应用，支持新产品认证服务，增强产品检测服务能力。支持科研院所、高校向产业集群开放重大科研基础设施和大型科研仪器。建立创业创新项目库，提供技术应用、融资支持、商务和政务代理等服务。加快建立社会化、专业化现代物流服务网络。

（十四）建立健全产业集群多层次、多类别的人才培养机制，鼓励利用社会培训资源开展产业集群人力资源培训。加强产业集群内企业科技创新人才、高技能人才培养。加大集群内“专精特新”企业经营管理人员培训，将其纳入企业经营管理人员素质提升工程。引进国内外职业培训机构，提升职业教育水平。支持集群内企业员工参与国内外职业技能比赛。

（十五）支持发展行业协会和产业联盟，引导和推动产业集群依法组建行业协会、商会。充分发挥行业协会行业自律、教育培训和品牌营销作用，开展行业标准制定、商业模式推介等示范活动。支持行业协会或联盟成员间实行集约化采购、共有品牌等多种合作共享模式，打造利益共同体。

## 七、加强指导和政策支持，优化产业集群发展环境

（十六）各地要把提升产业集群发展能力、促进产业集群转型升级作为推动中小企业发展的重要工作内容。建立和完善促进产业集群发展工作协调机制，切实加强对产业集群发展的管理、指导和服务。要根据实际制定和完善本地产业集群发展规划，加强规划引导。

（十七）建立产业集群运行监测制度，鼓励有条件的地区和行业研究发布产业集群指数，加强预警和引导。建立产业集群评价机制，完善评价考核和分类指导。

（十八）各级企业技术改造或转型升级专项资金、中小企业发展专项资金、基金及服务体系建设资金，对产业集群龙头骨干企业转型升级、公共服务平台建设、智慧集群建设、集群企业或机构在产业链各环节的合作创新、产业集群发展规划制定等优先给予资金支持。符合条件的国家中小企业公共服务示范平台中的技术类服务平台，对其在合理数量范围内进口国内不能生产或者国内产品性能尚不能满足需要的科技开发用品，免征进口关税和进口环节增值税、消费税。

（十九）落实支持中小企业发展的金融政策，重点加强和改善产业集群中小企业金融服务。积极引导银行业金融机构创新金融产品和金融服务，以及知识产权质押、股权质押、仓单质押、商业信用保险保单等多种融资方式。建立和完善集群企业信用体系，推动信用信息共享。鼓励金融机构、投资机

构、中小企业信用担保机构与产业集群建立项目对接，搭建合作平台。

（二十）推动产业集群合作交流。以培训、研讨、展览、项目对接等方式为媒介，促进人才、技术、资本、服务、信息等创新要素的流动和共享。建立产业集群国际合作交流机制，鼓励有条件的产业集群“走出去”，加强国际合作。

工业和信息化部

2015 年 7 月 10 日

## 三、地方文件

### 云南省人民政府关于加快石产业发展的意见

云政发〔2011〕23 号

各州、市、县（市、区）人民政府，省直各委、办、厅、局：

为充分发挥我省石产业资源和区位、历史和文化、市场和品牌优势，把石产业建设成为我省重要的特色优势产业，现提出以下意见。

#### 一、发展石产业的重要意义

石产业是一个既古老又新兴的可持续发展产业，具有低能耗、低排放、高就业的特点。加快发展石产业，把宝玉石、观赏石、建筑石材打造成一大产业，对调整产业结构、拉动内需、扩大就业，推动我省经济社会又好又快发展具有重要意义。经过多年努力，我省石产业具备了一定的基础和优势，但在全国仍处于中下游地位，资源优势尚未转化为产业和经济优势，产业发展的主要问题表现在市场定位不明、思路不清、政策缺位、资金缺乏等方面。产业业态还处于大资源、小产业、低层次、少收入的状况，发展潜力未能得到充分发挥。因此，迫切需要进一步明确发展思路，采取有力措施，促进我省石产业加快发展。各地、各部门要以科学发展观为指导，按照政府扶持、协会搭桥、企业主导、市场运作、各方促成的原则，加大资源勘查、人才培养、市场培育等方面的力度，充分发挥和利用国内、国外、个市场和资源优势，把石产业作为特色优势产业加快培育，力争通过“十二五”期间的努力，把我省建设成为石产业大省。

## 二、总体思路和发展目标

（一）总体思路。深入贯彻落实科学发展观，充分发挥云南石材资源丰富、珠宝玉石市场品牌效应突出、观赏奇石种类繁多的优势，紧紧围绕产业结构调整，以市场为导向、技术为支撑、文化为内涵，以资源保障、龙头企业培育、技术升级、市场体系建设、优化产业布局为突破口，创特色、树品牌，促进集约发展、绿色发展、低碳发展，切实提高产业竞争力，具体做强石材产业、做大珠宝产业、稳步发展观赏石产业，使石产业成为我省吸纳农村富裕劳动力、促进农民脱贫致富的重要产业和特色优势产业。

（二）发展目标。通过 5~10 年努力，将石产业培育成为资源特色突出、市场定位鲜明、产业品牌繁多、技术文化交融，集生产、贸易、服务一体化发展的特色优势产业集群。到 2015 年，石产业总产值 970 亿元，年均增长 27%，从业人员 130 万人左右，发展水平迈入全国先进行列；到 2020 年，产业规模和水平显著提升，产业链延伸，辐射能力增强，建成面向全国及东南亚、南亚的石产业基地。

1. 石材产业发展目标。发掘资源，创造名牌，经过 5~10 年努力，形成中国重要的石材加工和贸易基地之一。到 2015 年，产值达 180 亿元以上，年均增长 29%，从业人员超过 30 万人；到 2020 年，形成以制成品销售为主的石产业链，产业发展规模和水平全面提升。

2. 珠宝玉石产业发展目标。用 5~10 年时间，把我省建设成为中国珠宝玉石产业大省和世界重要的珠宝玉石集散、销售和加工中心。到 2015 年，产值达 760 亿元，年均增长 27%，从业人员达到 90 万人左右；到 2020 年，形成“世界玉石云南卖”的市场优势，具备开发不同档次珠宝玉石的能力。

3. 观赏石产业发展目标。争取用 5~10 年时间，把我省建成中国面向东南亚、南亚市场的重要观赏石集散交易中心。到 2015 年，产值达 30 亿元，年均增长 20%，从业人数达到 10 万人；到 2020 年，建立符合可持续发展要求的观赏石产业体系。

## 三、优化产业布局

（一）总体布局。按照我省现有石产业分工，在石产业相对聚集区新。扩（建一批特色鲜明的专业化加工园区。基地（、物流交易中心和服务片区，形成以滇中为中心、特色区域为支撑的点线面集聚发展的格局。

（二）石材产业布局。重点布局 1 个中心、2 个基地、2 大特色片区。突出滇中地区中心地位，把昆明市建设成为石材高档产品加工展示交易中心。在楚雄州布局发展砂岩板材、木纹石、苴却石民族工艺制品生产加工基地；在曲靖市布局发展石雕、石画等人造石材生产基地。滇西特色石材产业片区。在保山市布局发展保山米黄、松香玉、珊瑚红、怒江红、火山石等特色石材加工基地；在大理州布局发展大理石板材、异型材、大理石旅游工艺品等产品加工基地和市场交易中心；在德宏州、临沧市结合边境旅游布局发展外向型石材产业基地，适当发展大理石、花岗岩等石材建筑装饰产品。滇东南特色石材产业片区。在文山州发展板材、装饰石材等建筑石材，布局石材加工基地和市场交易中心，积极开拓外向型石材产品。

（三）珠宝玉石产业布局。重点建设 1 个中心、3 大特色区域、3 条销售热线。把昆明市建设成为珠宝玉石产品的加工、销售和集散中心，逐步成为具备自主创意设计、生产加工、交易拍卖、技术鉴定、文化博览等功能的综合性珠宝玉石产业发展中心。充分发挥龙陵、潞西、瑞丽、盈江、腾冲的资源优势，发展特色珠宝玉石产业，形成 3 个特色区域。龙陵、潞西突出黄龙玉资源特色，综合发展原料公盘、物流加工、体验馆、地质公园博物馆等项目；瑞丽、盈江突出边境口岸特色，建设成为以原料输入为重点，集设计加工、交易拍卖、技术鉴定、旅游博览、文化交流为一体的边境贸易区；腾冲突出传统玉文化特色，弘扬腾越传统文化，引进现代技艺，逐步打造成为“东方玉都”。与重点旅游区、旅游热线相结合，以昆明为中心，逐步形成玉溪、普洱、西双版纳、大理、丽江、香格里拉、保山、腾冲、瑞丽。条珠宝玉石销售线路。

（四）观赏石产业布局。打造 1 条主干线、5 大市场、9 个名镇。沿昆明、大理、保山、德宏一线，形成特点突出、发展规范的观赏石交易、展示的黄金主干线。在昆明、昭通、大理、保山、德宏 5 个州（市）建设观赏石市场。把东川区新村镇、会泽县金钟镇、大理市古城镇、龙陵县龙山镇、巧家县白鹤滩镇、绥江县中城镇、腾冲县腾越镇、泸水县六库镇、水富县向家坝镇打造成我省观赏石产业发展的特色小镇。

## 四、建设重点环节

（一）提高资源保障水平。将石材、珠宝玉石资源列入省内找矿行动计划，查明大理石、花岗岩、砂岩等各类石材的矿产资源储量和红宝、蓝宝、祖母绿、黄龙玉等宝玉石资源储量。搭建石产业发展平台，在省内建设 1~2 个国内最大的珠宝玉石原料公盘交易中心。发挥边境玉石毛料市场交易优势，促进原料进口由“边贸”向“大贸”转变。积极引导企业参与境外资源开发和玉石原料公盘交易。

（二）培育龙头企业。围绕产业发展方向，引导资源、技术、人才、资金等要素向龙头企业积聚，打造集原料开采、产品加工与销售为一体的企业集团。积极引进国内外大型加工、商贸物流企业来滇落户。

（三）推进技术创新。建设国家级、省级产业技术研发中心和检测检验机构，制定产业技术标准。引导企业、高校、科研院所联合，建立以企业为主体、市场为导向的产学研技术创新体系，不断提升石产业发展的水平和市场竞争力。

（四）加大品牌培育。大力塑造“云南珠宝”、“云南石材”、“云南观赏石”品牌形象，着力把我省建成石产品品牌汇集地。石材产业重点培育云南米黄、木纹金砂、火山石等特色产品，开发人造石材、石英石等工艺品和多功能产品。珠宝玉石产业要进一步巩固和提升“玉出云南”和“云南珠宝”的名牌效应。观赏石产业重点发展名贵天然奇石特有品牌，利用境外观赏石资源丰富我省观赏石种类，可持续发展大理画面石、会泽（东川）铁胆石、“三江”图纹石、永仁苴却石等名贵天然观赏石特有品种。

（五）加强市场监管。税务、工商、质监等部门要加强质量监管，严厉打击欺诈、以次充好、以假冒真等违法违规行为；规范税收监管，营造公平竞争的市场环境；完善社会监管，建立市场经营主体违法备案、公示、重点监管、先行赔付制度和行业退出机制。

## 五、加强政策扶持

（一）强化财税政策支持。各级财政部门在有关专项资金安排上要向石产业适当倾斜，支持符合产业发展方向的新（扩）建项目，扶持科研机构、行业协会的发展。要用足用好现有税收优惠政策，加大对珠宝玉石和石材资源勘探、加工及技术升级、技术认定与服务、人才培养的支持力度，积极促进石产业发展。

（二）畅通融资渠道。金融机构要放宽对石产业企业的贷款条件，简化审批手续，扩大对石产业企业贷款规模。支持企业以拥有的原材料、库存产品、采购商品等进行动产抵押、股权质押、仓单质押等方式，申请银行贷款。依托商会信用，建立担保机制。鼓励具备条件的企业上市融资，积极探索符合条件的中小企业发行集合债券，突破产业发展瓶颈。

（三）加大产业政策引导。加强采矿权管理，制定矿山和加工行业准入制度，引导优势资源向大企业集团集中。支持企业参与园区（基地）及市场建设，享受标准厂房建设有关优惠政策，并对进入园区。基地（、交易市场的企业给予优惠，实施以商招商，缩短项目建设周期，推动产业集聚发展。鼓励石产业企业与旅游、文化、服装、建材、化工、造纸、会展等产业的融合互动发展。

（四）采用便利化通关措施。采用有利于珠宝玉石原料进出口的灵活贸易方式，充分发挥出口加工区珠宝玉石仓储、加工、保税物流的功能和作用，继续推行玉石存入保税仓库的监管办法，为玉石原料保税进口和便利通关提供优良服务。

（五）发展绿色石产业。坚持开发与保护并重，鼓励企业开展废料、废渣综合利用和水循环利用，实行清洁生产。加快中小型石材资源矿山整合改造，建设一批循环经济示范项目和基地。落实节能减排要求，促进石产业可持续发展。

（六）大力培养和引进人才。根据产业发展需要，制订职业技能培训和学历教育计划，利用现有教育资源，积极鼓励和支持省内职业院校开设石产业开采、加工、设计、工艺、美术、鉴定等专业，加快石产业人才培养。加大对民间手工艺人的培养力度。设立名匠工作室，吸引设计师、雕刻师、鉴定师等高技术技能型人才来滇发展，将其纳入我省高层次人才选拔奖励范围。

（七）扩大对外开放。“引进来”和“走出去”相结合，建立与国际国内知名石产业机构、跨国企业以及世界主要石原料产地商会的合作关系。积极发展与缅、老、越等东盟国家的睦邻友好合作关系，支持我省石材企业走出去，互利开发利用周边国家的优质石材资源。搭建石产业交易平台，定期承办或举办国际性“石博会”、玉石毛料公盘和珠宝玉石交易会，扩大我省石材产品出口。

## 六、转变职能强化服务

（一）积极发挥行业协会作用。充分发挥行业协会、商会的作用，鼓励协会、商会等机构积极开展面向社会的信息咨询、投融资、技术交流、人才引进、人员培训、宣传促销、品牌开拓、对外交流与合作等服务。

（二）加强组织领导。省石产业联席会议办公室要加强与各成员单位、行业协会的联系和沟通，认真落实产业发展规划，统筹协调解决石产业发展中存在的困难和问题。各地、各有关部门要充分认识加快石产业发展在产业结构调整、培育新的经济增长点、扩大就业等方面的重要作用，把发展石产业作为一项重要工作，增强责任感和紧迫感，落实责任、统筹协调、优化配置各种资源，尽快形成加快石产业发展的强大合力。石产业发展任务较重的州（市）可设立石产业发展协调机构。

云南省人民政府

二0一一年一月三十一日

# 四、保山资料

附表 1 保山中心城区规划城市建设用地平衡表（2020 年）

| 序号 | 用地性质 | | 用地代号 | 面积（万平方米） | 比例（%） | 人均用地面积（平方米） |
|---|---|---|---|---|---|---|
| 1 | 居住用地 | | R | 1217.57 | 34.82 | 34.79 |
| | 其中 | 一类居住用地 | R1 | 68.76 | 1.97 | 1.96 |
| | | 二类居住用地 | R2 | 1009.82 | 28.88 | 28.86 |
| | | 三类居住用地 | R3 | 138.99 | 3.97 | 3.97 |
| 2 | 公共设施用地 | | C | 566.51 | 16.20 | 16.19 |
| | 其中 | 行政办公用地 | C1 | 68.42 | 1.95 | 1.95 |
| | | 商业金融业用地 | C2 | 280.28 | 8.02 | 8.01 |
| | | 文化娱乐用地 | C3 | 50.38 | 1.44 | 1.44 |
| | | 体育用地 | C4 | 22.97 | 0.66 | 0.66 |
| | | 医疗卫生用地 | C5 | 29.7 | 0.85 | 0.85 |
| | | 教育科研设计用地 | C6 | 103.38 | 2.96 | 2.96 |
| | | 文物古迹用地 | C7 | 11.32 | 0.32 | 0.32 |
| | | 其他公共设施用地 | C9 | 0.06 | 0.01 | 0.01 |
| 3 | 工业用地 | | M | 380.69 | 10.89 | 10.88 |
| | 其中 | 一类工业用地 | M1 | 253.13 | 7.25 | 7.25 |
| | | 二类工业用地 | M2 | 127.56 | 3.64 | 3.63 |
| 4 | 仓储用地 | | W | 125.63 | 3.59 | 3.59 |
| 5 | 对外交通用地 | | T | 68.44 | 1.96 | 1.96 |

续表

| 序号 | 用地性质 | | 用地代号 | 面积（万平方米） | 比例（%） | 人均用地面积（平方米） |
|---|---|---|---|---|---|---|
| 6 | 道路广场用地 | | S | 517.46 | 14.80 | 14.78 |
| | 其中 | 广场用地 | S2 | 26.87 | 0.77 | 0.77 |
| | | 社会停车场用地 | S3 | 10.59 | 0.30 | 0.30 |
| 7 | 市政公用设施用地 | | U | 68.96 | 1.97 | 1.97 |
| 8 | 绿地 | | G | 507 | 14.50 | 14.49 |
| | 其中 | 公共绿地 | G1 | 323.5 | 9.25 | 9.25 |
| | | 生产防护绿地 | G2 | 183.5 | 5.25 | 5.24 |
| 9 | 特殊用地 | | D | 44.65 | 1.28 | 1.28 |
| 10 | 总计 | | | 3496.91 | 100.00 | 99.91 |

注：1. 保山中心城区包括主城区、大小堡子工业组团、机场组团、货站组团。

2. 规划期末（2020 年）城市人口按 35 万人计。

### 附表 2　保山中心城区近期城市建设用地平衡表（2010 年）

| 序号 | 用地性质 | | 用地代号 | 面积（万平方米） | 比例（%） | 人均用地面积（平方米） |
|---|---|---|---|---|---|---|
| 1 | 居住用地 | | R | 1043.73 | 42.64 | 52.19 |
| | 其中 | 一类居住用地 | R1 | 55.39 | 2.26 | 2.77 |
| | | 二类居住用地 | R2 | 878.26 | 35.88 | 43.91 |
| | | 三类居住用地 | R3 | 110.08 | 4.50 | 5.50 |
| 2 | 公共设施用地 | | C | 530.15 | 21.66 | 26.51 |
| | 其中 | 行政办公用地 | C1 | 71.68 | 2.93 | 3.58 |
| | | 商业金融业用地 | C2 | 252.77 | 10.33 | 12.64 |
| | | 文化娱乐用地 | C3 | 54.47 | 2.23 | 2.72 |
| | | 体育用地 | C4 | 22.97 | 0.94 | 1.15 |
| | | 医疗卫生用地 | C5 | 29.71 | 1.21 | 1.49 |
| | | 教育科研设计用地 | C6 | 87.17 | 3.56 | 4.36 |
| | | 文物古迹用地 | C7 | 11.32 | 0.46 | 0.57 |
| | | 其他公共设施用地 | C9 | 0.06 | 0.01 | 0.01 |

续表

| 序号 | 用地性质 | | 用地代号 | 面积（万平方米） | 比例（%） | 人均用地面积（平方米） |
|---|---|---|---|---|---|---|
| 3 | 工业用地 | | M | 78.03 | 3.19 | 3.90 |
| | 其中 | 一类工业用地 | M1 | 26.61 | 1.09 | 1.33 |
| | | 二类工业用地 | M2 | 22.28 | 0.91 | 1.11 |
| | | 三类工业用地 | M3 | 29.14 | 1.19 | 1.46 |
| 4 | 仓储用地 | | W | 4.84 | 0.20 | 0.24 |
| 5 | 对外交通用地 | | T | 47.73 | 1.95 | 2.39 |
| 6 | 道路广场用地 | | S | 429.55 | 17.55 | 21.48 |
| | 其中 | 广场用地 | S2 | 19.53 | 0.80 | 0.98 |
| | | 社会停车场库用地 | S3 | 8.19 | 0.33 | 0.41 |
| 7 | 市政公用设施用地 | | U | 46.95 | 1.92 | 2.35 |
| 8 | 绿地 | | G | 242.65 | 9.91 | 12.13 |
| | 其中 | 公共绿地 | G1 | 132.24 | 5.40 | 6.61 |
| | | 生产防护绿地 | G2 | 110.41 | 4.51 | 5.52 |
| 9 | 特殊用地 | | D | 23.88 | 0.98 | 1.19 |
| 10 | 总计 | | | 2447.51 | 100.00 | 122.38 |

注：规划近期末（2010 年）城市人口按 20 万人计。

### 附表 3 保山中心城区现状城市建设用地平衡表（2007 年）

| 序号 | 用地性质 | | 用地代号 | 用地面积（万平方米） | 比例（%） | 人均用地面积（平方米） |
|---|---|---|---|---|---|---|
| 1 | 居住用地 | | R | 739.54 | 43.55 | 49.30 |
| | 其中 | 一类居住用地 | R1 | 23.63 | 1.39 | 1.58 |
| | | 二类居住用地 | R2 | 155.81 | 9.17 | 10.39 |
| | | 三类居住用地 | R3 | 560.1 | 32.98 | 37.34 |

续表

<table>
<tr><th>序号</th><th colspan="2">用地性质</th><th>用地代号</th><th>用地面积（万平方米）</th><th>比例（%）</th><th>人均用地面积（平方米）</th></tr>
<tr><td rowspan="8">2</td><td colspan="2">公共设施用地</td><td>C</td><td>383.72</td><td>22.59</td><td>25.58</td></tr>
<tr><td rowspan="7">其中</td><td>行政办公用地</td><td>C1</td><td>86.54</td><td>5.10</td><td>5.77</td></tr>
<tr><td>商业金融业用地</td><td>C2</td><td>169.93</td><td>10.01</td><td>11.33</td></tr>
<tr><td>文化娱乐用地</td><td>C3</td><td>21.24</td><td>1.25</td><td>1.42</td></tr>
<tr><td>体育用地</td><td>C4</td><td>16.06</td><td>0.95</td><td>1.07</td></tr>
<tr><td>医疗卫生用地</td><td>C5</td><td>18.13</td><td>1.07</td><td>1.21</td></tr>
<tr><td>教育科研设计用地</td><td>C6</td><td>71.06</td><td>4.18</td><td>4.74</td></tr>
<tr><td>文物古迹用地</td><td>C7</td><td>0.76</td><td>0.04</td><td>0.05</td></tr>
<tr><td rowspan="4">3</td><td colspan="2">工业用地</td><td>M</td><td>86.26</td><td>5.08</td><td>5.75</td></tr>
<tr><td rowspan="3">其中</td><td>一类工业用地</td><td>M1</td><td>4.46</td><td>0.26</td><td>0.30</td></tr>
<tr><td>二类工业用地</td><td>M2</td><td>41.55</td><td>2.45</td><td>2.77</td></tr>
<tr><td>三类工业用地</td><td>M3</td><td>40.24</td><td>2.37</td><td>2.68</td></tr>
<tr><td>4</td><td colspan="2">仓储用地</td><td>W</td><td>18.07</td><td>1.06</td><td>1.20</td></tr>
<tr><td>5</td><td colspan="2">对外交通用地</td><td>T</td><td>107.46</td><td>6.33</td><td>7.16</td></tr>
<tr><td rowspan="3">6</td><td colspan="2">道路广场用地</td><td>S</td><td>205.5</td><td>12.10</td><td>13.70</td></tr>
<tr><td rowspan="2">其中</td><td>广场用地</td><td>S2</td><td>4.61</td><td>0.27</td><td>0.31</td></tr>
<tr><td>社会停车场库用地</td><td>S3</td><td>0.89</td><td>0.05</td><td>0.06</td></tr>
<tr><td>7</td><td colspan="2">市政公用设施用地</td><td>U</td><td>52.07</td><td>3.07</td><td>3.47</td></tr>
<tr><td rowspan="2">8</td><td colspan="2">绿地</td><td>G</td><td>48.62</td><td>2.86</td><td>3.24</td></tr>
<tr><td>其中</td><td>公共绿地</td><td>G1</td><td>48.62</td><td>2.86</td><td>3.24</td></tr>
<tr><td>9</td><td colspan="2">特殊用地</td><td>D</td><td>57.04</td><td>3.36</td><td>3.80</td></tr>
<tr><td>10</td><td colspan="2">总计</td><td></td><td>1698.3</td><td>100</td><td>113.22</td></tr>
</table>

注：现状城市人口按 15 万人计。

附表 4 规划坝区与城市主要道路一览表

| 道路名 | 类别 | 走向 | 红线宽度（米） | 标准横断面（米） |
|---|---|---|---|---|
| 快速路（现状大保高速公路） | 快速路 | 南北向 | 50 | 5+3.5+2+11+7+11+2+3.5+5 |
| 保岫西路 | 主干道 | 东西向 | 25 | 5.0+15.0+5.0 |
| 保岫西路 | 主干道 | 东西向 | 35 | 5.0+4.0+1.5+14.0+1.5+4.0+5.0 |
| 保岫东路 | 主干道 | 东西向 | 72 | 7.0+5.0+4.0+15.0+10.0+15.0+4.0+5.0+ |
| 保岫中路 | 主干道 | 东西向 | 72 | 7.0+5.0+4.0+15.0+10.0+15.0+4.0+5.0+7.0 |
| 海棠路（北五环） | 主干道 | 东西向 | 60 | 5+5.5+4.5+2+10.5+5+10.5+2+4.5+5.5+5 |
| 海棠路（北五环） | 主干道 | 东西向 | 30 | 7.0+16.0+7.0 |
| 正阳北路 | 主干道 | 南北向 | 50 | 5.5+4.5+2+10.5+5+10.5+2+4.5+5.5 |
| 正阳北路 | 主干道 | 南北向 | 35 | 5.0+4.0+1.5+14.0+1.5+4.0+5.0 |
| 正阳南路 | 主干道 | 南北向 | 25 | 4.0+17.0+4.0 |
| 永昌大道（城区段） | 主干道 | 南北向 | 53 | 6.0+17.0+7.0+17.0+6.0 |
| 站前大道（北七环） | 主干道 | 东西向 | 60 | 5.5+4.5+2+10.5+5+10.5+2+4.5+5.5 |
| 九龙路（北） | 主干道 | 南北向 | 40 | 7.0+4.5+1.0+15.0+1.0+4.5+7.0 |
| 九龙北路 | 主干道 | 东西向 | 30 | 7.0+16.0+7.0 |
| 九龙路（南） | 主干道 | 南北向 | 30 | 7.0+16.0+7.0 |
| 学府路（北四环） | 主干道 | 东西向 | 40 | 5.0+11.8++6.5+11.8+5.0 |
| 太保中路 | 次干道 | 南北向 | 24 | 5.0+14.0+5.0 |
| 东干道 | 次干道 | 南北向 | 30 | 7.0+16.0+7.0 |
| 南关街 | 次干道 | 南北向 | 25 | 5.0+10.0+5.0 |
| 青华路 | 次干道 | 南北向 | 36 | 4.0+12.5+3.0+12.5+4.0 |
| 北新横四路 | 次干道 | 东西向 | 24 | 5.0+14.0+5.0 |
| 北新横三路 | 次干道 | 东西向 | 36 | 6.0+24.0+6.0 |
| 北新横一路 | 次干道 | 东西向 | 30 | 7.0+16.0+7.0 |
| 北新横二路 | 次干道 | 东西向 | 35 | 5.0+4+1.5+14.0+1.5+4.0+5.0 |
| 北新纵一路 | 次干道 | 南北向 | 35 | 5.0+4.0+1.5+14.0+1.5+4.0+5.0 |

续表

| 道路名 | 类别 | 走向 | 红线宽度（米） | 标准横断面（米） |
| --- | --- | --- | --- | --- |
| 惠通路（北六环） | 次干道 | 东西向 | 30 | 7.0+16.0+7.0 |
| 霁虹路 | 次干道 | 南北向 | 36 | 4.0+12.5+3.0+12.5+4.0 |
| 光尊路 | 次干道 | 南北向 | 30 | 7.0+16.0+7.0 |
| 沙河路 | 次干道 | 东西向 | 24 | 5.0+14.0+5.0 |
| 坝西路 | 次干道 | 南北向 | 30 | 7.0+16.0+7.0 |
| 卫校环路 | 次干道 | 东西向 | 24 | 5.0+14.0+5.0 |
| 龙泉东路 | 次干道 | 东西向 | 36 | 4.0+12.5+3.0+12.5+4.0 |
| 仁和路（南六环） | 次干道 | 东西向 | 24 | 5.0+14.0+5.0 |
| 环城东路 | 次干道 | 南北向 | 24 | 5.0+14.0+5.0 |
| 太保南路 | 次干道 | 南北向 | 21 | 4.0+13.0+4.0 |
| 太保南路 | 次干道 | 南北向 | 25 | 4.0+17.0+4.0 |
| 玉泉路 | 次干道 | 东西向 | 25 | 5.0+15.0+5.0 |
| 人民路 | 次干道 | 东西向 | 25 | 5.0+15.0+5.0 |
| 新华路 | 次干道 | 东西向 | 36 | 4.0+12.5+3.0+12.5+4.0 |
| 隆阳路 | 次干道 | 东西向 | 35 | 5.0+4.0+1.5+14.0+1.5+4.0+5.0 |
| 龙泉路 | 次干道 | 东西向 | 25 | 5.0+15.0+5.0 |
| 杏花路 | 次干道 | 南北向 | 36 | 6.0+24.0+6.0 |
| 城东纵一路（北） | 支路 | 南北向 | 24 | 5.0+14.0+5.0 |
| 城东横一路 | 支路 | 东西向 | 30 | 7.0+16.0+7.0 |
| 城东横二路 | 支路 | 东西向 | 30 | 7.0+16.0+7.0 |
| 城南纵一路 | 支路 | 南北向 | 30 | 7.0+16.0+7.0 |
| 城南纵二路 | 支路 | 南北向 | 30 | 7.0+16.0+7.0 |
| 太保北路 | 支路 | 东西向 | 30 | 7.0+16.0+7.0 |
| 环城东路 | 支路 | 南北向 | 24 | 5.0+14.0+5.0 |
| 平安路 | 支路 | 南北向 | 24 | 5.0+14.0+5.0 |
| 城东纵一路（中） | 支路 | 南北向 | 24 | 5.0+14.0+5.0 |

续表

| 道路名 | 类别 | 走向 | 红线宽度（米） | 标准横断面（米） |
|---|---|---|---|---|
| 货站横二路 | 支路 | 东西向 | 25 | 4.0+17.0+4.0 |
| 货站横一路 | 支路 | 东西向 | 25 | 4.0+17.0+4.0 |
| 货站纵二路 | 支路 | 南北向 | 25 | 4.0+17.0+4.0 |
| 货站横三路 | 支路 | 东西向 | 25 | 4.0+17.0+4.0 |
| 货站纵一路 | 支路 | 南北向 | 25 | 4.0+17.0+4.0 |
| 城东纵一路（南） | 支路 | 南北向 | 24 | 5.0+14.0+5.0 |
| 城北横一东路 | 支路 | 东西向 | 24 | 5.0+14.0+5.0 |
| 城北横一西路 | 支路 | 东西向 | 24 | 5.0+14.0+5.0 |
| 北新横六路 | 支路 | 东西向 | 24 | 5.0+14.0+5.0 |
| 北新横五路 | 支路 | 东西向 | 24 | 5.0+14.0+5.0 |
| 北九路 | 支路 | 东西向 | 24 | 5.0+14.0+5.0 |
| 城东横三路 | 支路 | 东西向 | 24 | 5.0+14.0+5.0 |
| 城东横四路 | 支路 | 东西向 | 24 | 5.0+14.0+5.0 |
| 城东横五路 | 支路 | 东西向 | 24 | 5.0+14.0+5.0 |
| 机场横三路 | 支路 | 东西向 | 24 | 5.0+14.0+5.0 |
| 机场纵一路 | 支路 | 南北向 | 24 | 5.0+14.0+5.0 |
| 机场纵二路 | 支路 | 南北向 | 24 | 5.0+14.0+5.0 |
| 机场横一路 | 支路 | 东西向 | 36 | 4.0+12.5+3.0+12.5+4.0 |
| 沙河路（城区段） | 支路 | 东西向 | 18 | 2.0+14.0+2.0 |
| 远征路 | 支路 | 南北向 | 30 | 4.0+9.0+4.0+9.0+4.0 |
| 人民路 | 支路 | 南北向 | 25 | 5.0+15.0+5.0 |
| 象山路 | 支路 | 东西向 | 31 | 5.5+20.0+5.5 |
| 和平巷 | 支路 | 东西向 | 25 | 5.0+15.0+5.0 |
| 南四环路 | 支路 | 东西向 | 25 | 5.0+15.0+5.0 |
| 桐华路 | 支路 | 东西向 | 21 | 4.0+13.0+4.0 |
| 同仁街 | 支路 | 南北向 | 17 | 3.5+10.0+3.5 |

续表

| 道路名 | 类别 | 走向 | 红线宽度（米） | 标准横断面（米） |
|---|---|---|---|---|
| 兰城路 | 支路 | 南北向 | 25 | 5.0+7.5+7.5+5.0 |
| 仁和路（南五环） | 支路 | 东西向 | 25 | 5.0+15.0+5.0 |
| 振兴路 | 支路 | 南北向 | 25 | 5.0+15.0+5.0 |
| 城南横一路 | 支路 | 东西向 | 24 | 5.0+14.0+5.0 |
| 朝阳路 | 支路 | 东西向 | 13 | 3.0+7.0+3.0 |
| 北八路 | 支路 | 东西向 | 24 | 5.0+14.0+5.0 |
| 复兴路 | 支路 | 东西向 | 24 | 5.0+14.0+5.0 |
| 城南横三路 | 支路 | 东西向 | 24 | 5.0+14.0+5.0 |
| 城南横二路 | 支路 | 东西向 | 24 | 5.0+14.0+5.0 |
| 新闻路 | 支路 | 东西向 | 25 | 5.0+15.0+5.0 |
| 如意路 | 支路 | 南北向 | 13 | 3.0+7.0+3.0 |
| 明强路 | 支路 | 东西向 | 13 | 3.0+7.0+3.0 |
| 下巷街 | 支路 | 东西向 | 17 | 5.0+7.0+5.0 |
| 建设路 | 支路 | 东西向 | 31 | 5.0+21.0+5.0 |
| 农民街 | 支路 | 东西向 | 21 | 4.0+13.0+4.0 |
| 升阳路 | 支路 | 东西向 | 25 | 5.0+15.0+5.0 |
| 金山路 | 支路 | 东西向 | 13 | 3.0+7.0+3.0 |
| 五里亭路 | 支路 | 东西向 | 24 | 5.0+14.0+5.0 |
| 小岗路 | 支路 | 东西向 | 24 | 5.0+14.0+5.0 |
| 新大保高速公路 | 高速公路 | 南北向 | 30 | – |
| 坝中路 | 公路 | 南北向 | 18 | 2.0+14.0+2.0 |
| 卧佛路 | 公路 | 东西向 | 24 | 5.0+14.0+5.0 |
| 坝南路 | 公路 | 东西向 | 26 | 3.0+9.0+2.0+9.0+3.0 |
| 保云路 | 公路 | 南北向 | 30 | 7.0+16.0+7.0 |
| 坝东路 | 公路 | 南北向 | 26 | 3.0+9.0+2.0+9.0+3.0 |
| 沙河路 | 公路 | 东西向 | 18 | 2.0+14.0+2.0 |

续表

| 道路名 | 类别 | 走向 | 红线宽度（米） | 标准横断面（米） |
|---|---|---|---|---|
| 永昌大道城区外段 | 公路 | 东西向 | 18 | 2.0+14.0+2.0 |
| 北庙路 | 公路 | 南北向 | 12 | 2.5+7.0+2.5 |

注：凡以“纵”“横”命名道路均为暂定名。类似“北九路”的路名亦为暂定名。

**附表5　保山坝区文物古迹一览表**

| 保护级别 | 名称 | 年代 | 占地面积（保护范围）（$m^2$） | 建筑面积（$m^2$） | 地址 |
|---|---|---|---|---|---|
| 国家级 | 汉庄汉晋古城址 | 东汉至蜀汉 | | | 隆阳区汉庄乡 |
| 省级 | 太保山玉皇阁 | 明至清 | | | 隆阳区永昌镇 |
| | 杨振鸿墓 | 1908年 | | | 隆阳区永昌镇 |
| | 光尊寺 | 元至清 | 15亩 | 9000 | 隆阳区板桥镇 |
| 区县级 | 状元楼 | | | | 隆阳区永昌镇 |
| | 彭蕢墓 | | | | 隆阳区永昌镇 |
| | 太保公园碑林 | 南诏至清 | | | 隆阳区永昌镇 |
| | 太保山武侯祠 | | | | 隆阳区永昌镇 |
| | 保山县文庙 | | 3000 | 290 | 隆阳区永昌镇 |
| | 永昌府学大成殿 | | | | 隆阳区永昌镇 |
| | 永昌府城墙（仁寿门至龙泉门残坦） | 明 | | | 隆阳区永昌镇 |
| | 腾阳会馆 | 清 | | | 隆阳区永昌镇 |
| | 大理会馆 | 清 | | | 隆阳区永昌镇 |
| | 迤东会馆 | 清 | | | 隆阳区永昌镇 |
| | 白鹤观 | | | | 隆阳区永昌镇 |
| | 梨花坞慈云阁 | 清 | | | 隆阳区永昌镇 |
| | 重修九龙池沟道记碑 | | | | 隆阳区永昌镇 |
| | 陆军第八军阵亡将士公墓碑 | 现代 | | | 隆阳区永昌镇 |
| | 官坡石砌古驿道 | 明至清 | 长约1000米 | | 隆阳区板桥镇 |

续表

| 保护级别 | 名称 | 年代 | 占地面积（保护范围）（m²） | 建筑面积（m²） | 地址 |
|---|---|---|---|---|---|
| 区县级 | 龙王塘旧石器与汉建筑遗址 | 旧石器 | 2000 | | 隆阳区板桥镇 |
| | 龙王塘石刻 | 明至清 | | | 隆阳区板桥镇 |
| | 卧佛寺 | 明 | | | 隆阳区板桥镇 |
| | 西庄寺 | | 2073 | 600 | 隆阳区板桥镇 |
| | 将台寺新石器文化遗址 | | 500 | | 隆阳区金鸡乡 |
| | 吕凯故里石表 | 民国 | | | 隆阳区金鸡乡 |
| | 金鸡村古戏台 | 清 | | | 隆阳区金鸡乡 |
| | 金鸡寺 | 清 | | | 隆阳区金鸡乡 |
| | 卧牛寺观音宝像石刻 | | | | 隆阳区金鸡乡 |
| | 水头村张氏宗谱地界碑 | | | | 隆阳区金鸡乡 |
| | 打鱼村玉皇阁 | | | | 隆阳区河图镇 |
| | 顺龙寺 | | | | 隆阳区河图镇 |
| | 栖贤山报恩寺 | | | | 隆阳区河图镇 |
| | 哀牢寺遗址 | 明 | | | 隆阳区河图镇 |
| | 宝山寺 | 明 | | | 隆阳区汉庄乡 |
| | 轮放大海子水规碑记 | 清 | | | 隆阳区汉庄乡 |
| | 汉营东岳庙 | | 2717 | 1016 | 隆阳区汉庄乡 |

**责任编辑：**郭海燕
**责任印制：**冯冬青
**封面设计：**鲁　筱

---

**图书在版编目（CIP）数据**

保山市珠宝旅游开发研究 / 王桀等著 ; -- 北京 : 中国旅游出版社，2018.9

（云岭旅游规划丛书 / 田里主编）

ISBN 978-7-5032-6113-8

Ⅰ. ①保… Ⅱ. ①王… Ⅲ. ①宝石－旅游资源开发－研究－保山 Ⅳ. ①F592.774.3

中国版本图书馆CIP数据核字(2018)第229183号

---

**书　　名：**保山市珠宝旅游开发研究

---

**作　　者：**王桀等著
**出版发行：**中国旅游出版社
（北京建国门内大街甲 9 号　邮编：100005）
http://www.cttp.net.cn　E-mail:cttp@mct.gov.cn
营销中心电话：010-85166503
**排　　版：**北京旅教文化传播有限公司
**经　　销：**全国各地新华书店
**印　　刷：**北京盛华达印刷科技有限公司
**版　　次：**2018 年 9 月第 1 版　2018 年 9 月第 1 次印刷
**开　　本：**720 毫米 ×970 毫米　1/16
**印　　张：**14.25
**字　　数：**320 千
**定　　价：**58.00 元
**I S B N**　978-7-5032-6113-8

---